ETS® TOEIC Bridge®

# TOEIC Bridge®
# 공식실전서

## Listening & Reading / Speaking & Writing

YBM

# TOEIC Bridge® 공식실전서

| | |
|---|---|
| **발행인** | 허문호 |
| **발행처** | YBM |
| **저자** | Educational Testing Service |
| **편집** | 윤경림, 허유정 |
| **디자인** | 김혜경, 이현숙 |
| **마케팅** | 김근수, 김동관, 김태형, 유효선 |
| **초판발행** | 2019년 3월 25일 |
| **5쇄발행** | 2024년 7월 1일 |
| **신고일자** | 1964년 3월 28일 |
| **신고번호** | 제 300-1964-3호 |
| **주소** | 서울시 종로구 종로 104 |
| **전화** | (02) 2000-0515 [구입 문의] / (02) 2000-0345 [내용 문의] |
| **팩스** | (02) 2285-1523 |
| **홈페이지** | www.ybmbooks.com |

ISBN 978-89-17-23093-2

Copyright © 2019 YBM

⒠⒯⒮ **TOEIC Bridge.**

# ETS TOEIC Bridge® 공식실전서는...

### 1. 2019 전면 개정 TOEIC Bridge 최초 공개

TOEIC Bridge는 "토익으로 가는 징검다리"라는 의미로 TOEIC을 보기 전 단계의 영어능력을 갖춘 초·중급자를 위한 국제 표준 어학 시험으로, 세계 최대 교육 평가기관인 미국 ETS에서 개발한 시험입니다.

본 책에서는 ETS가 2019년 개정할 TOEIC Bridge 시험을 국내 최초 공개합니다. 그에 맞춰 철저히 분석한 파트별 전략과 문제풀이 방법을 소개하였으며, 실전에 대비할 수 있도록 Listening & Reading Tests 실전테스트 2회분을 수록하였습니다.

### 2. 2019 신설 TOEIC Bridge Speaking & Writing Tests 최초 공개

ETS는 TOEIC Bridge Speaking & Writing Tests를 2019년부터 시행할 예정입니다. 본 책에서는 TOEIC Bridge Speaking & Writing 시험 유형을 최초 공개하고, 실전테스트 1회분을 수록하였습니다. 뿐만 아니라, 예시 답안과 그 답안에 대한 ETS의 평가까지 수록하여, 처음 접하는 Speaking & Writing Tests를 대비할 수 있도록 하였습니다.

### 3. TOEIC Bridge 및 TOEIC을 처음 준비하는 수험생을 위한 맞춤 교재

본 책은 TOEIC Bridge 및 TOEIC을 처음 준비하는 수험자들이 보다 쉽게 학습하고 실전에 대비할 수 있도록 구성되었습니다. Listening, Reading, Speaking, Writing에 걸쳐 4가지 skill별 문제풀이 방법 및 전략을 소개할 뿐 아니라, 파트별 핵심 어휘 및 숙어 표현도 엄선하여 수록하였습니다. ETS에서 국내 독점 공개하는 〈ETS TOEIC Bridge 공식실전서〉로 TOEIC Bridge를 대비하세요.

YBM 편집국

# 구성과 특징

## TOEIC Bridge 소개

적을 알고 나를 알면 백전백승!
TOEIC Bridge가 어떤 시험이며 어떻게 구성되어 있는지
상세히 살펴보고, 어떻게 학습해야 할지 실마리를 잡아줍니다.

## Listening & Reading 문제 소개 및 전략

TOEIC Bridge Listening & Reading Tests의 문제들을 유
형별로 자세히 소개하며 그에 맞는 문제풀이 방법 및 전략을 제시
해 줍니다.

## Listening & Reading 핵심 어휘 및 숙어

TOEIC Bridge Listening & Reading Tests의 각 파트별
핵심 어휘와 중요 숙어 표현을 엄선하여 수록하였습니다.

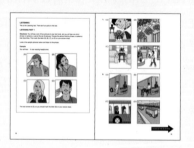

## Listening & Reading Tests 1 & 2

출제기관 ETS에서 제공한 Listening & Reading Tests 2회
분을 수록하여, 실전처럼 풀어봄으로써 문제풀이 노하우 및 실전
감각을 키워줍니다.

## Speaking & Writing 문제 소개 및 전략

TOEIC Bridge Speaking & Writing Tests의 문제들을 유형별로 자세히 소개하며 그에 맞는 문제풀이 방법 및 전략을 제시해 줍니다. 또한 각 문제의 예시 답안과 그 답안에 대한 ETS의 평가도 수록하였습니다.

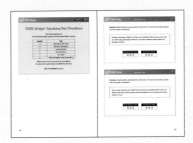

## Speaking & Writing Tests

출제기관 ETS에서 제공한 Speaking & Writing Tests 1회분과 예시 답안을 수록하여, 시험 진행 방식 및 답변 요령을 숙지할 수 있도록 해줍니다.

## 🎧 MP3 파일 무료 다운로드

www.ybmbooks.com에서 Listening Test와 Speaking Test 문제뿐 아니라 Speaking Test의 예시 답안 MP3 음원도 무료로 다운로드 받을 수 있습니다.

# CONTENTS

## Listening & Reading Tests 1

## Listening & Reading Tests 2

# What is the TOEIC Bridge?

**Q** : TOEIC Bridge란 어떤 시험인가요?

**A** : TOEIC Bridge는 말 그대로 "토익으로 가는 징검다리" 시험, 즉 TOEIC을 보기 전 단계의 영어 능력 초·중급자를 대상으로 한 영어 능력 평가 시험입니다. 세계 최대 교육 평가기관인 미국 ETS(Educational Testing Service)에서 개발한 국제 표준 시험으로, 한국, 일본, 베트남, 대만, 홍콩, 프랑스, 칠레 등의 국가에서 시행되고 있습니다.

TOEIC Bridge 시험은 기초 영어실력을 평가해 줄 뿐 아니라 TOEIC을 처음 접하는 수험자들이 보다 쉽게 TOEIC에 접근할 수 있도록 구성되어 있으므로, 중·고등학생과 대학생은 물론 일반인들의 실용 영어 능력 평가 등에 폭넓게 활용되고 있습니다.

---

**ETS가 어떤 기관인가요?**

TOEIC, TOEFL 등을 출제하는 ETS는 1947년 미국의 ACE, CFAT, CEEB, 이 세 곳의 교육기관이 정확하고 공정한 시험 개발을 위해 공동 설립한 비영리 교육 기관입니다. ETS는 전 세계 180여 개국에서 공인 시험을 시행하고 있습니다. 우리에게 잘 알려진 평가 시험으로는 TOEIC, TOEFL, GRE, GMAT, SAT 등이 있습니다.

---

**Q** : TOEIC Bridge 시험은 어떻게 구성되어 있나요?

**A** : TOEIC Bridge 시험은 Listening & Reading과 Speaking & Writing으로 구성되어 있으며, Listening & Reading과 Speaking & Writing은 별도로 시행됩니다. Listening & Reading은 각각 50문항의 객관식 문제로 이루어져 있고, 총 60분이 소요됩니다.

**Listening & Reading**

| 구분 | 문제 유형 | 시간 | 문항 | 배점 |
|---|---|---|---|---|
| Listening | Part 1 그림 선택<br>Part 2 질의 응답<br>Part 3 짧은 대화<br>Part 4 짧은 담화 | 25분 | 6문항<br>20문항<br>10문항<br>14문항 | 50점 |
| Reading | Part 1 단문 빈칸 채우기<br>Part 2 장문 빈칸 채우기<br>Part 3 독해 | 35분 | 15문항<br>15문항<br>20문항 | 50점 |
| 총 계 | 7 Parts | 60분 | 100문항 | 100점 |

Speaking & Writing은 컴퓨터 상에서 진행되며, 약 15분 정도 소요되는 Speaking 시험을 마치면 3분 후에 자동으로 Writing 시험이 시작됩니다.

**Speaking & Writing**

| 구분 | 문제 유형 | | 준비 및 답변 시간 | 시간 | 배점 |
|---|---|---|---|---|---|
| Speaking | Questions 1-2 | 문장 읽기 | 준비 25초 답변 30초 | 약 15분 | 50점 |
| | Questions 3-4 | 사진 묘사하기 | 준비 30초 답변 30초 | | |
| | Question 5 | 들은 내용 말하기 | 준비 15초 답변 30초 | | |
| | Question 6 | 제공된 정보 보고 메시지 남기기 | 준비 30초 답변 30초 | | |
| | Question 7 | 이야기 말하기 | 준비 45초 답변 60초 | | |
| | Question 8 | 추천하고 이유 말하기 | 준비 60초 답변 60초 | | |
| Writing | Questions 1-3 | 문장 완성하기 | 60초 | 약 37분 | 50점 |
| | Questions 4-6 | 사진에 근거한 문장 만들기 | 90초 | | |
| | Question 7 | 단문 메시지 답장하기 | 8분 | | |
| | Question 8 | 이야기 쓰기 | 10분 | | |
| | Question 9 | 장문 메시지 답장하기 | 10분 | | |
| 총 계 | 17 Questions | | 약 52분 | | 100점 |

## Q : TOEIC Bridge 시험에서는 어떤 내용을 다루나요?

A : TOEIC Bridge는 기초부터 중급까지의 영어 소통 능력을 평가하는 시험으로, 일상 생활에서 접할 수 있는 다양한 소재가 등장합니다.

- 활동: 취미, 스포츠, 일상 생활, 여가 활동 등
- 식사: 점심 및 저녁 식사, 레스토랑 예약, 소풍 등
- 오락: 영화, 연극, 음악, 예술, 박물관 등
- 일반 사무: 은행, 도서관, 우체국, 예약, 광고 등
- 건강: 일반 건강 문제, 건강 관리 등
- 주거: 아파트, 주택, 매매 및 임대, 수리 등
- 보도: 기상 예보, 뉴스 프로그램, 신문 등
- 사무실: 편지, 전화, 이메일 및 문자, 사무 용품 등
- 쇼핑: 식료품, 의류, 온라인 쇼핑 등
- 기술: 컴퓨터 및 기타 장비
- 여행: 기차, 비행기, 택시, 일정, 안내 방송, 대여, 예약, 길 찾기 등

## Q : TOEIC Bridge는 누가 보는 시험인가요?

A : TOEIC Bridge 시험은 지금 당장 TOEIC 시험에 도전할 자신이 없는 분들께 TOEIC에 수월하게 접근할 수 있도록 도와주는 징검다리 역할을 합니다. 따라서 다음과 같은 분들께 적합합니다.

★ TOEIC을 미리 준비하려는 중·고등 학생
★ TOEIC을 처음 준비하는 대학생 및 일반인

뿐만 아니라, 업무, 여행, 일상 생활에 있어서 영어로 소통하고 싶은 일반인들이 보시기에도 좋습니다.

Q : TOEIC Bridge 시험의 평가 대상 항목 및 점수는 어떻게 되나요?

A : 각 시험별 평가 항목 및 점수 범위는 아래 표를 참고해 주시기 바랍니다.

| 구분 | Listening | Reading | Speaking | Writing |
|---|---|---|---|---|
| 평가 항목 | 적절한 응답 선택 능력<br>대화 내용 이해력<br>담화 내용 이해력<br>주제/진술 내용 이해력 | 어휘<br>문법<br>주제/진술 내용 이해력<br>지문 내용 이해력 | 발음, 강세 및 억양<br>어휘력<br>어법 구조 사용 능력<br>내용의 일관성 및 완성도 | 어휘력<br>어순에 대한 이해력<br>문법 구조 사용 능력<br>내용의 일관성 및 완성도 |
| 점수 범위 | 39 – 50점<br>26 – 38점<br>16 – 25점<br>15점 | 45 – 50점<br>34 – 44점<br>19 – 33점<br>15 – 18점 | 43 – 50점<br>37 – 42점<br>23 – 36점<br>15 – 22점 | 43 – 50점<br>32 – 42점<br>20 – 31점<br>15 – 19점 |

• 성적표에는 개별 점수와 함께 해당 점수대(Score Range)에 대한 ETS의 평가가 기재됩니다.

Q : TOEIC Bridge 시험과 TOEIC 시험은 어떻게 다른가요?

A : TOEIC Bridge 시험과 TOEIC 시험 둘 다 비영어권의 사람들을 대상으로 미국 ETS가 개발한 세계 공통 영어 시험입니다. 그러나 TOEIC은 주로 업무 관련 실용 영어능력을, TOEIC Bridge는 일상생활 및 간단한 업무 관련 영어능력을 측정하도록 구성되어 있습니다. TOEIC Bridge는 영어능력 초·중급자를 대상으로 하며 기초 영어실력을 튼튼히 갖추도록 하는 예비 TOEIC 시험이라고 할 수 있습니다.

| 구분 | TOEIC Bridge | | | | TOEIC | | | |
|---|---|---|---|---|---|---|---|---|
| 평가 범위 | 초급에서 중급까지의 수준 | | | | 초급에서 고급까지의 수준 | | | |
| 형식 | Listening & Reading: 답안지에 마킹하는 PBT(Paper Based Test) 방식 | | | | | | | |
| | Speaking & Writing: 컴퓨터 상에서 진행되는 CBT(Computer Based Test) 방식 | | | | | | | |
| 시험 구성<br>소요 시간<br>점수 | Listening | 50문항 | 25분 | 50점 | Listening | 100문항 | 45분 | 495점 |
| | Reading | 50문항 | 35분 | 50점 | Reading | 100문항 | 75분 | 495점 |
| | Speaking | 8문항 | 15분 | 50점 | Speaking | 11문항 | 20분 | 200점/L8 |
| | Writing | 9문항 | 37분 | 50점 | Writing | 8문항 | 60분 | 200점/L9 |
| 정기시험 시행횟수 | Listening & Reading: 연 4회<br>Speaking & Writing: 연 3회 | | | | Listening & Reading: 연 24회<br>Speaking: 주 2회<br>Writing: 월 1회 | | | |
| 공식 홈페이지 | www.toeicbridge.co.kr | | | | www.toeic.co.kr | | | |

• 자세한 사항은 공식 홈페이지를 참조하세요.

# Q : TOEIC Bridge 시험은 어떻게 준비하면 되나요?

A : TOEIC Bridge 시험은 기초적인 영어 능력을 평가하는 시험입니다. 즉, 특정 교재나 교과서의 내용을 테스트하는 것이 아니라 일반적인 영어 활용 능력을 평가하는 시험입니다. 이런 일반적인 언어 활용 능력은 단시간에 이루어지지 않으며, 아래와 같은 전략과 더불어 꾸준한 학습과 노력이 필요합니다.

## 전략1  각 시험 파트의 문제 유형을 숙지해 둡니다.

각 시험 파트에 나오는 문제 유형을 익혀 두어야 실전에서 좋은 점수를 받을 수 있습니다.
본 교재의 문제 소개 및 전략을 숙지한 후 연습 문제를 풀어봅시다.

## 전략2  시험 방식에 익숙해지는 훈련을 합니다.

Listening & Reading: 지정된 필기도구를 사용하여 답안지에 정답을 표기해야 합니다. 답안지 작성법을 잘 익혀 두어야 시험 당일에 실수없이 마무리 할 수 있으니, 실전테스트를 풀 때 본 교재에 수록되어 있는 답안지를 사용해 미리 연습해 두도록 합시다.
Speaking & Writing: 컴퓨터를 사용하여 시험을 치르게 됩니다. 어떠한 방식으로 진행되는지 교재를 통해 숙지하여 시험 당일 당황하는 일이 없도록 합니다.

## 전략3  시험 실전 감각을 익혀 둡니다.

시험 중에는 다음과 같은 사항을 염두에 두고 문제를 풀도록 합니다.
Listening & Reading
• 정답은 문제지가 아니라 답안지에 기입해야 합니다.
• 각 문제의 정답은 하나밖에 없습니다. 두 개 이상을 정답으로 표기할 경우 오답 처리됩니다.
• 답은 빠짐없이 다 기입하도록 합니다. TOEIC Bridge 시험에는 감점이 없으므로, 모든 문제의 답을 기재하는 편이 더 좋습니다.
• 한 질문에 너무 많은 시간을 들이지 않도록 합니다. 어려운 문제에 집착하여 쉬운 문제까지 놓치지 않도록 유의해야 합니다.
• 모든 단어의 의미를 다 알아야 정답을 찾을 수 있는 것은 아니므로, 모르는 단어에 집착하지 않도록 합니다.
• Listening의 경우 방송 내용을 듣기 전에 문제 및 보기를 먼저 파악하고 주의를 기울여 듣도록 합니다. Reading의 독해 부분에서는 질문을 먼저 읽은 다음에 지문에서 해당 사항을 찾아가며 문제를 풀도록 합시다.
Speaking & Writing
• 실전에 앞서 테스트 문제에 맞춰 답변을 준비하는 연습을 하면서 자주 쓰이는 구문, 표현 등을 숙지해 두도록 합니다. 단, 무조건적으로 답변 전체를 암기하지는 않도록 합니다.
• 문법상 완벽한 문장을 말하거나 쓰는 것보다는, 문제에서 주어진 요구 사항을 모두 충족하는 답을 하는 것이 더 중요합니다.
• Speaking에서 발음을 실수할 경우 바로 고쳐서 다시 말하는 것이 좋습니다.
• Writing의 경우 답을 작성하기 전에 전체적인 구성을 먼저 생각해보는 것이 바람직합니다.

# LISTENING

# READING

▶ 사람 동작 묘사

사람의 동작을 묘사하는 구문에서는 주어, 동사구, 그리고 장소를 귀 기울여 들어야 한다. 사람이 어떤 동작을 하고 있는지, 또 어디에 있는지 이해하는 것이 중요하다. 시험지에는 그림만 나오므로, 그림을 우선 파악한 후 집중하여 듣는다.

**1.** She's reading in a library. ⟶ 사람의 동작을 묘사하는 구문이므로, 동사와
여자가 도서관에서 책을 읽고 있다. 장소를 집중해서 들어야 한다. reading과
library를 둘 다 들었어야 정답을 고를 수 있다.

(A)

(B)

✓ (C)

(D)

▶ **사물/풍경 묘사**

사물과 풍경을 묘사하는 구문에서는 명사와 장소를 특히 귀 기울여 들어야 한다. 사물이 어떤 상태인지, 주요 사물이 어디에 있는지 이해하는 것이 중요하다. 보기 그림에 사람이 없을 경우 주요 사물을 파악해 둔다.

**2.** A house in a forest. ⟶ 사물/풍경을 묘사하는 구문이므로, 주요 사물과
숲 속에 있는 집                                      장소를 집중해서 들어야 한다. house와 forest를
둘 다 들었어야 정답을 고를 수 있다.

 (A)

(B)

(C)

(D)

---

▶ **Yes/No로 대답 가능한 의문문**

be동사(Are, Am, Is)와 일반동사(Do, Does) 및 조동사(Will, Can, May 등)로 시작하는 의문문은 Yes/No로 대답할 수 있다. 질문의 핵심 포인트가 되는 동사나 명사 부분을 파악하는 것이 문제 해결의 방법이다.

---

**7.** Did you go to the movies? ⟶ 영화를 보러 갔는지의 여부를 묻는
영화 보러 갔나요? 질문이다. 일반동사로 물었으므로
Yes/No로 대답할 수 있다. 시제도 잘
✓ (A) No, I didn't. 들어야 한다. 시험지에는 보기만 나오므로,
아니요, 안 갔어요. 보기를 먼저 확인한 후 질문을 집중하여
듣는다.
(B) Oh, really?
아, 정말요?

(C) Three tickets.
표 3장이요.

(D) That's nice.
그거 좋네요.

**8.** Could you close the door, please? ⟶ 조동사 Could로 묻는 질문이다.
문을 좀 닫아 주시겠어요?

(A) They open at nine.
9시에 문을 엽니다.

✓ (B) Why, are you cold? ⟶ 문을 닫아 달라는 요청에 추운지 되묻는
왜요, 추워요? 대답이다. 조동사 의문문에 항상
Yes/No로만 대답하는 것은 아니라는 것을
(C) Some clean clothes. 알아 두도록 한다.
깨끗한 옷 몇 벌이요.

(D) I didn't try.
해보지 않았어요.

의문사 의문문은 의문사 부분에 질문의 핵심이 들어 있기 때문에 의문사를 놓쳐서는 안 된다. 즉, When(언제), Where(어디서), How(어떻게), Why(왜), What(무엇), Who(누구) 부분에 특히 주의를 기울여 들어야 하며 Yes/No로 답할 수 없다는 점을 기억하도록 한다.

**9.** **What color** is your car? ──────→ 의문사로 시작되는 의문문이므로 의문사 부분인
당신 차는 무슨 색이죠?  What color를 놓치지 말아야 한다.

   (A) **Yes**, quite fast. ──────→ 의문사 의문문은 Yes/No로 답할 수 없으므로
     네, 꽤 빨라요.  (A)가 바로 오답임을 알 수 있다.

   (B) Five years old.
     5년 됐어요.

   (C) Not very far.
     그리 멀지 않아요.

 ✓ (D) It's dark blue.
     짙은 파란색입니다.

진술문은 상대방의 말에 대해 적절히 호응하는 표현을 고를 수 있는지를 평가하는 유형이다. 따라서 핵심 의도를 파악하는 것이 중요하며, 진술문 속에 있는 주어와 동사 부분을 중심으로 의미를 파악할 수 있어야 한다.

**10.** I'm going home now.
저는 지금 집에 갈 겁니다.

 ✓ (A) **I'm leaving, too.** ──────→ '집에 간다'라는 말에 대해 '나도 간다'고
     저도 지금 가요.  맞장구치는 적절한 대답이다.

   (B) Sometime next year.
     내년 중에요.

   (C) A small **apartment**. ──────→ home만 듣고 apartment를 연상하여
     작은 아파트예요.  고르면 안 되는 오답이다.

   (D) There are none left.
     아무것도 남지 않았어요.

---

▶ **일반 대화문**

일반 대화문 문제는 대화를 듣기 전에 질문의 키워드를 먼저 파악한 다음, 키워드 관련 내용을 기다리며 듣는 것이 중요하다. 질문은 크게 대화의 주제나 장소 등을 묻는 전반적인 질문 유형, 세부 정보 질문 유형, 앞으로 할 일을 묻는 질문 유형 등으로 구분할 수 있다.

---

**Questions 27 and 28** refer to the following conversation.

(W-Br)　Hi, Joe. You look happy. ──────────▶ 여자가 You look happy라고 말했으므로,
안녕하세요, 조. 기분이 좋아 보여요.　　　　　　　남자가 happy하게 보인다는 결정적인
　　　　　　　　　　　　　　　　　　　　　　　단서이다.
(M-Cn)　Hi, Amy. I just had a really interesting class.
안녕하세요, 에이미. 방금 굉장히 흥미로운 강좌를 들었거든요.

(W-Br)　Lucky you! 운이 좋았네요!
　　　　　　　　　　　　　　　　　　　────────▶ 강사가 훌륭하다는 말이 결정적인
(M-Cn)　The teacher is wonderful, and the class is such fun.　단서이다.
강사가 훌륭하고 수업이 아주 재미있어요.

**27.**　How does the man look? ──────────▶ 남자의 상태를 묻는 문제로, How ~ look은
남자는 어떻게 보이는가?　　　　　　　　　　　'~이 어떻게 보이냐'고 묻는 질문이다.

　　(A) Angry. 화가 나 있다.

　　(B) Sleepy. 졸리다.

　　(C) Sorry. 유감스럽다.

✓(D) Happy. 행복하다.

**28.**　What does the man say about his class? ──▶ 남자가 수업에 대해 하는 말을 묻는 질문이다.
남자는 강좌에 대해 무엇이라고 말하는가?　　　　수업이 재미있다는 말 외에, 강사에 대해 하는
　　　　　　　　　　　　　　　　　　　　　　　말도 놓치지 않아야 한다.
✓(A) The teacher is excellent.
　　　　강사가 훌륭하다.

　　(B) The room is small.
　　　　강의실이 좁다.

　　(C) The students are lazy.
　　　　학생들이 게으르다.

　　(D) The textbook is useful.
　　　　교재가 유용하다.

시각 정보 연계 문제가 포함된 대화문으로, 일상 생활에서 볼 수 있는 리스트나 쿠폰, 표지판 등 다양한 시각 정보가 함께 제시된다. 대화를 듣기 전에 시각 정보를 미리 파악해 두는 것이 중요하다. 시각 정보 연계 문제는 시각 정보만으로는 답을 알 수 없고 대화 내용과 연결시켜야 정답을 찾을 수 있다는 점에 유의한다.

▶ 좀 비싸다고 하면서 더 저렴한 셔츠가 있는지 묻고 있는 점에 유의한다.

**Questions 29 and 30** refer to the following conversation and sign.

(M-Au) Do you have any cheaper shirts? This is a really nice one, but it's a bit expensive.
값이 더 저렴한 셔츠가 있나요? 이 셔츠는 무척 멋지지만 좀 비싸네요.

(W-Am) Well, there's a sale on all men's clothing, so it's cheaper now. 음, 남성 의류를 할인하고 있어서 지금은 더 저렴합니다.

(M-Au) Great. In that case, I'll buy this shirt.
좋습니다. 그렇다면 이 셔츠를 살게요.

▶ 남자가 셔츠를 사겠다고 했으므로, 시각 정보에서 셔츠 할인율을 확인하면 된다.

| SALE | |
|---|---|
| Ties | 10% OFF |
| Sweaters | 15% OFF |
| Shirts | 20% OFF |
| Trousers | 25% OFF |

| 할인 판매 | |
|---|---|
| 넥타이 | 10% 할인 |
| 스웨터 | 15% 할인 |
| 셔츠 | 20% 할인 |
| 바지 | 25% 할인 |

**29.** What are the speakers mainly discussing? ──▶ 대화의 주제를 묻는 질문이다.
화자들은 주로 무엇에 관해 이야기하고 있는가?

　(A) A size. 크기

✓(B) A price. 가격

　(C) A color. 색상

　(D) A brand. 상표

**30.** Look at the sign. What discount will the man receive? ──▶ 시각 정보 연계 문제이다. 남자가 얼마나 할인을 받게 되는지 묻는 질문이다.
안내판을 보시오. 남자는 얼마나 할인을 받을 것인가?

　(A) 10%. 10퍼센트

　(B) 15%. 15퍼센트

✓(C) 20%. 20퍼센트

　(D) 25%. 25퍼센트

---

▶ **일반 담화문**

일반 담화문 문제는 담화를 듣기 전에 질문의 키워드를 먼저 파악한 다음, 키워드 관련 내용을 기다리며 듣는 것이 중요하다. 질문은 크게 담화의 주제나 장소 등을 묻는 전반적인 질문 유형, 세부 정보 질문 유형, 앞으로 할 일을 묻는 질문 유형 등으로 구분할 수 있다.

---

**Questions 39 and 40** refer to the following telephone message.

▶ 오늘 아침 도서관에 있었다는 말에 유의한다.

(M-Cn) Hello? My name's Peter Anderson. I'm calling because I was at the library this morning, and now I can't find my wallet. I think I left it at the library. It's a black wallet. It has my driver's license inside, and about ten dollars in cash. It may be near the computers. If you find it, could you call me? My number is 555-0198.Thanks.

남 안녕하세요. 저는 피터 앤더슨입니다. 오늘 아침에 도서관에 갔었는데 지금 지갑을 못 찾아서 전화했습니다. 그것을 도서관에 두고 온 것 같아서요. 검정색 지갑이고 안에 운전면허증과 현금 10달러 정도가 들어 있어요. 컴퓨터 근처에 있을 것 같은데요. 찾으시면 제게 전화해 주실 수 있나요? 제 번호는 555-0198입니다. 감사합니다.

▶ 지갑을 찾을 수 없다는 말이 결정적인 단서이다.

**39.** Where was the speaker this morning? ────▶ 화자가 오늘 아침 어디에 있었는지 묻는 질문이다.

화자는 오늘 아침 어디에 있었는가?

(A) At a bank. 은행

✓ (B) At a library. 도서관

(C) At a store. 상점

(D) At a café. 카페

**40.** What has the speaker lost? ────▶ 화자가 분실한 것을 묻는 질문이다.

화자는 무엇을 잃어버렸는가?

(A) A book. 책

(B) A phone. 전화기

✓ (C) A wallet. 지갑

(D) A laptop. 노트북 컴퓨터

➡ 슈퍼 클린을 구입하기로 했다는 말이 나오므로, 시각 정보에서 슈퍼 클린의 가격을 보면 알 수 있다.

**Questions 41 and 42** refer to the following telephone message and list.

(W-Br) Hello, Mr. Rossi. This is Alisha Patel. Thank you for the helpful information you gave me about washing machines today. I've decided which one I want. I do like the Deluxe Wash, but it's bigger than I need. So I've decided to buy the Super Clean instead. Can you order that for me, please? Thanks.

| Washing Machines | |
| --- | --- |
| Complete Clean | $250 |
| Express Wash | $350 |
| Super Clean | $450 |
| Deluxe Wash | $550 |

여 안녕하세요, 로시 씨. 저는 알리시아 파텔입니다. 오늘 세탁기 관련해서 주신 유용한 정보 감사합니다. 어떤 것을 구입할지 결정했어요. 디럭스 워시가 좋지만 제가 필요로 하는 것보다는 좀 크네요. 그래서 대신 슈퍼 클린을 사기로 결정했습니다. 저 대신 주문해 주실 수 있을까요? 감사합니다.

➡ 여자가 자신을 대신해서 주문해 줄 수 있냐고 묻는 말에 유의한다.

| 세탁기 | |
| --- | --- |
| 컴플리트 클린 | 250달러 |
| 익스프레스 워시 | 350달러 |
| 슈퍼 클린 | 450달러 |
| 디럭스 워시 | 550달러 |

**41.** What does the woman ask the man to do?

➡ 화자인 여자가 남자에게 요청하는 것을 묻는 질문이다.

여자는 남자에게 무엇을 해 달라고 요청하는가?

(A) Send some information. 정보 보내 주기

(B) Lower a price. 가격 인하하기

(C) Take away a machine. 기계 치우기

✓ (D) Place an order. 주문하기

**42.** Look at the list. How much will the woman spend?

➡ 여자가 얼마를 쓰게 되는지 묻는 질문이다. 가격표를 보면서 어떤 상품을 말하는지 들어야 한다.

목록을 보시오. 여자는 얼마를 쓸 것인가?

(A) $250. 250달러

(B) $350. 350달러

✓ (C) $450. 450달러

(D) $550. 550달러

---

▶ **문법 문제**

문장의 구조, 자동사와 타동사 구별, 동사의 시제, 대명사(격·수), 비교급과 최상급 등에 관련된 문제들이 자주 출제된다.

---

**51.** Mark thinks that painting is _____ than drawing.

마크는 채색화가 소묘보다 더 어렵다고 생각한다.

▶ 비교급 문제로,
빈칸 뒤의 **than**이 문제 해결의 결정적인 단서다.

    (A) hardness

✓ (B) harder

    (C) hard

    (D) hardest

**52.** Ms. Ota left _____ glasses at home.

오타 씨는 집에 그녀의 안경을 두고 왔다.

▶ 대명사의 격 문제이다.
빈칸 뒤의 명사 **glasses**가 문제 해결의 단서이며,
명사 앞에서 명사를 수식하는 역할을 할 수 있는
대명사의 격을 고르면 된다.

    (A) she

✓ (B) her

    (C) hers

    (D) herself

---

▶ **어휘 문제**

문맥의 의미상 알맞은 단어 및 어구를 고르는 문제다. 따라서 문장 전체의 의미를 파악하는 것은 물론, 함께 어울려 쓸 수 있는 동사와 명사, 형용사와 명사 등의 관계도 파악할 수 있어야 한다.

---

**53.** All of our rugs are made of wool and are _____ to care for.

저희 양탄자 제품은 모두 모직이며 손질하기 쉽습니다.

▶ 문맥에 알맞은 형용사를 고르는 문제이다.
보기에 다양한 의미를 지닌 형용사가 제시되어
있지만, 문맥상 '손질하기에 쉬운'이라는 의미가
되어야 자연스럽다.

    (A) glad 기쁜

    (B) usual 여느때와 같은

    (C) open 열린

✓ (D) easy 쉬운

**54.** The manager has promised to _____ our problem immediately.

그 관리자는 우리의 문제를 즉시 조사해 보겠다고 약속했다.

▶ 문맥에 알맞은 동사구를 고르는 문제이다.
빈칸 뒤의 our problem과 어울려 쓸 수 있어야 한다. 문맥상 '즉시 우리의 문제를 조사하기로 약속했다'라는 의미가 되어야 자연스럽다.

✓ (A) look into 조사하다

   (B) get over 회복하다

   (C) wait on 시중들다

   (D) take after 닮다

---

▶ **어형 문제**

문장의 빈칸에 들어갈 알맞은 품사를 고르는 문제로, 이 경우 보기에 한 단어에서 파생된 다양한 어형이 나오기 마련이다.

- 명사 자리 - 동사의 앞(주어 역할)이나 뒤(목적어 역할), 부정관사나 정관사 뒤, be동사 뒤(보어 역할)
- 형용사 자리 - 명사의 앞, be동사 뒤(보어 역할)
- 부사 자리 - 주어와 동사의 가운데, 형용사나 다른 부사의 앞

---

**55.** It is a good idea to drive _____ on mountain roads.

산길에서는 자동차를 천천히 운전하는 것이 좋다.

▶ 빈칸은 부사 자리로,
to부정사구인 to drive를 수식하고 있다.

   (A) slowness

   (B) slowing

✓ (C) slowly

   (D) slowed

---

**56.** The planning committee needs to make a _____ about the new factory.

기획위원회는 새 공장에 대한 결정을 내려야 한다.

▶ 빈칸은 명사 자리로,
to make의 목적어 역할을 하고 있다.

   (A) decisive

   (B) deciding

   (C) decide

✓ (D) decision

## Reading Part 2 — Text Completion _ 장문 빈칸 채우기

빈칸에 알맞은 어휘나 문장 등을 골라 지문을 완성하는 문제이다. 해당 빈칸의 앞뒤 관계를 파악하여 문맥상 가장 적당한 것을 골라야 한다. 빈칸 앞뒤의 단어들과 관련이 있는 보기를 넣어 보고 문맥상 자연스러우면 정답으로 선택하도록 한다. 빈칸에 들어갈 문장을 고르는 문제는 보기에 대명사나 지시어(this, that 등)가 있다면, 그것이 지칭하는 명사가 빈칸 앞에 있는지 확인해 보는 것이 중요하다.

**Questions 66-68** refer to the following card.

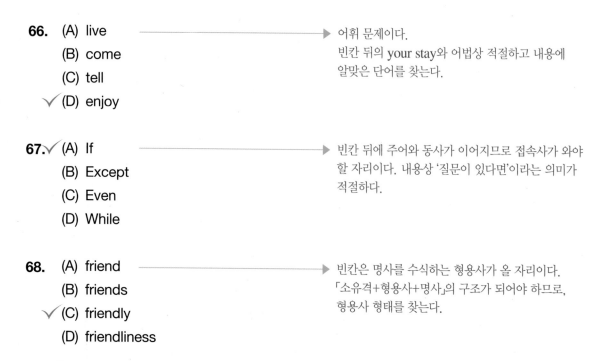

### Welcome to the York Road Hotel!

We hope you __(66)__ your stay with us. __(67)__ you have any questions, please call the front desk at x1432. Our __(68)__ staff will be happy to help you.

**요크 로드 호텔에 오신 것을 환영합니다!**

저희 호텔에서 즐겁게 지내시기 바랍니다. 질문이 있으시면 내선 번호 1432로 안내 데스크에 전화주십시오. 저희의 친절한 직원이 기꺼이 도와 드릴 것입니다.

66. (A) live
    (B) come
    (C) tell
  ✓ (D) enjoy

→ 어휘 문제이다.
빈칸 뒤의 your stay와 어법상 적절하고 내용에 알맞은 단어를 찾는다.

67. ✓ (A) If
    (B) Except
    (C) Even
    (D) While

→ 빈칸 뒤에 주어와 동사가 이어지므로 접속사가 와야 할 자리이다. 내용상 '질문이 있다면'이라는 의미가 적절하다.

68. (A) friend
    (B) friends
  ✓ (C) friendly
    (D) friendliness

→ 빈칸은 명사를 수식하는 형용사가 올 자리이다. 「소유격+형용사+명사」의 구조가 되어야 하므로, 형용사 형태를 찾는다.

**Questions 69-71** refer to the following letter.

June 2

Dear Paula,

It's warm and sunny, and the garden is full of flowers. It's such a lovely __(69)__ of the year here in Cambridge.

Would you like to come and visit us this weekend? __(70)__. We would love to see you __(71)__.

Warm wishes,

Emma

6월 2일
폴라에게,
날씨는 따뜻하고 화창하며, 정원은 꽃으로 가득해요. 이곳 케임브리지에서는 일 년 중 매우 아름다운 시기죠.
이번 주말에 우리집에 오지 않을래요? 제가 역으로 마중 나갈 수 있어요. 우리는 당신을 다시 만나고 싶어요.
엠마

69. (A) time
    (B) place
    (C) side
    (D) break

→ 어휘 문제이다.
빈칸 뒤에 of the year가 나오므로 '시간'을 말하는 것이 가장 자연스럽다.

70. (A) It was a delicious meal.
    맛있는 식사였어요.

    (B) I can pick you up from the station.
    제가 역으로 마중 나갈 수 있어요.

    (C) We prefer to travel in summer.
    우리는 여름에 여행하는 것을 더 좋아해요.

    (D) It is a long walk into town.
    시내로 가려면 오래 걸어야 해요.

→ 문장 삽입 문제이다.
이번 주말에 오라고 초대하면서 덧붙이기에 가장 자연스러운 말을 고른다.

71. (A) yet
    (B) ever
    (C) recently
    (D) again

→ 어휘 문제이다.
see you 뒤에 추가하기에 가장 자연스러운 말을 고른다.

Reading Comprehension _ 독해

> ▶ 이메일(e-mail) 및 편지(letter)
>
> 이메일이나 편지에는 문의(inquiring), 초대(invitation), 감사(thanks), 거절(refusal), 구직(applying), 주문(ordering) 등의 내용이 등장한다.

**Questions 81-83** refer to the following e-mail.

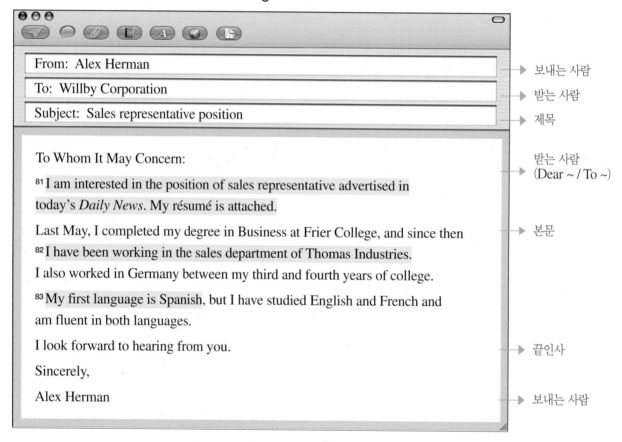

From: Alex Herman → 보내는 사람

To: Willby Corporation → 받는 사람

Subject: Sales representative position → 제목

To Whom It May Concern: → 받는 사람 (Dear ~ / To ~)

[81] I am interested in the position of sales representative advertised in today's *Daily News*. My résumé is attached.

Last May, I completed my degree in Business at Frier College, and since then [82] I have been working in the sales department of Thomas Industries.
I also worked in Germany between my third and fourth years of college. → 본문

[83] My first language is Spanish, but I have studied English and French and am fluent in both languages.

I look forward to hearing from you. → 끝인사

Sincerely,

Alex Herman → 보내는 사람

보내는 사람: 알렉스 허먼
받는 사람: 윌비 사
제목: 영업 사원직

담당자님께:

저는 오늘자 〈데일리 뉴스〉에 난 영업 사원직에 관심이 있습니다. 제 이력서를 첨부해 드립니다.

저는 지난 5월에 프라이어 대학교에서 경영학 학사 학위를 취득했으며 졸업 후에는 토마스 인더스트리즈의 영업부에서 근무해 오고 있습니다. 저는 대학교 3학년과 4학년 사이에 독일에서 일한 경험도 있습니다.

제 모국어는 스페인어이지만 영어와 프랑스어도 공부했으며 두 언어 모두 유창하게 구사할 수 있습니다.

소식 기다리고 있겠습니다.

알렉스 허먼

**81.** What is the purpose of this e-mail?

이 이메일의 목적은 무엇인가?

(A) To ask for advice
조언을 구하려고

(B) To make a sale
판매를 하려고

(C) To enroll in a language school
어학원에 등록하려고

✓ (D) To apply for a job
일자리를 구하려고

이메일을 보내는 목적을 묻는 질문이다. 대개 글의 목적을 묻는 질문은 서두 부분에서 단서를 찾을 수 있는 경우가 많다.

**82.** Where does Mr. Herman work now?

허먼 씨는 현재 어디에서 근무하고 있는가?

(A) *The Daily News*
데일리 뉴스

(B) Frier College
프라이어 대학교

✓ (C) Thomas Industries
토마스 인더스트리즈

(D) Willby Corporation
월비 사

구체적인 세부 사항의 파악 여부를 묻는 질문이다. 동사 work가 있는 부분을 찾는다.

**83.** What is Mr. Herman's native language?

허먼 씨의 모국어는 무엇인가?

✓ (A) Spanish
스페인어

(B) English
영어

(C) French
프랑스어

(D) German
독일어

구체적인 세부 사항의 파악 여부를 묻는 질문이다. 지문의 first language를 native language라고 표현한 것에 유의한다.

광고는 크게 일반 광고와 구인 광고로 나눌 수 있다. 구인 광고는 어떤 자리가 공석인지를 파악해야 하며, 일반 광고는 할인 판매(sale) 광고, 제품(product) 광고, 서비스(service) 광고 등이 있다.

**Questions 84-85** refer to the following advertisement.

---

### 85 LOOK FOR A NEW ICE CREAM FLAVOR EVERY MONTH

Buy ONE Lucky's ice cream

Get 1/2 off

one small ice cream

Thursday and Friday only

**LUCKY'S ICE CREAM**

open 7 days a week

12 to 9 p.m.

*Try our fat-free*

*chocolate topping!*

*(only 25¢ extra)*

84 FREE soft drink

with purchase of

large ice cream

Monday—Wednesday only

---

### 매달 새롭게 선보이는 아이스크림 맛을 즐겨 보세요

럭키즈 아이스크림 한 개를
구입하시면

작은 사이즈 아이스크림 한 개를
반값에 드립니다.

목요일과 금요일 한정 판매

**럭키즈 아이스크림**
연중 무휴
오후 12시부터 9시까지

*무지방 초콜릿 토핑을*
*맛보세요!*
*(추가 요금 단돈 25센트)*

큰 사이즈 아이스크림을 구입하시면

청량음료를 무료로 드립니다.

월요일부터 수요일까지에 한함

**84.** What can the customer get for free? ──────▶ 구체적인 세부 사항의 파악 여부를 묻는 질문이다.
고객은 무엇을 무료로 받을 수 있는가? free가 있는 부분을 찾는다.

✓ (A)  A soft drink
청량음료

(B)  A large ice cream
큰 사이즈 아이스크림

(C)  A small ice cream
작은 사이즈 아이스크림

(D)  A chocolate topping
초콜릿 토핑

**85.** How often are new flavors introduced? ──────▶ 구체적인 세부 사항의 파악 여부를 묻는 질문이다.
새로운 맛은 얼마나 자주 소개되는가? 광고문의 EVERY MONTH를 바꾸어 쓴 표현을
보기에서 고르면 된다.

(A)  Each day
매일

(B)  Twice a week
일주일에 두 번

(C)  Once a week
일주일에 한 번

✓ (D)  Once a month
한 달에 한 번

공고문은 여러 사람들에게 알리는 글로, 공공 장소에서 지켜야 할 규칙(rules), 사내 모임이나 행사(events), 일정 변경(modification) 등의 내용이 주로 출제된다. 대상 및 목적과 주제를 파악하는 것이 무엇보다 중요하다.

**Questions 86-88** refer to the following notice.

# [86]Meadow Apartments

[86]Attention:
All Residents of Building 19

[87]The basement in Building 19 will be closed during the first week in April [88]so I can replace the old heater. You will not be able to enter the basement to use the laundry room or to get into the storage areas during this time. Please be sure to do all your laundry by March 31.

We are sorry for the trouble, but we hope that the new heating system will give you lower electric bills. Thank you.

Tom Gaston, Superintendent

---

메도우 아파트

알림: 19동 전 주민

낡은 난방기 교체 공사로 인해 4월 첫 주 동안 아파트 19동 지하실이 폐쇄됩니다. 해당 기간 중에는 지하실의 세탁실을 이용하실 수 없으며 보관 창고에도 들어가실 수 없습니다. 3월 31일까지는 세탁을 다 끝내 주시기 바랍니다.

불편을 끼쳐 드려 죄송하지만, 새로운 난방 시스템이 입주민 여러분의 전기 요금을 낮출 수 있기를 바랍니다. 감사합니다.

톰 개스턴, 관리소장

**86.** Where does this notice appear?

이 공고문은 어디에서 볼 수 있는가?

(A) At a construction site
건설 공사 현장

(B) In a department store
백화점

(C) At a post office
우체국

✓ (D) In an apartment building
아파트 건물

공고문을 볼 수 있는 장소를 묻는 질문이다.
공고문의 Meadow Apartments, Building 19과
바꾸어 쓸 수 있는 표현을 보기에서 찾아본다.

**87.** When will the basement be closed?

지하실은 언제 폐쇄될 것인가?

(A) March 19
3월 19일

(B) March 31
3월 31일

✓ (C) April 1
4월 1일

(D) April 19
4월 19일

구체적인 세부 사항의 파악 여부를 묻는 질문이다.
광고문의 the first week in April에 해당하는
날짜를 보기에서 고르면 된다.

**88.** What will Tom Gaston do?

톰 개스턴은 무엇을 할 것인가?

✓ (A) Put in a new heater
새 난방기 설치

(B) Pay the electric bill
전기료 지불

(C) Buy more washing machines
세탁기 추가 구입

(D) Add extra storage areas
창고 면적 확장

구체적인 세부 사항의 파악 여부를 묻는 질문이다.

지문의 replace the old heater를 Put in a new
heater라고 표현한 것에 유의한다.

도표는 조사한 자료를 한눈에 쉽게 볼 수 있도록 정리한 것으로, 구체적인 사항을 묻는 문제가 많이 출제된다. 따라서 제시된 도표를 보고 장소나 시간, 대상, 변동 사항 등의 구체적인 세부 사항을 파악할 수 있어야 한다.

**Questions 89-91** refer to the following chart.

**Television Listings**
**Monday, February 15**

| | MNA Network (Channel 3) |
|---|---|
| 6:00-8:00 A.M. | *Morning Coffee* (news and entertainment) |
| 91 8:00-8:30 A.M. | *Eye on Style* (clothing from the streets of Paris) |
| 8:30-9:30 A.M. | *Beyond Medicine* (latest health updates) |
| 9:30-10:00 A.M. | *Travel Show* (today's travel destination: Mexico) |
| 89 10:00 A.M.-12:30 P.M. | *Happy to Meet You* (morning movie, with Judy Mann) |
| 90 12:30-1:30 P.M. | *Midday News* (local news) |

**TV 시간표**
**2월 15일 월요일**

| | MNA 네트워크 (채널 3) |
|---|---|
| 오전 6시 – 8시 | 모닝 커피 (뉴스 및 오락) |
| 오전 8시 – 8시 30분 | 스타일을 찾아서 (파리 거리에서 유행하는 의상) |
| 오전 8시 30분 – 9시 30분 | 우리가 모르는 의학 상식 (최신 건강 정보) |
| 오전 9시 30분 – 10시 | 여행 쇼 (오늘의 여행지: 멕시코) |
| 오전 10시 – 오후 12시 30분 | 만나서 반가워요 (아침에 즐기는 영화, 주디 만 출연) |
| 오후 12시 30분 – 1시 30분 | 정오 뉴스 (지역 뉴스) |

**89.** How long is the movie? ────────────▶ 구체적인 세부 사항의 파악 여부를 묻는 질문이다.

영화가 얼마나 오래 상영되는가?

영화 상영 시간을 묻고 있으므로, 도표에서 영화

(morning movie)에 관련된 사항을 찾아본다.

   (A) One hour and forty-five minutes

      1시간 45분

   (B) Two hours

      2시간

   (C) Two hours and fifteen minutes

      2시간 15분

 ✓(D) Two hours and thirty minutes

      2시간 30분

**90.** When can viewers watch a news program? ─▶ 구체적인 세부 사항의 파악 여부를 묻는 질문이다.

TV 시청자들은 언제 뉴스 프로그램을 시청할 수 있는가?

뉴스 프로그램을 시청할 수 있는 시각을 묻는

질문이므로 뉴스(local news)에 관련된 사항을

찾아본다.

   (A) 9:30 A.M.

      오전 9시 30분

   (B) 10:30 A.M.

      오전 10시 30분

 ✓(C) 12:30 P.M.

      오후 12시 30분

   (D) 1:30 P.M.

      오후 1시 30분

**91.** What is the 8:00 show about? ──────────▶ 구체적인 세부 사항의 파악 여부를 묻는 질문이다.

8시 프로그램은 무엇에 관한 것인가?

8시에 방영되는 프로그램의 주제를 묻는

질문이므로, 8시 프로그램에 관련된 부분을

찾아본다.

   (A) Health

      건강

 ✓(B) Fashion

      패션

   (C) Coffee

      커피

   (D) Travel

      여행

이력서(résumé), 초대장(invitation), 전화 메모(telephone message), 청구서(bill) 등 다양한 문서 양식을 익혀 두는 것이 좋다. 특정한 형식이 존재하는 양식의 경우, 전체 글을 다 읽지 않고도 구체적인 세부 사항을 찾아 문제를 해결할 수 있으므로 풀이 시간을 절약할 수 있는 부분이기도 하다.

**Questions 92-93** refer to the following telephone message.

## Kwan Associates

[92]TO *Mr. Choy*

DATE *6/29*          TIME *1:05 p.m.*

WHILE YOU WERE OUT

Mr./Ms. *Sandra Carpenter*

OF *Sun-Tech Computers*

PHONE *(602) 555-8735*

| ☐ Telephoned | Please return call ☐ |
|---|---|
| ☐ Called to see you | Will call again ☐ |
| ☑ Returned your call | Rush ☐ |

[93]MESSAGE

*She got your message and will ship the instruction booklets to you.*

Signed   *Lisa Janzer*

---

## 콴 어소시에이츠

수신  초이 씨

날짜  6월 29일          시간  오후 1시 5분

부재중 전화

Mr./Ms.  산드라 카펜터

소속  선테크 컴퓨터즈

전화  (602) 555-8735

| ☐ 전화 왔음 | 응답 전화 요망 ☐ |
|---|---|
| ☐ 만나기 위해 전화했음 | 다시 전화하겠음 ☐ |
| ☑ 응답 전화 걸었음 | 긴급 용무 ☐ |

내용

귀하의 메시지를 받았으며 사용 설명서를 송부할 것임

서명  리사 잰저

**92.** Who is this message for?
누구에게 보내는 메모인가?

✓ (A) Mr. Choy
초이 씨

(B) Mr. Kwan
콴 씨

(C) Ms. Carpenter
카펜터 씨

(D) Ms. Janzer
잰저 씨

→ 메모를 받을 사람이 누구인지를 묻는 질문으로, 수신자(To) 항목을 찾아본다.

**93.** What is the message about?
무엇에 관한 메모인가?

(A) A broken computer
고장 난 컴퓨터

(B) A class
수업

✓ (C) A shipment
선적품

(D) A new telephone
새 전화기

→ 구체적인 세부 사항을 묻는 질문이다.
메모의 핵심 내용이 무엇인지를 묻는 질문이므로, MESSAGE 항목을 찾아보면 쉽게 알 수 있다.

문자 메시지와 온라인 채팅은 두 사람 이상이 주고 받는 대화 형식으로 제시된다. 격식을 차린 문어체 표현보다는 일상 생활에서 접할 수 있는 구어체 표현이 많이 등장한다. 누가, 어떤 말을, 누구에게 하는지 화자를 잘 파악하는 것이 중요하다. 이 지문에서는 항상 상대방의 말에 대한 적절한 응답을 고르는 문제가 나오므로 대화의 흐름을 잘 파악해야 한다.

**Questions 94-95** refer to the following text-message chain.

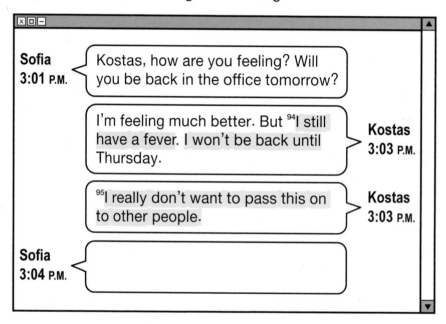

**Sofia 3:01 P.M.**
Kostas, how are you feeling? Will you be back in the office tomorrow?

**Kostas 3:03 P.M.**
I'm feeling much better. But [94]I still have a fever. I won't be back until Thursday.

**Kostas 3:03 P.M.**
[95]I really don't want to pass this on to other people.

**Sofia 3:04 P.M.**

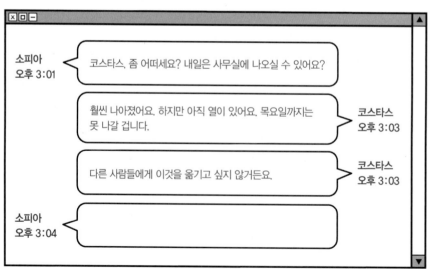

**소피아 오후 3:01**
코스타스, 좀 어떠세요? 내일은 사무실에 나오실 수 있어요?

**코스타스 오후 3:03**
훨씬 나아졌어요. 하지만 아직 열이 있어요. 목요일까지는 못 나갈 겁니다.

**코스타스 오후 3:03**
다른 사람들에게 이것을 옮기고 싶지 않거든요.

**소피아 오후 3:04**

**94.** What will Kostas probably do tomorrow? ⟶ 내일 할 것 같은 일을 묻는 질문이다.
코스타스는 내일 무엇을 할 것 같은가?

tomorrow라는 키워드는 지문에 나오지 않지만, 목요일까지 나가지 못할 것이라는 말을 근거로 추론해야 한다.

    (A) Visit his family
        가족 방문하기

    (B) Meet some friends
        친구들 만나기

    (C) Go to the office
        사무실에 나가기

✓ (D) Stay at home
        집에 있기

**95.** Select the best response to Kostas' message. ⟶ 적절한 응답 고르기 문제이다. 아직 열이 나고
코스타스의 메시지에 대한 응답으로 가장 적절한 것을 고르시오.

아프다는 말에 가장 적절한 응답을 찾는다.

    (A) "It went very well."
        잘됐어요.

✓ (B) "I hope you're better soon."
        곧 회복되길 바라요.

    (C) "Tell me what you think."
        어떻게 생각하는지 말해 주세요.

    (D) "All right, I'll do that."
        좋아요, 제가 할게요.

## Listening & Reading 핵심 어휘 및 숙어

## Listening Part 1

| | | | |
|---|---|---|---|
| against the wall | 벽에 기대어 | pack | 꾸리다, 포장하다 |
| answer the phone | 전화를 받다 | package | 소포, 꾸러미, 짐 |
| be seated | 앉다 | park | 주차하다; 공원 |
| block | 막다, 차단하다 | perform | 공연하다, 수행하다 |
| carry | 나르다, 수송하다 | pile | 쌓다; 더미, 쌓아 놓은 것 |
| cross one's arms | 팔짱을 끼다 | place | 놓다, 두다; 장소 |
| cut[mow] the grass | 잔디를 깎다 | plant | 식물; 심다 |
| direction | 방향 | point to | (손가락 등으로) ～을 가리키다 |
| drawer | 서랍 | pour | 붓다, 따르다 |
| get on | ～에 타다 | put ~ on display | ～을 전시[진열]하다 |
| grocery | 식료품 | put on | 입다[쓰다], 착용하다 |
| hand out | 나눠주다 | railing | 난간, 철책 |
| handrail | 난간 | reach | (손·팔을) 뻗다, 닿다 |
| hang | 걸다, 걸리다 | repair | 수리[수선]하다; 수리 |
| hold | 잡다, 들다, 가지고 있다 | serve | 차려주다, 제공하다 |
| in a group | 그룹을 지어 | set the table | 식탁[상]을 차리다 |
| instrument | 기구, 악기 | shake hands | 악수하다 |
| lean over | ～ 위로 몸을 기대다 | shelf | 선반, 책꽂이, (책장의) 칸 |
| lie | 눕다, 누워 있다 | shut | 닫힌; 닫다 |
| lift | 들다 | side by side | 나란히 |
| line up | 줄을 서다 | stairway | 계단 |
| load | (짐 등을) 싣다 | stand[wait] in line | 줄을 서 있다, 줄을 서서 기다리다 |
| look for | ～을 찾다 | take a photograph | 사진을 찍다 |
| look up | (자료 등에서) ～을 찾아보다 | take off | (옷 등을) 벗다 |
| make a speech | 연설하다 | turn on | (TV·전등·가스를) 켜다, 틀다 |
| microphone | 마이크 | walk along | ～을 따라 걷다 |
| move | 옮기다, 이사하다 | wear | 입다, 쓰다 |
| on both sides of | ～의 양쪽에 | wrap | (포장지 등으로) 싸다, 포장하다 |

# Listening Part 2

| | | | |
|---|---|---|---|
| all the time | 내내, 줄곧 | join | 함께하다 |
| already | 이미, 벌써 | leave | 떠나다, 남기다, 두고 오다 |
| around | ~ 근처에, ~ 주위에 | lost-and-found office | 분실물 취급소 |
| arrive | 도착하다 | make a reservation | 예약하다 |
| as soon as one can | 되도록 빨리 | more or less | 거의, 약 |
| at the beginning | 처음에 | nearly | 거의(= almost) |
| be on the phone | 통화 중이다 | out of town | (출장 등으로) 도시를 떠나 있는 |
| be[run] out of | ~을 다 써서 없다 | packet | 소포 |
| book | 예약하다 | present | 선물; 참석한; 제시하다 |
| by oneself | 혼자, 스스로 | problem | 문제 |
| certainly | 분명히, 확실히 | quite | 꽤, 상당히 |
| choose | 선택하다 | scene | 장면, 광경 |
| come along with | ~와 함께 가다 | seat | 좌석; 앉히다, 좌석이 있다 |
| cost | 비용; 비용이 들다 | several | 몇몇의 |
| dining room | 식당 | stay | 머무르다; 머무름, 숙박 |
| downtown | 시내에, 도심지에 | straight ahead | 똑바로 |
| exactly | 정확히, 꼭 | suit | 정장; 어울리다 |
| expect | 예상하다, 기대하다 | suitcase | 여행 가방 |
| fill up | 채우다 | take place | (행사가) 개최되다, 열리다 |
| finish | 끝마치다 | terrible | 끔찍한, 지독한 |
| fix | 고치다, 수리하다 | train | 교육하다, 훈련하다; 기차 |
| furniture | 가구 | until | ~까지 |
| get into | ~에 들어가다 | usually | 대개, 보통 |
| half | 절반 | visit | 방문; 방문하다 |
| have been to | ~에 가 보다 | whichever | 어느 쪽이든 ~한 것 |
| help yourself | 마음껏 드세요, 좋을대로 하세요 | Why don't you ~? | ~하지 그래요? |
| How about ~? | ~은 어때요? | work | 일하다, 작동하다; 일, 직장 |
| in a minute[moment] | 금방, 곧 | would rather | (차라리) ~하겠다, ~하고 싶다 |

# Listening Part 3

| | | | |
|---|---|---|---|
| advice | 충고, 조언 | degree | (온도의 단위) 도, 정도 |
| amount | 액수 | directory | 안내 책자, 안내판 |
| architecture | 건축, 건축 양식 | discount | 할인 |
| area | 지역 | editor | 편집자, 편집장 |
| ask | 묻다, 요청하다 | electronics | 전자기기 |
| at least | 적어도, 최소한 | excellent | 훌륭한, 탁월한 |
| award | 상 | expensive | 비싼 |
| bank machine | 현금 인출기 | far away | 멀리 떨어진 |
| bank teller | 은행원 | flight attendant | 승무원 |
| be supposed to | ~하기로 되어 있다 | following | (시간상) 그 다음의 |
| bill | 고지서, 지폐 | foreign | 외국의, 외제의 |
| borrow | 빌리다 | get to work | 직장에 가다, 출근하다 |
| brand | 상표 | give a call | 전화하다 |
| bring | 가져오다 | graduate from | ~를 졸업하다 |
| broken | 고장 난 | grand opening | 개장, 개점 |
| business trip | 출장 | grateful | 감사하는, 고마워하는 |
| call back | 다시 전화하다 | hall | 복도, 홀(큰 건물이나 방) |
| cancel | 취소하다 | have to | ~해야 하다 |
| cash | 현금 | helpful | 도움이 되는 |
| change | 거스름돈, 잔돈 | holiday | 휴일, 공휴일 |
| cheap | 값이 싼 | in that case | 그런 경우에는, 그렇다면 |
| check | 확인하다 | include | 포함하다 |
| closed | (문을) 닫은, (업무가) 종료된 | individual | 개개의, 개별의 |
| come up | (때·행사가) 다가오다 | instead | 그 대신에 |
| community center | 지역 문화 센터 | interesting | 흥미로운, 재미있는 |
| congratulations | 축하합니다 | interview | 면접; 면접을 보다 |
| corner | 모퉁이 | invite | 초대하다 |
| crowded | (사람들로) 붐비는, 혼잡한 | invoice | 청구서, 송장 |

| | | | |
|---|---|---|---|
| job offer | 일자리 제안 | reach | (연락이) 닿다 |
| language | 언어 | receipt | 영수증, 수령 |
| last | 계속되다, 지속되다; 마지막의 | receive | 받다 |
| law office | 법률 사무소, 변호사 사무소 | reception desk | 접수처, 프런트 |
| leave a message | 메시지를 남기다 | remember | 기억하다 |
| librarian | (도서관의) 사서 | report to | ~에게 알리다, 신고하다 |
| lock | 자물쇠를 채우다, 잠그다; 자물쇠 | respect | 존경, 존중 |
| look | 보다, ~해 보이다 | retire | 은퇴하다, 퇴직하다 |
| look back on | 회고하다, 되돌아보다 | sale | 판매, 할인 |
| make it | 시간에 맞춰 가다, 해내다 | schedule | 일정을 잡다; 일정 |
| meeting | 회의 | service | (기계 등을) 점검[정비]하다 |
| miss | 만나지 못하다, (탈것을) 놓치다 | set | 준비가 된 |
| museum | 박물관 | show time | 상영시간 |
| national | 국가의, 국립의 | shut off | (수돗물·가스 등을) 차단하다 |
| offer | 제안하다, 제의하다; 제공하는 것 | station | 역, 정거장 |
| on vacation[holiday] | 휴가 중인 | stay tuned to | (방송 채널을) ~에 고정하다 |
| pass | 통행증, 입장권 | stranger | 낯선 사람 |
| past | 지나서; 이전의; 과거 | textbook | 교과서 |
| pharmacy | 약국 | though | 그렇지만, 비록 ~일지라도 |
| plan | 계획하다; 계획 | through | ~을 통해 |
| pleasant | 즐거운 | transportation | 수송, 수송기관, 교통수단 |
| post office | 우체국 | travel agency | 여행사 |
| press | 누르다 | trousers | 바지 |
| price | 가격; 가격을 매기다 | used | 중고의 |
| professor | 교수 | useful | 유용한 |
| promote | 승진시키다 | vehicle | 탈것, 차량, 운송수단 |
| public | 공공의 | welcome | 환영하다 |
| purchase | 구입하다; 구입(품) | wonder if | ~인지를 궁금해하다 |

# Listening Part 4

| | | | |
|---|---|---|---|
| account | 계좌, 계정 | different | 다른, 각양각색의 |
| adventure | 모험 | dig up | 파내다 |
| advertisement | 광고 | directions | 길 안내 |
| airport | 공항 | domestic | 국내의 |
| apply for | ~에 지원하다, ~을 신청하다 | driver's license | 운전면허증 |
| appointment | 약속, 예약 | drop | 하락, 감소; 떨어지다 |
| arrange | 마련하다, 주선하다 | employee | 직원 |
| arrival | 도착 | entrance | 출입구 |
| art museum | 미술관 | exhibit | 전시회, 전시품; 전시하다 |
| attention | (안내 방송에서) 알립니다 | explore | 답사하다, 탐험하다 |
| available | 이용할 수 있는, 구할 수 있는 | express | 급행의, 신속한; 나타내다 |
| be interested in | ~에 흥미가 있다 | fallen | 떨어진 |
| be listed | (명단에) 올라 있다 | fasten | 매다, 조이다 |
| be sure to | 반드시 ~하다 | flight | 비행, 항공편 |
| branch | 지점, 나뭇가지 | follow | 따라가다, 따르다 |
| break down | 고장 나다 | forget | 잊다 |
| cause | 야기하다, 초래하다; 원인 | forward | 앞으로 |
| celebrate | 기념하다, 축하하다 | get caught | 잡히다 |
| colleague | 동료 | hairdresser | 미용사 |
| conference room | 회의실 | harmful | 해로운 |
| confirm | 확인하다 | hold up | 지연시키다, 방해하다 |
| critic | 비평가 | hospital | 병원 |
| current | 현재의 | host | 진행자; 진행하다 |
| customer | 고객 | immediately | 즉시 |
| decide | 결정하다, 결심하다 | in charge of | ~을 맡아, 담당하여 |
| delay | 지연시키다; 지연 | in order of | ~의 순으로 |
| depart | 출발하다 | install | 설치하다 |
| deposit | 예치하다; 예치금, 보증금 | insurance | 보험 |

| | | | |
|---|---|---|---|
| journey | 여행 | post | 게시하다 |
| lakeside | 호숫가 | postpone | 연기하다, 미루다 |
| land | 착륙하다 | probably | 아마도 |
| laptop | 노트북 컴퓨터 | regular | 정규의, 정기적인 |
| lead | 이끌다 | remind | 다시 알려 주다, 상기시키다 |
| look forward to | ~을 고대하다 | remove | 제거하다 |
| lower | 낮추다; 더 낮은 | reply | 답장하다; 답신, 답장 |
| machine | 기계 | return | 돌려주다; 반품 |
| make an announcement | 공표하다, 발표하다 | revise | 개정하다, 수정하다 |
| make friends | 친구를 사귀다 | rubbish | 쓰레기(= trash) |
| make one's way to | ~로 나아가다 | sculpture | 조각 |
| manager | 관리자 | shovel | 삽 |
| move along | 움직이다, 비키다 | sign | 표지판; 서명하다 |
| native | 자생의, 토종의 | situation | 상황 |
| notice | 공지, 알림, 통지 | suggestion | 제안, 제의 |
| on one's way | 도중에 | sunscreen | 자외선 차단제 |
| order | 주문하다; 주문 | take ~ out | ~를 데리고 나가다 |
| outstanding | 뛰어난, 탁월한 | take a hike | 하이킹하다 |
| owner | 주인 | take away | 치우다 |
| parents | 부모 | temperature | 온도, 기온 |
| passenger | 승객 | tour | 견학, 관광 |
| path | 길 | trail | 길, 코스 |
| performance | 공연, 연주회 | travel agent | 여행사 직원 |
| permit | 허가증, 인가서 | urgent | 긴급한 |
| physician | (내과) 의사 | visitor | 방문자 |
| pick up | 줍다, 태우러 가다 | volunteer | 자원봉사자 |
| place an order | 주문하다 | wallet | 지갑 |
| popular | 인기 있는 | washing machine | 세탁기 |

# Reading Part 1

| | | | |
|---|---|---|---|
| a number of | 다수의 | condition | 상태, 조건 |
| across | ~를 가로질러 | conduct | (특정활동을) 하다, 지휘하다; 행동 |
| activity | 활동 | continue | 계속하다 |
| along with | ~와 함께 | correct | 정확한, 맞는; 정정하다 |
| announce | 발표하다, 알리다 | currently | 현재 |
| applicant | 신청자, 지원자 | daily | 매일; 매일의 |
| as of | ~일자로, ~부로 | delayed | 지연된 |
| athletics | 육상 경기 | department | 부서 |
| attraction | 명소, 명물 | description | 설명 |
| be in need of | ~을 필요로 하다 | details | 세부 사항 |
| be located in[on] | ~에 위치하다 | distance | 거리 |
| be responsible for | ~을 책임지다 | due to | ~ 때문에 |
| because of | ~ 때문에 | during | ~ 동안 |
| builder | 건축업자 | each other | 서로 |
| business | 사업(체), 영업 | ever | (긍정문) 언제나 (의문문) 언젠가, 지금까지 |
| business hours | 영업[업무] 시간 | exchange | 교환하다; 교환 |
| calendar | 일정표, 달력 | exercise | 운동하다; 운동 |
| care | 조심, 주의 | experiment | 실험 |
| careful | 조심스러운 | extra | 추가의 |
| carefully | 조심스럽게 | fair | 박람회, 전람회; 공평한 |
| ceremony | 의식, 식 | fall | 내리다, 떨어지다; 감소 |
| choice | 선택 | favorite | 가장 좋아하는 |
| comfortable | 편안한 | feel free to | 마음 놓고 ~하다 |
| community | 공동체, 지역사회 | for sale | 팔려고 내놓은 |
| company | 회사, 동반 | forceful | 단호한, 강력한 |
| complete | 완벽한; 완료하다, 기입하다, 작성하다 | form | 형태, 양식, 서류 |
| completely | 완전히 | full-time | 전시간의, 상근의 |
| completeness | 완벽함 | give a ride | 태워 주다 |

| | | | |
|---|---|---|---|
| growing | 성장하는 | personal | 개인의, 개인적인 |
| guidebook | 안내서 | possible | 가능한 |
| handmade | 손으로 만든, 수공의 | powerful | 강력한 |
| have access | 접근권을 가지다 | print | 출력하다 |
| heavy | 무거운 | question | 질문 |
| hiker | 등산객, 도보 여행자 | questioning | 질의, 심문 |
| hint | 조언, 정보 | raise | 모금하다, 올리다 |
| hire | 채용하다 | rate | 요금, 속도,비율 |
| in order to | ~하기 위해 | reason | 이유 |
| in the future | 미래에, 장차 | rent | 빌리다; 집세 |
| invaluable | 매우 유용한, 아주 귀중한 | since | ~ 이래로, ~이므로 |
| item | 제품, 물품 | slight | 약간의, 조금의 |
| lately | 최근에 | still | 여전히, 아직도 |
| law | 법 | subway system | 지하철 |
| lend | 빌려주다 | succeed | 성공하다 |
| length | 길이 | success | 성공 |
| magazine | 잡지 | successful | 성공적인 |
| move out of | ~에서 이사 나가다 | such as | ~와 같은 |
| mover | 짐을 옮기는 사람 | take part | 참여하다 |
| must | 꼭 해야 하는 것; ~해야 하다 | talent show | 장기 자랑 |
| necessary | 필요한, 필수적인 | technician | 기술자 |
| official | 공식적인, 공적인; 공무원 | thoughtful | 사려 깊은 |
| opening | 빈자리, 공석 | travel around | ~를 여기저기 여행하다 |
| opinion | 의견 | turn | 순서; 돌(리)다 |
| parking | 주차 | waiting room | 대기실 |
| pass on | 넘겨주다 | wealthy | 부유한 |
| payment | 지불, 지불금 | wireless | 무선의 |
| per | ~당 | within | ~ 내에 |

# Reading Part 2

| | | | |
|---|---|---|---|
| addition | 추가 | difficult | 어려운 |
| always | 항상 | driverless | 운전자가 없는 |
| application | 신청서, 지원서 | earn | 벌다 |
| as yet | 아직 | electric | 전기의, 전기로 작동하는 |
| aside from | ~ 이외에 | enclosed | 동봉된 |
| at that time | 그때에 | envelope | 봉투 |
| attach | 첨부하다 | even | ~조차, (비교급 강조) 훨씬 |
| attachment | 첨부(물) | even though | 비록 ~일지라도 |
| be due to | ~하기로 되어 있다 | except | ~을 제외하고 |
| be expected to | ~할 것으로 예상되다 | existing | 기존의 |
| be full of | ~로 가득하다 | facilities | 시설, 설비 |
| be located | 위치해 있다 | favor | 호의; 호의를 보이다 |
| break | 휴식; 쉬다, 부수다 | favorable | 호의적인 |
| build | 건설하다, 짓다; 체구 | fence | 울타리 |
| cancellation | 취소 | friendliness | 친절함 |
| chance | 가능성, 기회 | friendly | 친절한 |
| checkup | 신체검사, 건강 검진 | gardening | 조경 |
| cinema | 영화관 | guarantee | 보증하다, 보장하다 |
| clear | 명확한; 치우다 | guided | 안내자가 동행하는 |
| comfort | 편안함; 위로하다 | handle | 다루다, 취급하다 |
| comforting | 위로가 되는 | holder | 소지자 |
| commute | 통근 (거리); 통근하다 | home improvement | 주택 개조 |
| contact | 연락하다 | housing | 주택 (공급) |
| control | 조종하다, 제어하다 | ID (identification) | 신분증 |
| coworker | 동료 | immediate | 즉각적인 |
| create | 만들다 | information | 정보 |
| delivery | 배송 | including | ~을 포함하여 |
| dental | 치과의 | instead of | ~ 대신에 |

| | | | |
|---|---|---|---|
| issue | (잡지 등의) 호, 문제 | regularly | 정기적으로, 규칙적으로 |
| limited | 제한된, 한정된 | rental | 임대(물); 임대의 |
| local | 지역의, 현지의 | response | 응답, 반응 |
| location | 장소, 위치, 소재지 | rest | 나머지; 휴식을 취하다 |
| management | 관리 | résumé | 이력서 |
| mark | 표시하다; 표시, 자국 | review | 후기; 검토하다 |
| neighbor | 이웃 | rule | 규칙 |
| note | 주목하다, 주의하다; 메모 | search | 검색; 검색하다 |
| opening hours | 영업 시간 | selection | 선택할 수 있는 것들(의 집합) |
| otherwise | 그렇지 않으면 | shortly | 곧, 금방 |
| outdoor | 야외의 | side | 쪽, 편, 옆 |
| paperwork | 서류 (작업) | similarly | 마찬가지로 |
| patient | 환자; 끈기 있는 | simply | 그냥, 그저 |
| paystub | 급여 명세서 | sound | ~인 것 같다, ~처럼 들리다 |
| period | 기간 | staff | 직원 |
| polish | 광택제, 윤 내기; 닦다, 다듬다 | stop by | 잠시 들르다 |
| position | 일자리, 직위 | subject | 주제 |
| praise | 칭찬하다 | take a course | 강좌를 듣다 |
| prefer | 선호하다 | tax | 세금 |
| proceeds | 수익금 | therefore | 그러므로 |
| product | 제품 | think of | ~을 생각하다 |
| provide | 제공하다 | tonight | 오늘밤 |
| purely | 순전히 | tool | 연장, 도구 |
| purpose | 목적 | unfortunately | 안타깝게도, 불행히도 |
| quality | 품질 | university | 대학교 |
| recently | 최근에 | up to | ~까지 |
| refund | 환불; 환불하다 | without | ~ 없이 |
| register | 등록하다 | workplace | 직장 |

# Reading Part 3

| | | | |
|---|---|---|---|
| according to | ~에 따라 | credit card | 신용카드 |
| actually | 실제로 | decorate | 장식하다, 꾸미다 |
| additional | 추가의 | deliver | (연설 등을) 하다, 배달하다 |
| advantage | 이점 | describe | 기술하다, 묘사하다 |
| advise | 충고하다, 조언하다 | desirable | 바람직한 |
| anniversary | 기념일 | difficulty | 어려움 |
| appliance | 가전제품 | dish | 요리, 접시 |
| article | 기사 | disregard | 무시하다 |
| aspect | 면, 측면 | efficient | 효율적인, 능률적인 |
| assist | 돕다 | electrical | 전기의, 전기와 관련된 |
| athlete | 선수 | employ | 고용하다 |
| attend | 참석하다 | encouragement | 격려, 장려 |
| attract | 마음을 끌다, 끌어들이다 | entitled | 제목이 ~인 |
| auditorium | 강당 | environment | 환경 |
| auto | 자동차 (= automobile) | equipment | 장비 |
| awards ceremony | 시상식 | expansion | 확장 |
| balance due | 미불액, 잔액 | extension | 연장 |
| bank statement | 입출금 내역서 | FAQ (Frequently Asked Questions) | 자주 묻는 질문들 |
| be concerned about | ~을 우려하다 | feature | 특징; 특색으로 삼다 |
| benefit | ~에게 이롭다, 도움이 되다 | fever | 열 |
| build up to | ~로 늘리다 | file | (소송 등을) 제기하다, 신청하다 |
| certificate | 증명서, 수료증 | fill out | (서식을) 작성하다 |
| charge | 요금; 청구하다 | for example | 예를 들어 |
| come with | ~이 딸려 있다 | fundamental | 기본적인, 근본적인 |
| comment | 언급, 댓글; 논평하다 | further | 그 이상의, 한층 더한 |
| comprehensive | 광범위한, 폭넓은 | harbor | 항구 |
| cooperation | 협력, 협조 | high-quality | 고품질의 |
| corporation | 기업, 회사 | however | 그러나 |

| | | | |
|---|---|---|---|
| if possible | 가능하면 | promptly | 즉시, 지체 없이 |
| ignore | 무시하다 | pronunciation | 발음 |
| impressed | 감동을 받은, 인상깊게 생각하는 | properly | 적절히 |
| in advance | 미리, 사전에 | publish | 출판하다 |
| in one's honor | ~에게 경의를 표하여 | refreshment | 다과, 가벼운 음식 |
| increase | 늘리다; 인상, 상승 | refrigerator | 냉장고 |
| instruction | 지시, 설명 | regulation | 규정 |
| international | 국제적인 | renewal | 갱신, 연장 |
| lane | 길, 차선 | representative | (선발된) 대리인 |
| laundry | 세탁 | request | 요청하다 |
| lecture | 강연 | requirement | 필요조건, 자격요건 |
| look forward to -ing | ~하기를 고대하다 | resident | 주민 |
| main office | 본사, 본점 | sell-by date | 유통기한 |
| make a payment | 금액을 납부하다 | specialize | 전문으로 하다 |
| manage | 관리하다 | subscription | 구독 |
| material | 자료 | subtotal | 소계 |
| measure | 측정하다 | suggest | 제안하다 |
| mechanic | 정비공 | supply | 공급, 보급품; 공급하다 |
| medical | 의료의 | support | 지탱함, 지지; 지지하다 |
| memorandum | 메모, 회람 | technical | 기술적인 |
| metropolitan | 대도시의, 수도의 | to whom it may concern | 관계자께 |
| nature | 자연 | total | 총, 전체의; 총계, 총액 |
| on a first-come, first-served basis | 선착순으로 | translate | 번역하다 |
| on request | 요청하면 | transport | 교통수단, 수송 |
| organize | 조직하다, 준비하다 | upcoming | 곧 있을 |
| participant | 참가자 | valid | 유효한, 효력 있는 |
| playback | 재생 | valuable | 귀중한 |
| power strip | 멀티탭 | warranty | 품질 보증(서) |

# LISTENING

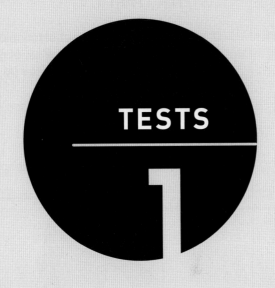

# READING

# LISTENING

This is the Listening test. There are four parts to this test.

## LISTENING PART 1

**Directions:** You will see a set of four pictures in your test book, and you will hear one short phrase or sentence. Look at the set of pictures. Choose the picture that the phrase or sentence best describes. Then mark the letter (A), (B), (C), or (D) on your answer sheet.

Look at the sample pictures below and listen to the phrase.

**Example**

You will hear:    A man wearing headphones

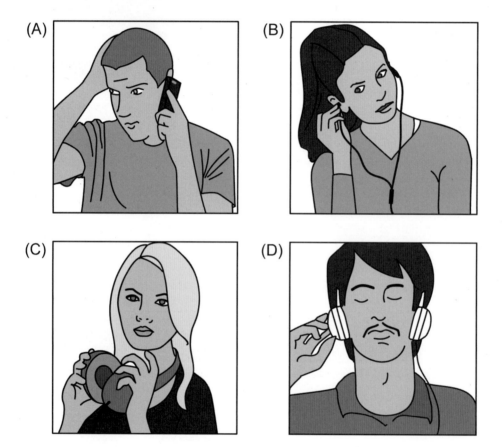

The best answer is (D), so you should mark the letter (D) on your answer sheet.

**1.** (A)  (B)

(C)  (D)

**2.** (A)  (B)

(C)  (D)

**GO ON TO THE NEXT PAGE**

**3.** (A)  (B)

(C)  (D)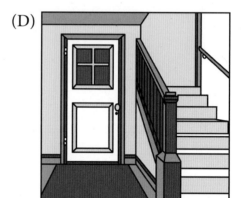

**4.** (A)  (B)

(C)  (D)

**5.** (A)  (B)

(C)  (D)

**6.** (A)  (B)

(C)  (D)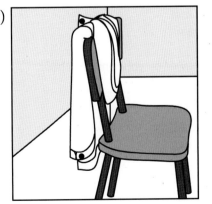

GO ON TO THE NEXT PAGE

## LISTENING PART 2

**Directions:** You will hear some questions or statements. After each question or statement, you will hear and read four responses. Choose the best response to each question or statement. Then mark the letter (A), (B), (C), or (D) on your answer sheet.

Now listen to a sample question.

**Example**

You will hear:        What time is it?

You will hear and read:   (A) It's three o'clock.
                         (B) Several times.
                         (C) Near the hotel.
                         (D) Yes, it is.

The best answer is (A), so you should mark the letter (A) on your answer sheet.

---

**7.** Mark your answer on your answer sheet.

(A) A sandwich.
(B) The cafeteria.
(C) I'm hungry.
(D) At lunchtime.

**8.** Mark your answer on your answer sheet.

(A) Yes, they are.
(B) I don't see her.
(C) It's at home.
(D) Not very much.

**9.** Mark your answer on your answer sheet.

(A) Five dollars each.
(B) About ten kilometers.
(C) It's quite fast.
(D) A local train.

**10.** Mark your answer on your answer sheet.

(A) No, thank you.
(B) I can't find my keys.
(C) That's very kind.
(D) Yes, in a minute.

**11.** Mark your answer on your answer sheet.

(A) At the front desk.
(B) He'll be here at two.
(C) Yes, good idea.
(D) I'm sure he will.

**12.** Mark your answer on your answer sheet.

(A) Joe will fix it.
(B) Yes, it's very sunny.
(C) I'd like that.
(D) By the window, please.

**13.** Mark your answer on your answer sheet.

(A) No, not ours.
(B) I only have dollars.
(C) I don't play.
(D) She asked me to.

**14.** Mark your answer on your answer sheet.

(A) Let me know.
(B) Yes, we tried.
(C) Two or three more.
(D) No, I feel fine.

**15.** Mark your answer on your answer sheet.

    (A) Thanks, I'd love to!
    (B) Chicken curry.
    (C) To that restaurant.
    (D) All the time.

**16.** Mark your answer on your answer sheet.

    (A) Later today.
    (B) I expect it is.
    (C) A friend from work.
    (D) I'm sorry, I can't.

**17.** Mark your answer on your answer sheet.

    (A) And where is the elevator?
    (B) Three or four days.
    (C) No, just this bag.
    (D) A very nice stay.

**18.** Mark your answer on your answer sheet.

    (A) No, not yet.
    (B) To see Dr. Willis.
    (C) Whichever is best.
    (D) Yes, over there.

**19.** Mark your answer on your answer sheet.

    (A) It certainly was.
    (B) You're very welcome.
    (C) I didn't bring it.
    (D) This is our first visit.

**20.** Mark your answer on your answer sheet.

    (A) Oh, it's too far to walk.
    (B) My taxes are high.
    (C) About half an hour.
    (D) To the hotel.

**21.** Mark your answer on your answer sheet.

    (A) Yes, I know that.
    (B) He's a good worker.
    (C) About eighty people.
    (D) Longer than I have.

**22.** Mark your answer on your answer sheet.

    (A) To the dry cleaner.
    (B) Once a week.
    (C) Yes, that's not a problem.
    (D) I think it suits you.

**23.** Mark your answer on your answer sheet.

    (A) Just Monday and Tuesday.
    (B) We're out of printer paper.
    (C) Yes, it was fun.
    (D) I chose it myself.

**24.** Mark your answer on your answer sheet.

    (A) Yes, if you like.
    (B) As soon as you can.
    (C) When did you send it?
    (D) At the post office.

**25.** Mark your answer on your answer sheet.

    (A) I wish I could join you.
    (B) A table for two, please.
    (C) Yes, terrible weather.
    (D) No, not enough.

**26.** Mark your answer on your answer sheet.

    (A) A brown leather suitcase.
    (B) Where did you put it?
    (C) Ask at the information desk.
    (D) Early tomorrow morning.

**GO ON TO THE NEXT PAGE**

## LISTENING PART 3

**Directions:** You will hear some short conversations. You will hear and read two questions about each conversation. Each question has four answer choices. Choose the best answer to each question and mark the letter (A), (B), (C), or (D) on your answer sheet.

**27.** Where are the speakers?

(A) At a museum.
(B) At a bank.
(C) At a library.
(D) At a shop.

**28.** What does the man need to do?

(A) Fix a machine.
(B) Go to his class.
(C) Get some money.
(D) Find a book.

**29.** What is the man going to do?

(A) Eat his lunch.
(B) Make some coffee.
(C) Meet a friend.
(D) Go to a café.

**30.** How does the woman feel?

(A) Tired.
(B) Hungry.
(C) Surprised.
(D) Worried.

**31.** What will the woman do next week?

(A) Work at home.
(B) Stay at Carol's house.
(C) Plan a business trip.
(D) Visit Spain.

**32.** What does the man want to see?

(A) Vacation photographs.
(B) A house design.
(C) Travel receipts.
(D) Work plans.

| | |
|---|---|
| Jan Francis | Room 103 |
| Hiroko Sato | Room 105 |
| Alex Shaw | Room 107 |
| Sue Thomas | Room 109 |

**33.** Look at the directory. Which room will the woman go to?

(A) Room 103
(B) Room 105
(C) Room 107
(D) Room 109

**34.** What most likely is the time?

(A) 10:00 A.M.
(B) 11:00 A.M.
(C) 1:30 P.M.
(D) 5:30 P.M.

| Thursday | Friday | Saturday | Sunday | Monday |
|---|---|---|---|---|
| 30 | 31 | April 1 | 2 | 3 |

**35.** What did the man do last week?

(A) He graduated from school.
(B) He had an interview.
(C) He received a job offer.
(D) He moved to a new area.

**36.** Look at the calendar. When will the man start the new job?

(A) On March 30.
(B) On March 31.
(C) On April 2.
(D) On April 3.

GO ON TO THE NEXT PAGE

## LISTENING PART 4

**Directions:** You will hear some short talks. You will hear and read two questions about each talk. Each question has four answer choices. Choose the best answer to each question and mark the letter (A), (B), (C), or (D) on your answer sheet.

**37.** Why is the speaker calling?

(A) To talk with his parents.
(B) To offer help to a friend.
(C) To change a meeting time.
(D) To order some food.

**38.** What does the speaker want to do?

(A) Have a meal.
(B) Watch a show.
(C) Sit outside.
(D) Play tennis.

**39.** Who is the speaker?

(A) A travel agent.
(B) A radio host.
(C) A film critic.
(D) A teacher.

**40.** What will the listeners learn about?

(A) A flight to France.
(B) A journey by bicycle.
(C) Popular places to stay.
(D) Ways to make friends.

**41.** Where are the people going to go?

(A) To the supermarket.
(B) To the park.
(C) To the theater.
(D) To the airport.

**42.** When will the people leave the office?

(A) At 1:45.
(B) At 2:45.
(C) At 3:45.
(D) At 4:45.

**43.** Where is the speaker?

(A) On a plane.
(B) On a train.
(C) At a hotel.
(D) At a bus station.

**44.** What will the speaker do at 10:00 ?

(A) Sell some tickets.
(B) Serve some food.
(C) Give some information.
(D) Open some doors.

**45.** Where does the speaker work?

   (A) At a zoo.
   (B) At a shoe shop.
   (C) At a post office.
   (D) At a bookstore.

**46.** What does the speaker tell the listener to do?

   (A) Bring cash.
   (B) Arrive early.
   (C) Pick up a book.
   (D) Work at night.

# School Bus Stop

## NO STOPPING OR STANDING

Monday – Friday
2:00 P.M. – 4:00 P.M.

**47.** Where is the speaker?

   (A) Outside a hospital.
   (B) Outside a school.
   (C) Outside a shopping center.
   (D) Outside an office building.

**48.** Look at the notice. At what time does the number five bus probably leave?

   (A) At 2:00 P.M.
   (B) At 3:00 P.M.
   (C) At 4:00 P.M.
   (D) At 5:00 P.M.

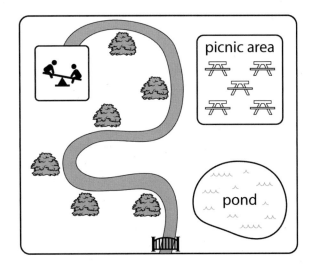

**49.** What are the listeners going to do in the park?

   (A) Pick up rubbish.
   (B) Clear fallen branches.
   (C) Clean picnic tables.
   (D) Remove dead plants.

**50.** Look at the map. Where will most of the work most likely take place?

   (A) By the park gates.
   (B) Along the path.
   (C) Around the pond.
   (D) In the play area.

This is the end of the Listening test. Turn to the Reading test.

GO ON TO THE NEXT PAGE

# READING

This is the Reading test. There are three parts to this test.
**You will have 35 minutes to complete the Reading test.**

## READING PART 1

**Directions:** You will read some sentences. Each one has a space where a word or phrase is missing. Choose the best answer to complete the sentence. Then mark the letter (A), (B), (C), or (D) on your answer sheet.

**Example**        Do not _____ on the grass.

(A) find
(B) keep
(C) walk
(D) have

The best answer is (C), so you should mark the letter (C) on your answer sheet.

---

**51.** Tell us _____ your favorite book.

(A) across
(B) about
(C) around
(D) along

**52.** Please do not _____ the paintings in the museum.

(A) touch
(B) touches
(C) touched
(D) to touch

**53.** Eileen is _____ for a new job.

(A) keeping
(B) looking
(C) catching
(D) getting

**54.** Call the technician if you have any _____.

(A) questioning
(B) questioned
(C) questions
(D) to question

**55.** Thank you for the _____ gift.

(A) true
(B) sure
(C) thoughtful
(D) wealthy

**56.** Pedro spends _____ weekends at the community gardens.

(A) he
(B) his
(C) him
(D) himself

**57.** We need _____ the children some clothes for school.

(A) buy
(B) buys
(C) buying
(D) to buy

**58.** The desk is too _____ for one person to lift.

(A) powerful
(B) heavy
(C) strong
(D) forceful

**59.** The _____ of the science fair will attend tonight's ceremony with her family.

(A) win
(B) wins
(C) winner
(D) winning

**60.** Builders are _____ working on the roof of the town hall.

(A) still
(B) yet
(C) ever
(D) before

**61.** Your professor will offer you _____ in choosing classes.

(A) part
(B) turn
(C) help
(D) law

**62.** Our guidebook gives a _____ description of the city's attractions.

(A) complete
(B) completing
(C) completely
(D) completeness

**63.** The picnic will be postponed until next week _____ the bad weather.

(A) so that
(B) such as
(C) because of
(D) in order to

**64.** After 25 years in _____, Hillcrest Theater will close on March 12.

(A) company
(B) business
(C) activity
(D) situation

**65.** The movers _____ packed all of our furniture into the truck.

(A) cares
(B) cared
(C) careful
(D) carefully

**GO ON TO THE NEXT PAGE**

## READING PART 2

**Directions:** You will read some short texts. Each one has three spaces where a word, phrase, or sentence is missing. For each space, choose the best answer to complete the text. Then mark the letter (A), (B), (C), or (D) on your answer sheet.

**Example**

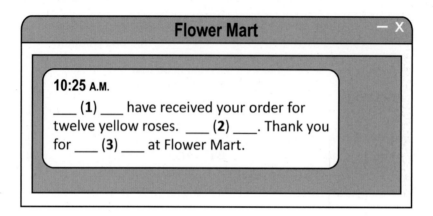

1. (A) We
   (B) Us
   (C) Our
   (D) Ours

2. (A) Please ask for help.
   (B) Red is a bright color.
   (C) They will arrive today.
   (D) Put them on my desk.

3. (A) shop
   (B) shops
   (C) shopped
   (D) shopping

The best answer for question 1 is (A), so you should mark the letter (A) on your answer sheet.

The best answer for question 2 is (C), so you should mark the letter (C) on your answer sheet.

The best answer for question 3 is (D), so you should mark the letter (D) on your answer sheet.

**Questions 66-68** refer to the following notice.

This door is for employees ___ **(66)** ___. Do not ___ **(67)** ___ it to go into the movie theater. The public ___ **(68)** ___ is at the front of the building on Markham Street.

Thank you.

**Management**

66. (A) only
    (B) just
    (C) simply
    (D) purely

67. (A) think
    (B) use
    (C) spend
    (D) follow

68. (A) enter
    (B) entering
    (C) entered
    (D) entrance

GO ON TO THE NEXT PAGE

---

### Summer will soon be here...come, see, and save!

Our outdoor furniture is ready ___ (**69**) ___ immediate delivery.
Visit one of our three stores to see a large selection of ___ (**70**) ___ brands.

Enjoy the summer from the ___ (**71**) ___ of your own garden.

---

**69.** (A) to
(B) for
(C) in
(D) from

**70.** (A) near
(B) clever
(C) popular
(D) kind

**71.** (A) comfort
(B) comforting
(C) comfortable
(D) comfortably

Hi Lin,

___ (72) ___ called you from a home improvement company. ___ (73) ___. The phone number is 555-0198, and the caller was Robert Benson. He said you ___ (74) ___ him yesterday. Can you call him back?

Tessa

**72.** (A) Everyone
(B) Someone
(C) Anyone
(D) No one

**73.** (A) That sounds much better.
(B) He didn't leave a number.
(C) I'd like to order some, too.
(D) I forget the company name.

**74.** (A) contact
(B) contacts
(C) contacted
(D) contacting

**GO ON TO THE NEXT PAGE**

**Questions 75-77** refer to the following instant message.

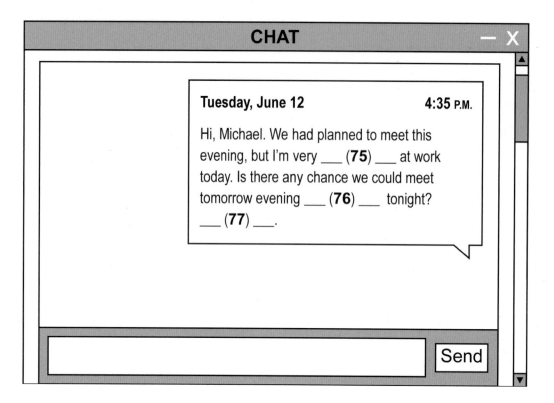

**CHAT**     — X

**Tuesday, June 12**     4:35 P.M.

Hi, Michael. We had planned to meet this evening, but I'm very ___ **(75)** ___ at work today. Is there any chance we could meet tomorrow evening ___ **(76)** ___ tonight? ___ **(77)** ___.

Send

75. (A) busy
    (B) busier
    (C) busiest
    (D) busily

76. (A) aside from
    (B) instead of
    (C) as yet
    (D) even though

77. (A) Please don't worry about it.
    (B) I'll see you there.
    (C) The meal was delicious.
    (D) Sorry for the late notice.

```
┌─────────────────────────────────────────────────────────────┐
│                                              ─ □ X            │
│  ┌──────────────────────────────────────────────────────┐   │
│  │ To:        Ken Truman                                 │   │
│  ├──────────────────────────────────────────────────────┤   │
│  │ From:      Mark Adams                                 │   │
│  ├──────────────────────────────────────────────────────┤   │
│  │ Subject:   Your offer                                 │   │
│  └──────────────────────────────────────────────────────┘   │
│                                                               │
│  Dear Uncle Ken,                                              │
│                                                               │
│  Thank you for your kind offer of a holiday job in your store.│
│  ___ (78) ___, I will be away from home at that time. I'm     │
│  planning to stay in Christchurch with a friend ___ (79) ___  │
│  the vacation period. I'm taking a course at the university   │
│  there.                                                       │
│                                                               │
│  ___(80) ___.                                                 │
│                                                               │
│  Love,                                                        │
│  Mark                                                         │
│                                                               │
└─────────────────────────────────────────────────────────────┘
```

**78.** (A) Therefore
(B) Similarly
(C) Unfortunately
(D) Otherwise

**79.** (A) over
(B) by
(C) with
(D) down

**80.** (A) How much does it cost?
(B) I like your story.
(C) It wasn't so difficult.
(D) Thank you for thinking of me.

**GO ON TO THE NEXT PAGE**

## READING PART 3

**Directions:** You will read some texts such as notices, letters, and instant messages. Each text is followed by two or three questions. Choose the best answer to each question and mark the letter (A), (B), (C), or (D) on your answer sheet.

**Example**

# Milltown Supermarket

*We have the freshest fruit and vegetables in town!*

**Opening Hours**

Monday to Friday, 9:00 A.M. to 9 P.M.

Saturday and Sunday, 10:00 A.M. to 7 P.M.

**1.** What does the store sell?
(A) Food
(B) Clothing
(C) Books
(D) Furniture

**2.** What time does the store close on Tuesday?
(A) At 7:00 P.M.
(B) At 8:00 P.M.
(C) At 9:00 P.M.
(D) At 10:00 P.M.

The best answer for question 1 is (A), so you should mark the letter (A) on your answer sheet.

The best answer for question 2 is (C), so you should mark the letter (C) on your answer sheet.

**Questions 81-82** refer to the following calendar.

## Calendar – Michael Carter

|  | Monday, May 21 | Tuesday, May 22 | Wednesday May 23 |
|---|---|---|---|
| 9 A.M. | Staff meeting Room 6 |  |  |
| 10 A.M. |  | Eun-Sook, update | Dr. Abrams, 125 Wood St. (checkup) |
| 11 A.M. |  |  |  |
| 12 noon |  | Ewa Grapska, lunch | Karl Schultz, lunch |

81. When will Michael meet with Ewa?

    (A) At 9:00 on Monday
    (B) At 10:00 on Tuesday
    (C) At noon on Tuesday
    (D) At noon on Wednesday

82. Where will Michael probably be on Wednesday at 11:00 A.M.?

    (A) In a meeting room
    (B) In his office
    (C) At a doctor's office
    (D) At a café

GO ON TO THE NEXT PAGE

**Questions 83-84** refer to the following information.

### Attention
### All Patients and Families

According to hospital regulations, patients are not permitted to bring extension cords, heaters, electric fans, or power strips into their rooms.

Thank you for your cooperation.

**83.** What is the information about?

(A) The use of electrical equipment
(B) Hospital visiting hours
(C) Places to buy appliances
(D) Registration materials

**84.** What are families thanked for doing?

(A) Visiting patients regularly
(B) Following hospital rules
(C) Providing food items
(D) Assisting with patient care

**Questions 85-86** refer to the following text-message chain.

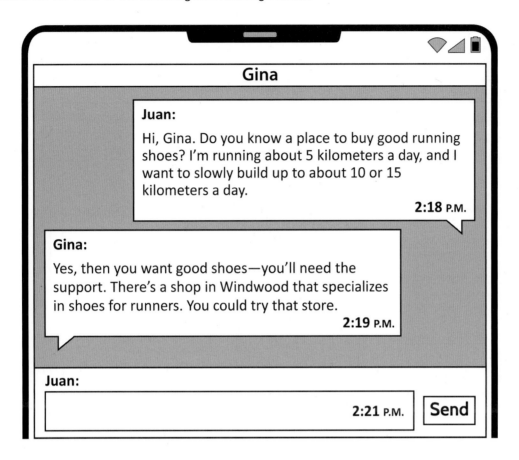

**Gina**

Juan:

Hi, Gina. Do you know a place to buy good running shoes? I'm running about 5 kilometers a day, and I want to slowly build up to about 10 or 15 kilometers a day.

2:18 P.M.

Gina:

Yes, then you want good shoes—you'll need the support. There's a shop in Windwood that specializes in shoes for runners. You could try that store.

2:19 P.M.

Juan:

2:21 P.M.    Send

85. What does Juan hope to do?

(A) Meet a business partner
(B) Find someone to run with him
(C) Open a shoe store
(D) Increase his running distance

86. Select the best response to Gina's comment.

(A) "I'll try to help you."
(B) "Thanks for the advice."
(C) "He's not interested."
(D) "I think you'll enjoy it."

**GO ON TO THE NEXT PAGE**

**Questions 87-88** refer to the following text-message chain.

**Tom**

**Tom:**

Hi, Martin. Just wondering if you could arrange a car to pick me up from the airport tomorrow.

3:01 P.M.

**Martin:**

Actually, I'll be there myself to pick you up. You come in to Terminal 3, International Arrivals, right?

3:03 P.M.

**Tom:**

Yes. Flight SA168, three o'clock in the afternoon.

3:04 P.M.

**Martin:**

3:06 P.M.  **Send**

**87.** What is Tom planning to do?

(A) Rent a car
(B) Leave work early
(C) Make a delivery
(D) Return from a trip

**88.** Select the best response to Tom's comment.

(A) "A very nice car."
(B) "I look forward to seeing you."
(C) "If it's not too expensive."
(D) "Ask your manager first."

**Questions 89-91** refer to the following Web page.

http://www.macytheater.com

# Macy Theater

**SHOW CANCELED: December 16, 8:00 P.M.**

Tonight's performance of the musical *Response Time* is **CANCELED** due to the ice on city streets. Tickets for tonight's show can be used at an afternoon performance on December 23 at 2:00 P.M.

**Comments:**

**Stan (December 16):**
Can I get a refund?

↳ **Macy Theater (December 16):**
Only at the theater. For technical reasons, we cannot make refunds online.

**Percy (December 17):**
Can we use our tickets for another show?

↳ **Macy Theater (December 17):**
Exchange tickets online for any evening performance:

| | |
|---|---|
| *Response Time* | December 9–22 |
| *Rains* | January 6–19 |
| *Notes for Claudia* | February 4–17 |
| *Playback* | March 1–14 |

**89.** Why is tonight's show canceled?

(A) Some actors are ill.
(B) There are technical problems.
(C) Ticket sales are low.
(D) The roads are unsafe.

**90.** What can ticket holders do on the theater's Web site?

(A) Choose another show
(B) Get a ticket refund
(C) Hear music from a show
(D) Read about the actors

**91.** What show can be seen on February 12 ?

(A) *Response Time*
(B) *Rains*
(C) *Notes for Claudia*
(D) *Playback*

**GO ON TO THE NEXT PAGE**

6 June

Dear Beatrice,

It really was wonderful to see you last Wednesday. I hope your weekend went well and you enjoyed your time at the dog show.

I was very impressed at how quickly Charlie obeys you—every time! We'd love to have a dog as a pet, and in fact we visited the animal shelter yesterday. Most of the dogs there are six or seven years old already. Do you think it's possible to train a dog at that age? I really would like your opinion.

I hope it's not too long before you—and Charlie— visit us again.

Love,
Teresa

**92.** What did Beatrice do on Wednesday?

(A) She went to a show.
(B) She visited Teresa.
(C) She attended a workshop.
(D) She worked at a hospital.

**93.** What does Teresa hope to do?

(A) Find a job
(B) Stay with Beatrice
(C) Take a course
(D) Get a dog

**94.** What is Teresa concerned about?

(A) The length of a commute
(B) The age of an animal
(C) The difficulty of a class
(D) The health of a friend

Subscription Manager
Home Gardening Magazine
300 Peony Lane
Drewton, MA 02017

To whom it may concern,

When I first read in the August issue of Home Gardening Magazine about an upcoming increase in subscription renewal rates, I was not concerned. I have been receiving the magazine since June, and I have been pleased to see the addition of local gardens to visit and the expansion of helpful articles and high-quality photographs. However, when I received the September issue, I was unhappily surprised to learn the amount of the increase. I think an additional forty percent is too much. As of this October, I would like to cancel my subscription.

Sincerely,

**Sonya Novak**

95. When did Ms. Novak first receive *Home Gardening Magazine*?

(A) In June
(B) In August
(C) In September
(D) In October

96. What is Ms. Novak unhappy about?

(A) The quality of some photographs
(B) The cost of a subscription
(C) The size of a magazine
(D) The subject of an article

97. What does Ms. Novak plan to do?

(A) Publish some gardening hints
(B) Send in some photographs
(C) Stop receiving a magazine
(D) Leave a gardening club

**GO ON TO THE NEXT PAGE**

◻◻☒

**⬆ Chamberlain Housing**

| Home | Search | FAQs |

**How can I apply for rental housing?**

Bring your application to our office and talk to one of our housing representatives. You can download the form from this Web site.

**Do I have to make an appointment?**

You can make an appointment or wait to see one of our staff on a first-come, first-served basis. You will usually have less time to wait if you have scheduled an appointment to talk with us.

**Do I need to bring anything with me?**

Bring a photo ID (driver's license, passport, or workplace ID card) and your completed application form. You will also need to show how much you earn (with a paystub or bank statement, for example) if you want to rent a house or apartment through us.

**98.** What are the questions about?

(A) Finding a place to live
(B) Applying for a passport
(C) Getting a driver's license
(D) Renting some equipment

**99.** What is the advantage of making an appointment?

(A) Staff will have some papers ready.
(B) Staff will help fill out a form.
(C) There will be a shorter wait.
(D) There will be more choices available.

**100.** What should an applicant bring to the interview?

(A) A credit card
(B) A stamped envelope
(C) A bank statement
(D) A paid electric bill

Stop! This is the end of the Reading test. If you finish before time is called, you may go back to Reading Parts 1, 2, and 3 and check your work.

**MEMO**

# LISTENING

TESTS

2

READING

## LISTENING

This is the Listening test. There are four parts to this test.

## LISTENING PART 1

**Directions:** You will see a set of four pictures in your test book, and you will hear one short phrase or sentence. Look at the set of pictures. Choose the picture that the phrase or sentence best describes. Then mark the letter (A), (B), (C), or (D) on your answer sheet.

Look at the sample pictures below and listen to the phrase.

**Example**

You will hear:    A man wearing headphones

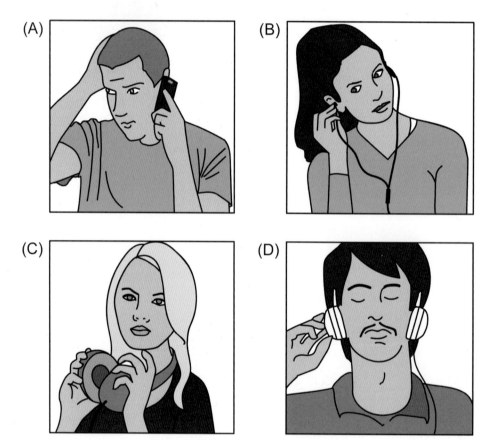

(A)

(B)

(C)

(D)

The best answer is (D), so you should mark the letter (D) on your answer sheet.

**1.** (A)  (B)

(C)  (D)

**2.** (A)  (B)

(C)  (D)

**GO ON TO THE NEXT PAGE**

**3.** (A) 　(B)

(C) 　(D)

**4.** (A) 　(B)

(C) 　(D)

**5.**  (A)   (B)

(C)   (D)

**6.**  (A)   (B)

(C)   (D)

**GO ON TO THE NEXT PAGE**

**LISTENING PART 2**

**Directions:** You will hear some questions or statements. After each question or statement, you will hear and read four responses. Choose the best response to each question or statement. Then mark the letter (A), (B), (C), or (D) on your answer sheet.

Now listen to a sample question.

**Example**

You will hear:          What time is it?

You will hear and read:   (A) It's three o'clock.
                         (B) Several times.
                         (C) Near the hotel.
                         (D) Yes, it is.

The best answer is (A), so you should mark the letter (A) on your answer sheet.

---

**7.** Mark your answer on your answer sheet.

    (A) The soup, please.
    (B) Here's a seat.
    (C) Yes, it is.
    (D) After lunch.

**8.** Mark your answer on your answer sheet.

    (A) I'm not sure.
    (B) Tomorrow after work.
    (C) OK, see you later.
    (D) The front desk.

**9.** Mark your answer on your answer sheet.

    (A) It starts at four.
    (B) Yes, a great player.
    (C) No, I don't have time.
    (D) At the stadium.

**10.** Mark your answer on your answer sheet.

    (A) He's not my son.
    (B) That would be wonderful.
    (C) Yes, on the third of July.
    (D) Nothing, thank you.

**11.** Mark your answer on your answer sheet.

    (A) They'll send it.
    (B) No, it's closed on Sundays.
    (C) A letter and a packet.
    (D) No, to the bank.

**12.** Mark your answer on your answer sheet.

    (A) I can, in a minute.
    (B) Not so far away.
    (C) Yes, help yourself.
    (D) Don't you?

**13.** Mark your answer on your answer sheet.

    (A) I already took one.
    (B) Oh, when did you go?
    (C) A beach umbrella.
    (D) That sounds like fun.

**14.** Mark your answer on your answer sheet.

    (A) About two hours.
    (B) In the science building.
    (C) Yes, she's OK.
    (D) I'd like that.

**15.** Mark your answer on your answer sheet.

   (A) It's good, isn't it!
   (B) We have no butter.
   (C) Only thirty minutes!
   (D) No, I don't cook.

**16.** Mark your answer on your answer sheet.

   (A) You're welcome.
   (B) How about on Monday?
   (C) I don't usually eat meat.
   (D) At the beginning.

**17.** Mark your answer on your answer sheet.

   (A) They're on the table.
   (B) By bus, usually.
   (C) No, let me see it!
   (D) A beautiful scene.

**18.** Mark your answer on your answer sheet.

   (A) You're right, it was.
   (B) Late last night.
   (C) From the school library.
   (D) I'm a fast reader.

**19.** Mark your answer on your answer sheet.

   (A) You must be busy.
   (B) Not until August.
   (C) Terrible weather.
   (D) The next train.

**20.** Mark your answer on your answer sheet.

   (A) Straight ahead.
   (B) Yes, of course.
   (C) Just next door.
   (D) Two jackets.

**21.** Mark your answer on your answer sheet.

   (A) It was my sister.
   (B) No, he's at the office.
   (C) I sat over there.
   (D) I'm not sure why.

**22.** Mark your answer on your answer sheet.

   (A) Three dollars fifty.
   (B) With salt and pepper.
   (C) Yes, exactly.
   (D) I'll have the turkey.

**23.** Mark your answer on your answer sheet.

   (A) Six kilometers.
   (B) Nearly two years.
   (C) It's been difficult.
   (D) More or less.

**24.** Mark your answer on your answer sheet.

   (A) No, but I'll call soon.
   (B) I filled it up.
   (C) It's no problem.
   (D) Thanks, that helps.

**25.** Mark your answer on your answer sheet.

   (A) Nobody at all.
   (B) Ten o'clock at night.
   (C) I'm glad you enjoyed it.
   (D) I'll be ready in a moment.

**26.** Mark your answer on your answer sheet.

   (A) No, we haven't.
   (B) I made them myself.
   (C) In the dining room.
   (D) The heating is on.

**GO ON TO THE NEXT PAGE**

## LISTENING PART 3

**Directions:** You will hear some short conversations. You will hear and read two questions about each conversation. Each question has four answer choices. Choose the best answer to each question and mark the letter (A), (B), (C), or (D) on your answer sheet.

27. What does the man want to buy?

    (A) Some bread.
    (B) Some vegetables.
    (C) Some furniture.
    (D) Some clothing.

28. How much will the man pay?

    (A) $0.50.
    (B) $2.50.
    (C) $20.00.
    (D) $25.00.

29. What does the woman ask to borrow?

    (A) A jacket.
    (B) A key.
    (C) A phone.
    (D) An umbrella.

30. Where will the woman go next?

    (A) To her school.
    (B) To her work.
    (C) To her car.
    (D) To her house.

31. Where are the speakers?

    (A) At a restaurant.
    (B) At an office.
    (C) At a hotel.
    (D) At a store.

32. When will breakfast start?

    (A) At 6:00 A.M.
    (B) At 7:00 A.M.
    (C) At 8:00 A.M.
    (D) At 9:00 A.M.

```
            Invoice
Balloons          $6.50
Table covers     $10.00
Plastic cups     $15.50
Paper plates     $30.00
```

★ ★ ★ ★ ★ ★ ★ ★ ★ ★
**Movie List**

| | |
|---|---|
| *Family Vacation* | Comedy |
| *1000 Years* | Drama |
| *Deep Seas* | Adventure |
| *A Stranger Calls* | Mystery |

**33.** Why is there a party for Mr. Ito?

    (A) He was promoted.
    (B) It is his birthday.
    (C) He won an award.
    (D) He is retiring.

**34.** Look at the invoice. What amount is wrong?

    (A) $6.50.
    (B) $10.00.
    (C) $15.50.
    (D) $30.00.

**35.** Look at the movie list. Which movie will the speakers see?

    (A) *Family Vacation.*
    (B) *1000 Years.*
    (C) *Deep Seas.*
    (D) A *Stranger Calls.*

**36.** What does the woman plan to do?

    (A) Check some show times.
    (B) Invite a friend to a movie.
    (C) Drive to a theater.
    (D) Buy some tickets.

**GO ON TO THE NEXT PAGE**

## LISTENING PART 4

**Directions:** You will hear some short talks. You will hear and read two questions about each talk. Each question has four answer choices. Choose the best answer to each question and mark the letter (A), (B), (C), or (D) on your answer sheet.

**37.** Who is the speaker?

(A) A store owner.
(B) A new employee.
(C) A manager.
(D) A customer.

**38.** What will Lewis do?

(A) Order some coffee.
(B) Train some workers.
(C) Fix a machine.
(D) Sign a paper.

**39.** Where are the people?

(A) On a tour bus.
(B) At an airport.
(C) At a travel agency.
(D) On an airplane.

**40.** What will happen in 10 minutes?

(A) A plane will land.
(B) A program will end.
(C) Tickets will be ready.
(D) A bus will depart.

**41.** What does the woman want to do?

(A) Post an advertisement.
(B) Sell a computer.
(C) Buy a car.
(D) Apply for a job.

**42.** What does the woman ask the listener to do?

(A) Send some money.
(B) Return a phone call.
(C) E-mail a reply.
(D) Check a Web site.

**43.** Who is the speaker calling?

(A) A hairdresser.
(B) A travel agent.
(C) A bank employee.
(D) A doctor.

**44.** Why is the speaker calling?

(A) To ask for directions.
(B) To arrange a meeting.
(C) To plan a trip.
(D) To cancel an appointment.

**45.** What will the listeners do in the gardens?

(A) Pick up trash.
(B) Install signs.
(C) Plant native trees.
(D) Remove harmful plants.

**46.** On which side of the gardens will the work start?

(A) The north side.
(B) The west side.
(C) The south side.
(D) The east side.

**49.** Look at the sign. Which path is the easiest?

(A) Wildflower.
(B) Valley.
(C) Lakeside.
(D) Pine Tree.

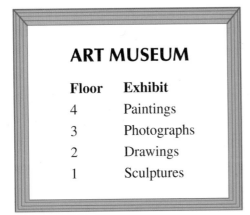

**47.** Look at the directory. What will the visitors see first?

(A) Paintings.
(B) Photographs.
(C) Drawings.
(D) Sculptures.

**48.** What does the speaker remind the visitors to do?

(A) Pick up a map.
(B) Eat in the cafeteria.
(C) Stay with the group.
(D) Visit the gift shop.

**50.** What does the speaker tell the listeners to do?

(A) Buy snacks.
(B) Bring sunscreen.
(C) Drink water.
(D) Wear a hat.

This is the end of the Listening test. Turn to the Reading test.

GO ON TO THE NEXT PAGE

## READING

This is the Reading test. There are three parts to this test.
**You will have 35 minutes to complete the Reading test.**

### READING PART 1

**Directions:** You will read some sentences. Each one has a space where a word or phrase is missing. Choose the best answer to complete the sentence. Then mark the letter (A), (B), (C), or (D) on your answer sheet.

**Example**     Do not _____ on the grass.
(A) find
(B) keep
(C) walk
(D) have

The best answer is (C), so you should mark the letter (C) on your answer sheet.

---

**51.** The bank is _____ the post office.

(A) in front
(B) next to
(C) across
(D) far

**52.** Please make _____ a cup of tea.

(A) you
(B) your
(C) yours
(D) yourself

**53.** There are _____ towels in each bedroom.

(A) clean
(B) cleans
(C) cleanest
(D) cleanly

**54.** Naomi is _____ to exercise daily.

(A) being
(B) finishing
(C) planning
(D) speaking

**55.** Hikers should wear _____ clothes to walk along the river.

(A) to warm
(B) warms
(C) warmly
(D) warm

**56.** _____ you send your payment, you can print your membership card.

(A) After
(B) Whether
(C) Later
(D) From

57. Everyone enjoyed _____ the student talent show.

(A) watch
(B) to watch
(C) watching
(D) watched

58. Thank you for teaching our son Tomas _____ to swim.

(A) who
(B) how
(C) what
(D) which

59. Ms. Garcia _____ her daughter to France last year.

(A) took
(B) went
(C) made
(D) tried

60. In winter, it is already _____ at five o'clock.

(A) tired
(B) dark
(C) fast
(D) short

61. Alain _____ used the subway system to travel around the city.

(A) succeed
(B) success
(C) successful
(D) successfully

62. _____ the flight, passengers will have wireless Internet access.

(A) As
(B) While
(C) During
(D) When

63. Trains leaving New York City may be _____ delayed because of the weather.

(A) slight
(B) slighter
(C) slightest
(D) slightly

64. Yong Won Lim is the _____ of the athletics department.

(A) head
(B) heads
(C) headed
(D) heading

65. The waiting room will be _____ at the end of the month.

(A) worked
(B) continued
(C) painted
(D) included

GO ON TO THE NEXT PAGE

## READING PART 2

**Directions:** You will read some short texts. Each one has three spaces where a word, phrase, or sentence is missing. For each space, choose the best answer to complete the text. Then mark the letter (A), (B), (C), or (D) on your answer sheet.

**Example**

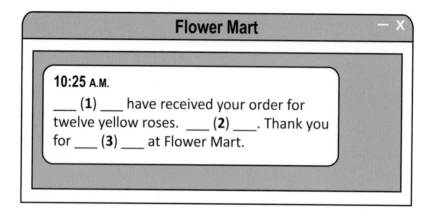

**Flower Mart**

— X

**10:25 A.M.**

___ (1) ___ have received your order for twelve yellow roses. ___ (2) ___. Thank you for ___ (3) ___ at Flower Mart.

**1.** (A) We
(B) Us
(C) Our
(D) Ours

**2.** (A) Please ask for help.
(B) Red is a bright color.
(C) They will arrive today.
(D) Put them on my desk.

**3.** (A) shop
(B) shops
(C) shopped
(D) shopping

The best answer for question 1 is (A), so you should mark the letter (A) on your answer sheet.

The best answer for question 2 is (C), so you should mark the letter (C) on your answer sheet.

The best answer for question 3 is (D), so you should mark the letter (D) on your answer sheet.

**Questions 66-68** refer to the following text message.

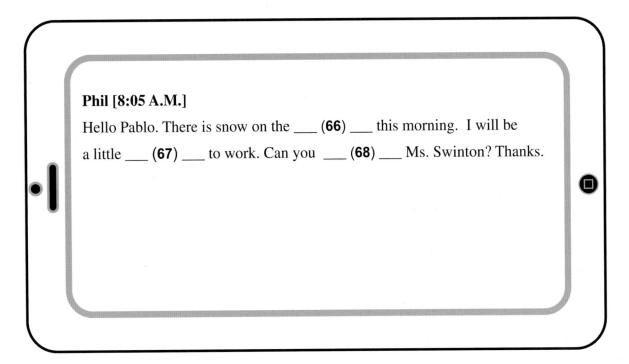

**Phil [8:05 A.M.]**

Hello Pablo. There is snow on the ___ **(66)** ___ this morning. I will be a little ___ **(67)** ___ to work. Can you ___ **(68)** ___ Ms. Swinton? Thanks.

**66.** (A) floors
    (B) roads
    (C) gates
    (D) walls

**67.** (A) ready
    (B) clear
    (C) late
    (D) quiet

**68.** (A) telling
    (B) to tell
    (C) tells
    (D) tell

**GO ON TO THE NEXT PAGE**

**Questions 69-71** refer to the following label.

## Bright Shine

Thank you for choosing Bright Shine furniture polish. We know you will be ___ (69) ___ happy with this product. It smells fresh, ___ (70) ___ it is easy to use. We think our polish is ___ (71) ___ furniture polish you can buy.

69. (A) very
    (B) much
    (C) many
    (D) just

70. (A) but
    (B) for
    (C) and
    (D) or

71. (A) well
    (B) good
    (C) better
    (D) the best

**Questions 72-74** refer to the following note.

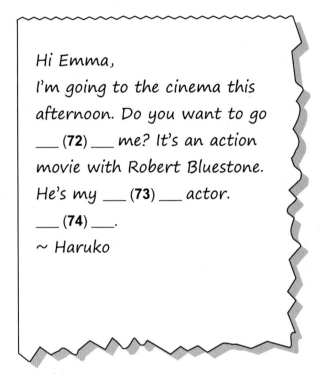

Hi Emma,
I'm going to the cinema this afternoon. Do you want to go ___ (72) ___ me? It's an action movie with Robert Bluestone. He's my ___ (73) ___ actor.
___ (74) ___.
~ Haruko

72. (A) around
    (B) with
    (C) after
    (D) for

73. (A) favor
    (B) favoring
    (C) favorable
    (D) favorite

74. (A) I don't have one.
    (B) That's the last place.
    (C) Call me and let me know.
    (D) It was a great day.

GO ON TO THE NEXT PAGE

**Questions 75-77** refer to the following e-mail.

| To: | Anita Simmons <asimmons@imail.com> |
|---|---|
| From: | Rider Dental <riderdental@imail.com> |
| Subject: | Dental appointment |
| Attachment: | 📎 Rider Dental |

Dear Patient,

You have an appointment with Dr. Kohno on Thursday, November 6, at 1 P.M. Please arrive fifteen minutes before your appointment ___ (75) ___ any new paperwork. Please note that our dental office has moved. We are ___ (76) ___ located at 37 Lambert Street. ___ (77) ___.

**Rider Dental Associates**

75. (A) to complete
    (B) complete
    (C) completed
    (D) completing

76. (A) shortly
    (B) now
    (C) ever
    (D) always

77. (A) We hope you feel better.
    (B) Directions are attached.
    (C) Moving is expensive.
    (D) It is in the waiting room.

### *Community Garden*
#### 136 Metro Street, Stoneberry

The people of Stoneberry are creating a garden for the community to enjoy.

This week, neighbors are invited to bring ___ **(78)** ___ tools to help plant

flowers and small trees. ___ **(79)** ___ . Please join us at 1:00 p.m. this

Saturday to begin the ___ **(80)** ___!

**78.** (A) my
  (B) its
  (C) her
  (D) their

**79.** (A) Some of you have other plans.
  (B) Vegetables will be half price.
  (C) They are living in the city.
  (D) We also need help building a fence.

**80.** (A) work
  (B) worked
  (C) worker
  (D) workers

**GO ON TO THE NEXT PAGE**

## READING PART 3

**Directions:** You will read some texts such as notices, letters, and instant messages. Each text is followed by two or three questions. Choose the best answer to each question and mark the letter (A), (B), (C), or (D) on your answer sheet.

**Example**

**1.** What does the store sell?
   (A) Food
   (B) Clothing
   (C) Books
   (D) Furniture

**2.** What time does the store close on Tuesday?
   (A) At 7:00 P.M.
   (B) At 8:00 P.M.
   (C) At 9:00 P.M.
   (D) At 10:00 P.M.

The best answer for question 1 is (A), so you should mark the letter (A) on your answer sheet.

The best answer for question 2 is (C), so you should mark the letter (C) on your answer sheet.

**Questions 81-82** refer to the following text message.

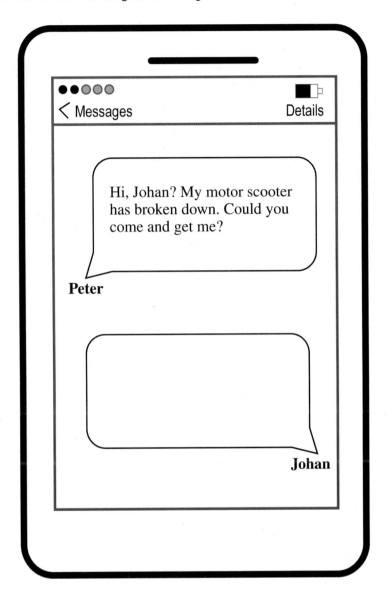

Hi, Johan? My motor scooter has broken down. Could you come and get me?

**Peter**

**Johan**

81. What does Peter ask Johan to do?

(A) Give him a ride
(B) Sell him a scooter
(C) Bring him some keys
(D) Lend him some money

82. Select the best response to Peter's message.

(A) "Some new tires."
(B) "Yes, where are you?"
(C) "Quite a lot."
(D) "They're OK, thanks."

**GO ON TO THE NEXT PAGE**

## REFRIGERATOR CLEANING

Please note that the refrigerator in the teachers' lounge is cleaned every second Friday. All food with old sell-by dates will be put in the trash. If you do not want an item to be removed, please put it in a bag with your name on it. Thank you.

**83.** Who is the notice for?

(A) University students
(B) Teaching staff
(C) Cafeteria workers
(D) Office cleaners

**84.** What will be removed?

(A) Newspapers
(B) Used clothing
(C) Backpacks
(D) Old food

**Questions 85-86** refer to the following text message.

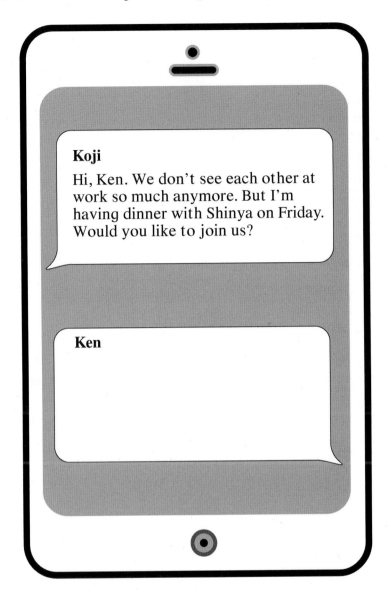

**Koji**

Hi, Ken. We don't see each other at work so much anymore. But I'm having dinner with Shinya on Friday. Would you like to join us?

**Ken**

**85.** Who most likely are the writers?

(A) Brothers
(B) School friends
(C) Coworkers
(D) Roommates

**86.** Select the best response to Koji's message.

(A) "It's an Italian restaurant."
(B) "Every Friday at 5:00."
(C) "They will all be there."
(D) "Sorry, I have other plans."

GO ON TO THE NEXT PAGE

**Questions 87-88** refer to the following information.

## The Carnation Hotel
### 3 Hobson Road, Toronto, ON

| | |
|---|---|
| **Guest Name:** | Marisa Walters |
| **Reservation Received:** | 20 March |
| **Check in:** | 14 April |
| **Check out:** | 16 April |

| Description | Charges | Totals |
|---|---|---|
| Room charge | $130 per night | $260.00 |
| Breakfast | No extra charge | |
| Telephone calls | $0.10 per minute | $  2.00 |
| Room tax | 5% | $  13.00 |

| | |
|---|---|
| Subtotal | $275.00 |
| Deposit | $  50.00 |
| **Balance due at checkout** | **$225.00** |

**87.** What did Ms. Walters do on April 14 ?

(A) She made a reservation.
(B) She paid a hotel bill.
(C) She arrived at a hotel.
(D) She left Toronto.

**88.** What is included in the price of the room?

(A) Breakfast
(B) Laundry service
(C) Local phone calls
(D) Sales tax

**Nature Hike**
**Saturday, May 5, 10 A.M. to noon**
**Meet at Visitors Center by 9:45 A.M.**
**Organizer: Rachel Peters**

Put on your walking shoes and join us for a guided hike at Osborne Park!
Enjoy the outdoors. Learn about area birds and wildflowers.
• The hike is free.
• Parking is $5.00/car.
• Wear comfortable shoes, and bring water and a snack.

**Comments:**

**Brian: May 3**
Can I bring my 12-year-old son?

    **Rachel: May 3**
    Children are welcome.

**Nellie: May 4**
Will the hike be canceled if it rains?

    **Rachel: May 4**
    It's possible. If it's rainy, check the Web site for updates.

**89.** What will happen at 9:45 A.M.?

(A) A walk in the park will start.
(B) Hikers will meet in the park.
(C) The Visitors Center will open.
(D) A Web site will be updated.

**90.** What is stated about the nature hike?

(A) It costs $5 to join.
(B) There will be two leaders.
(C) Snacks will be provided.
(D) Children can take part.

**91.** Why should people visit the Web site?

(A) To register for a hike
(B) To see a weather map
(C) To check for a cancellation
(D) To find a parking area

**GO ON TO THE NEXT PAGE**

# SALE

Are you new to this area? I am leaving my apartment building at the end of December, and I have several pieces of furniture and some useful kitchen items for sale. All my bedroom and dining-room furniture is for sale, along with dishes and small electrical appliances for the kitchen. Everything is lightly used and in good condition. I can provide photographs on request. Call Lydia at 555-0156 for more information and prices. Everything must go!

**92.** What is Lydia going to do?

(A) Move out of a building
(B) Hire new staff
(C) Sell a business
(D) Buy some art

**93.** Where is the sale?

(A) At a store
(B) At an office
(C) At an apartment
(D) At a hotel

**94.** What is probably for sale?

(A) A copy machine
(B) A bedside table
(C) Curtains
(D) Towels

## Driverless Cars on City Streets

Lately, the city of Everton has seen driverless cars on its streets! What are these vehicles? A driverless car is a vehicle that does not need a driver; it is controlled by a computer. Passengers can request a car from their mobile phones—just like calling a taxi.

City officials say there are currently 15 driverless cars in Everton. These cars have already given rides to over 600 passengers. Many of those are older people living in Everton, who say they are glad to have an easy way to travel within the city.

**95.** What is the article mainly about?

(A) A new form of transport
(B) A change in driving laws
(C) A change in bus lanes
(D) A new kind of car battery

**96.** What is stated about driverless cars?

(A) They can clean city streets.
(B) They are for sale only online.
(C) They are controlled by computers.
(D) They can carry up to 15 people.

**97.** According to the article, who is happy with the change?

(A) City officials
(B) Taxi drivers
(C) Older residents
(D) Auto mechanics

**GO ON TO THE NEXT PAGE**

**Questions 98-100** refer to the following online chat conversation.

 **Kim's Messages**

**Ana 7:23 P.M.** Hi, Kim! Sorry I couldn't come to the awards ceremony last night. I have a terrible cold. Did your family go?

**Kim 7:25 P.M.** Hi Ana. Hope you feel better soon! My mom and dad were there, and my sister. And my Uncle Leo.

**Ana 7:27 P.M.** I'm glad they were all there to see you get the Most Valuable Player award. You worked so hard this season!

**Kim 7:28 P.M.** Thanks, Ana. I couldn't have done it without the rest of my team.

**98.** Why did Ana miss the ceremony?

(A) She got lost.
(B) She was not well.
(C) The weather was bad.
(D) There were no more tickets.

**99.** What is suggested about Kim?

(A) She works for her uncle.
(B) She is Ana's sister.
(C) She plays the violin.
(D) She is a good athlete.

**100.** What does Kim say about her teammates?

(A) They gave her the award.
(B) They helped her to win the award.
(C) They attended the ceremony.
(D) They invited Kim's family to the ceremony.

Stop! This is the end of the Reading test. If you finish before time is called, you may go back to Reading Parts 1, 2, and 3 and check your work.

# SPEAKING

# WRITING

Introduction

Speaking & Writing Tests

### Questions 1-2  Read a Short Text Aloud 문장 읽기

🎧 **Sample Speaking_Q1**

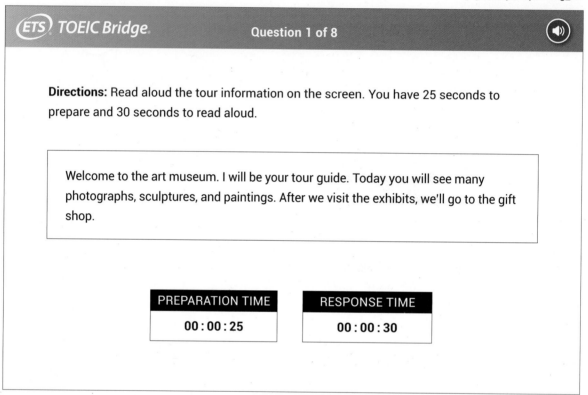

**ETS TOEIC Bridge.**                    Question 1 of 8

**Directions:** Read aloud the tour information on the screen. You have 25 seconds to prepare and 30 seconds to read aloud.

> Welcome to the art museum. I will be your tour guide. Today you will see many photographs, sculptures, and paintings. After we visit the exhibits, we'll go to the gift shop.

| PREPARATION TIME | RESPONSE TIME |
|:---:|:---:|
| 00 : 00 : 25 | 00 : 00 : 30 |

**지시:** 스크린의 견학 안내문을 큰소리로 읽으세요. 준비 시간 25초, 큰소리로 읽는 시간 30초가 주어집니다.

▶ 풀이 전략

주어진 지문을 올바른 발음, 강세, 억양으로 읽어야 한다. 또한 적절한 곳에서 끊어주면서 천천히 읽는 것이 중요하다. 시간이 30초로 충분하므로 너무 빨리 읽지 않도록 주의한다.

**굵은 표시**:강하게 읽기   ╱:올려 읽기   ╲:내려 읽기   /, //:끊어 읽기

**Welcome** to the **art museum**╲. // I will be your **tour guide**╲. // Today / you will **see** many **photographs**╱, **sculptures**╱, and **paintings**╲. // After we **visit** the **exhibits**, / we'll **go** to the **gift** shop╲. //

미술관에 오신 것을 환영합니다. 저는 여러분의 견학을 안내할 것입니다. 오늘 여러분께서는 많은 사진, 조각, 그림 등을 둘러볼 예정입니다. 전시품을 둘러보고 난 후엔 기념품 가게로 갈 것입니다.

● 학생 답변 예시    🎧 **Sample Response_Q1**

**출제기관 ETS의 평가**

- 성공적으로 수행한 답변입니다. 크게 잘 읽었습니다. 발음에 약간 실수가 있긴 했지만("sculptures") 정정하였으며, 전체적으로 쉽게 이해할 수 있었습니다.

- 억양이나 강세도 적절했습니다.

##  Questions 3-4   Describe a Photograph 사진 묘사하기

🎧 **Sample Speaking_Q3**

**지시:** 스크린의 사진을 보세요. 사람들이 어디에 있는지, 그들이 무엇을 하고 있는지 설명하세요. 할 수 있는 한 자세히 설명하세요. 준비 시간 30초, 말할 시간 30초가 주어집니다.

▶ **풀이 전략**

사진을 묘사할 때는 우선 사진 속 장소나 중심 인물을 소개하도록 한다. 그 사람의 동작이나 복장을 묘사하고, 그 다음에는 주변 인물에 대해 말하도록 한다. 시간이 되는 한, 말할 수 있는 모든 것을 말하는 것이 좋다.

● **학생 답변 예시**   🎧 Sample Response_Q3

| | |
|---|---|
| There is a woman with black pants. She is walking into a market. Another woman is looking at some foods. It is very nice day I think. | 검은색 바지를 입은 여자가 있습니다. 여자는 마트로 걸어 들어가고 있습니다. 다른 여자가 식료품을 보고 있습니다. 날씨가 매우 좋은 것 같습니다. |

**출제기관 ETS의 평가**

• 사람들이 누구인지(검은색 바지를 입고 있는 여자, 식료품을 보고 있는 여자), 사람들이 어디에 있는지(마트), 사람들이 무엇을 하고 있는지(마트로 걸어 들어간다, 음식을 보고 있다) 등 사진의 중심 내용을 잘 설명했습니다.

• 쉽게 이해할 수 있었습니다.

• 적절한 어휘 및 문법구조를 사용하고 있습니다.

 **Sample Speaking_Q5**

---

**ETS TOEIC Bridge**.　　　　　Question 5 of 8

**Directions:** In this part of the test, you will listen to a person talking about a topic. Then you will tell another person what you heard. First, listen to the talk. You have 15 seconds to prepare and 30 seconds to speak.

> You and your coworker are at a train station. A train attendant makes an announcement about the train you are waiting to take.

---

**지시:** 당신은 누군가가 어떤 주제에 대해 말하는 것을 듣게 됩니다. 그런 다음 당신이 들은 것을 또 다른 사람에게 전달해야 합니다. 우선 담화를 들으세요. 준비 시간 15초, 말할 시간 30초 주어집니다.

**STEP 1** 상황 파악하기

당신과 당신의 동료는 기차역에 있습니다. 열차 승무원이 당신이 기다리고 있는 기차에 대해 안내 방송을 합니다.

**STEP 2** 내용 듣기

 Man: Attention, passengers waiting for Train 56 to Sommerville. Due to a power failure, Train 56 will be delayed. The repairs will take at least four hours. If you would like a refund on your ticket, please go to the ticket office. I repeat, Train 56 will be at least four hours late because of a power failure. Passengers can get a refund for their train ticket at the ticket office.

남: 서머빌 행 56번 열차를 기다리시는 승객 여러분께 알려드립니다. 정전으로 인해 56번 열차가 지연될 예정입니다. 보수하는 데 최소 4시간이 걸릴 것입니다. 승차권 환불을 원하시면 매표소로 가십시오. 다시 알려드립니다. 56번 열차가 정전으로 인해 최소 4시간 지연될 예정입니다. 승객여러분께서는 매표소에서 승차권을 환불 받으실 수 있습니다.

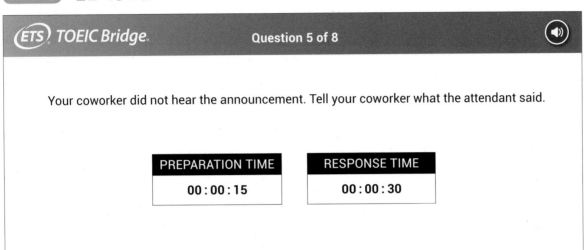

(ETS) *TOEIC Bridge*.                Question 5 of 8

Your coworker did not hear the announcement. Tell your coworker what the attendant said.

PREPARATION TIME
00 : 00 : 15

RESPONSE TIME
00 : 00 : 30

당신의 동료는 안내를 듣지 못했습니다. 동료에게 승무원이 말한 내용을 말해주세요.

---

▶ **풀이 전략**

특정 상황에서의 안내 방송이나 공지를 듣고, 친구나 동료에게 그 내용을 전달해야 한다. 안내 사항을 두 번 반복해서 말해주므로, 처음에 놓쳤더라도 당황하지 않도록 한다. 전달해야 할 내용은 보통 두 가지인데, 두 가지를 다 이야기해야 점수를 제대로 받을 수 있다.

● **학생 답변 예시**    🎧 Sample Response_Q5

| | |
|---|---|
| Train number fifty-six is gonna be late by four hours because there is a power failure. If... uh... if you want to get a refund for your ticket, we can do that at the train office—uh, at the station office. | 56번 열차는 정전 때문에 4시간 늦을 예정입니다. 승차권을 환불 받고 싶다면 기차역 사무실– 아, 역 사무실에서 받을 수 있습니다. |

**출제기관 ETS의 평가**

· 지문의 두 가지 중 내용(56번 열차가 정전으로 4시간 지연되는 것, 승차권 환불이 사무실에서 이뤄진다는 것)을 잘 전달했습니다.

· 발음에 약간 실수가 있긴 했지만 ("fifty–six"), 전체적으로 쉽게 이해할 수 있었습니다.

· 어휘 및 문법 구조 활용이 적절했습니다.

## Question 6  Short Interaction 제공된 정보 보고 메시지 남기기

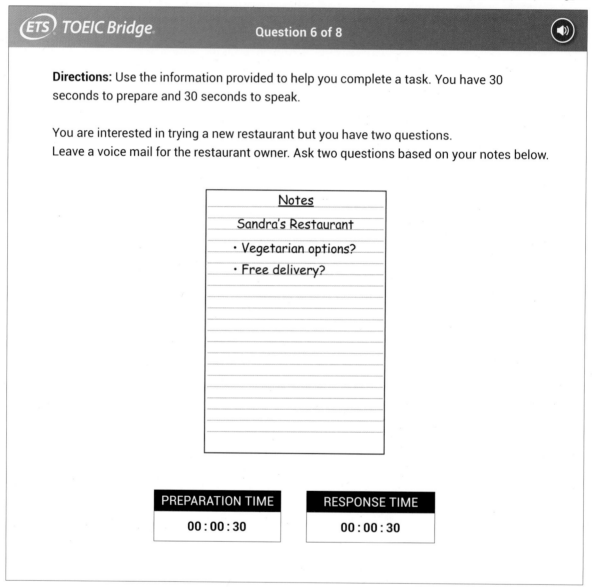

**ETS TOEIC Bridge**          Question 6 of 8          🔊

**Directions:** Use the information provided to help you complete a task. You have 30 seconds to prepare and 30 seconds to speak.

You are interested in trying a new restaurant but you have two questions.
Leave a voice mail for the restaurant owner. Ask two questions based on your notes below.

### Notes

Sandra's Restaurant

· Vegetarian options?

· Free delivery?

| PREPARATION TIME | RESPONSE TIME |
| --- | --- |
| 00 : 00 : 30 | 00 : 00 : 30 |

**지시:** 주어진 정보를 활용하여 과제를 수행하세요. 준비 시간 30초, 말할 시간 30초가 주어집니다.

당신은 새 음식점에 가 보고 싶어하는데, 두 가지 질문이 있습니다.
음식점 주인에게 음성 메시지를 남기세요. 아래 메모를 바탕으로 두 가지 질문을 해보세요.

---

**메모**

산드라스 레스토랑

채식 메뉴?

무료 배달?

---

### ▶ 풀이 전략

메모에 주어지는 두 가지 사항을 넣어서 전화 음성 메시지를 남겨야 한다. 주어진 설명을 통해 어떤 상황인지 파악하는 것이 중요하며, 두 가지 질문을 모두 해야 점수를 제대로 받을 수 있다.

### ● 학생 답변 예시 🎧 Sample Response_Q6

| | |
|---|---|
| I like to reserve your restaurant, but, before the reserve, I have two questions. First, do you have vegetarian options at your restaurant?  Second, is there free delivery? | 식당 예약을 하고 싶은데요. 예약에 앞서 두 가지 질문이 있어요. 먼저 식당에 채식 메뉴가 있나요? 둘째로 무료 배달이 되나요? |

### 출제기관 ETS의 평가

- 요구 사항에 맞게, 지문에서 주어진 메모를 바탕으로 두 가지 질문을 잘했습니다.

- 메모에서는 식당에 채식주의자를 위한 메뉴가 있는지, 그리고 무료 배달을 해주는지 여부를 묻도록 지시하고 있습니다.

- 몇 가지 실수가 있긴 했지만("I'd like to"를 "I like to"로, "before the reservation"을 "before the reserve"로 대답) 의미는 잘 전달되었습니다.

- 전반적으로 적절한 어휘 및 문법 구조를 사용하고 있습니다.

- 전체적으로 쉽게 이해할 수 있었습니다.

**Sample Speaking_Q7**

**(ETS) TOEIC Bridge**     Question 7 of 8

**Directions:** The four pictures below illustrate a story. In your own words, tell the story. Your story should explain what happens in the pictures and why. You can describe places, people, actions, and feelings. You have 45 seconds to prepare and 60 seconds to speak.

1

3

4

| PREPARATION TIME | RESPONSE TIME |
|---|---|
| 00 : 00 : 45 | 00 : 01 : 00 |

**지시:** 아래 4개의 그림은 하나의 이야기를 설명하고 있습니다. 그 이야기를 당신의 어휘로 말해보세요. 그림에서 어떤 일이 일어나고 있는지, 왜 일어나고 있는지 설명해야 합니다. 장소, 사람, 동작, 감정 등에 대해 묘사해도 됩니다. 준비 시간 45초, 말할 시간 60초가 주어집니다.

▶ **풀이 전략**

일련의 번호가 붙은 그림을 보며 순서대로 이야기를 만들어야 한다. 각 그림에서 어떤 일이 일어나고 있는지,
왜 일어나고 있는지를 설명해야 한다. 일의 순서에 맞게 적절한 접속어를 사용하는 것이 좋다.

● **학생 답변 예시** 🎧 **Sample Response_Q7**

The man was crossing the street with a coffee and a bag of food. After this, he came to his car. He put down the coffee on the top of the car. He sat down and forget the coffee on the top. A woman noticed that the coffee was on the top of the car and tell—and told— told the man that the coffee was on the top. The man said, "Thank you!"

남자가 커피와 식료품 봉투를 들고 길을 건너고 있었습니다. 그 후 남자는 자신의 차로 가서 차 지붕에 커피를 내려놓았습니다. 남자는 앉았고 커피가 지붕에 있다는 것을 잊었습니다. 여자는 차 지붕에 커피가 있다는 것을 알아차리고 남자에게 커피가 지붕에 있다고 말했습니다. 남자는 고맙다고 말했습니다.

**출제기관 ETS의 평가**

· 사진 전체의 내용을 바탕으로 이야기를 잘 구성했습니다.

· 쉽게 알아들을 수 있었습니다.

· 약간 부정확한 부분들이 있었지만("He sat down and forgot the coffee"를 "He sat down and forget the coffee"로 대답), 전체적으로 적절한 어휘 및 문법구조를 사용했습니다.

· 접속어("After this", "and")를 적절히 활용했습니다.

추천하고 이유 말하기

**(ETS) TOEIC Bridge.** Question 8 of 8 🔊

**Directions:** Use the information provided to help you complete a task. You have 60 seconds to prepare and 60 seconds to speak.

Your friend Sara wants to take a tour. She has asked for your advice. You found the two options below.

- Tell Sara about the options using ALL of the information provided
- Recommend one of the options, and
- Explain why the option you chose is better than the other

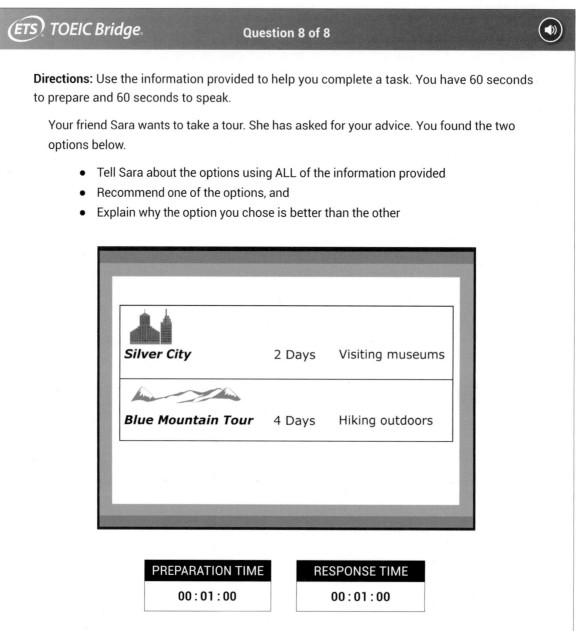

| | | |
|---|---|---|
| **Silver City** | 2 Days | Visiting museums |
| **Blue Mountain Tour** | 4 Days | Hiking outdoors |

| PREPARATION TIME | RESPONSE TIME |
|---|---|
| 00 : 01 : 00 | 00 : 01 : 00 |

**지시:** 주어진 정보를 활용하여 과제를 수행하세요. 준비 시간 60초, 말할 시간 60초가 주어집니다.

당신의 친구인 사라가 여행을 하고 싶어하는데 당신의 조언을 구합니다. 당신은 아래의 두 가지 선택사항을 찾아냅니다.

- 제공된 정보를 '모두' 활용하여 사라에게 선택사항에 대해 설명하세요.
- 선택사항 중 한 가지를 추천해보세요.
- 당신이 선택한 내용이 다른 선택사항보다 더 나은 이유를 설명하세요.

| 실버 시티 | 2일 | 박물관 방문 |
|---|---|---|
| 블루마운틴 투어 | 4일 | 야외 하이킹 |

▶ 풀이 전략

친구나 동료에게 조언을 하는 상황으로, 제공된 정보를 바탕으로 두 가지 선택사항을 설명한 뒤, 그 중 한 가지를 추천하고 추천하는 이유를 설명해야 한다. 정보를 '모두' 설명해야 한다는 점이 중요하며, 특정 선택사항을 추천하는 이유를 덧붙이는 것도 매우 중요하다.

● 학생 답변 예시    🎧 Sample Response_Q8

Hi Sara, I found two options for your tour. One of them is Silver City, and you're going to spend two days there and you can visit museums there.

But the other one is Blue Mountain Tour. It's four days and you can go outdoors. I recommend Blue Mountain tour because uh… four days is more time to relax, and hiking outdoors is incredible.

I think it's better than visiting museums. So what do you think?

안녕, 사라. 여행에 대해 두 가지 선택사항을 찾았어. 그 중 하나는 실버 시티인데, 거기서 이틀 머무를 예정이고 박물관에 갈 수 있어.

다른 선택사항은 블루마운틴 투어야. 4일이 걸리고 야외로 나갈 수 있어. 나는 블루마운틴 투어를 추천하겠어. 왜냐하면… 음… 4일이면 쉴 시간이 더 많고 야외에서 하이킹을 하는 건 멋진 일이니까.

그게 박물관에 가는 것보다 낫다고 생각해. 넌 어떻게 생각하니?

출제기관 ETS의 평가

- 주어진 정보를 모두 전달했고 추천을 하면서 이유까지 설명했습니다.

- 두 가지 선택사항을 설명했습니다. ((1) 실버 시티 투어는 이틀이 소요되고 박물관 방문이 포함된다는 것, (2) 블루마운틴 투어는 4일이 소요되고 야외 활동이 포함된다는 것)

- 추천사항을 이야기했으며("I recommend Blue Mountain Tour"), 추천하는 이유까지 잘 설명했습니다. ((1) 4일은 휴식하기에 더 충분하다, (2) 야외 하이킹은 멋진 일이다, (3) 하이킹이 박물관 방문보다 낫다)

- 쉽게 이해할 수 있었습니다.

- 적절한 어휘 및 문법 구조를 사용했습니다.

## Questions 1-3 Build a Sentence 문장 완성하기

---

**ETS. TOEIC Bridge.**　　　Question 1 of 9　　　00 : 01 : 00　　[ Help ]

**Directions:** Drag the words in the boxes to form an appropriate sentence. The first part of the sentence is provided for you. You have 60 seconds to complete the sentence.

| deliver | Jane | will | the new desks |

When [　　　] [　　　] [　　　] [　　　] ?

---

**지시:** 단어 상자들을 드래그 하여 적절한 문장으로 만드세요. 문장의 앞 부분은 주어집니다. 문장을 완성하는 데 60초가 주어집니다.

> ▶ **풀이 전략**
>
> 단어를 올바르게 배열하여 온전한 문장을 만드는 문제이다. 3문항씩 출제되며, 뒤 번호로 갈수록 접속사 등으로 연결된 좀 더 복잡한 문장이 나온다. 문장 구조와 문법에 대한 기본 지식이 필요하며, 평서문, 의문문 등의 어순을 알아두어야 한다.

● **정답**

When will Jane deliver the new desks?
제인은 언제 새 책상들을 배달할 건가요?

Write a Sentence 사진에 근거한 문장 만들기

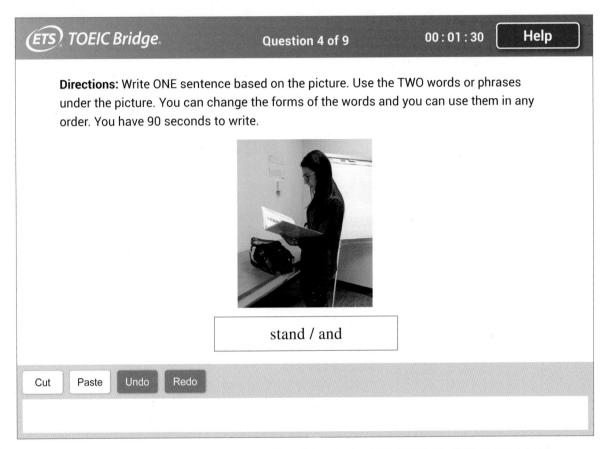

지시: 사진에 대해 '하나'의 문장을 쓰세요. 사진 아래 제시된 '두 개'의 단어 또는 어구를 사용하세요. 어형을 바꾸거나 순서를 바꾸어도 됩니다. 작성 시간은 90초입니다.

---

▶ 풀이 전략

주어진 두 개의 단어를 사용하여 제시된 사진의 상황에 맞는 한 개의 문장을 만들어야 한다. 단어의 순서는 바꾸어도 상관없다. 대부분 사람이 등장하며, 사람의 동작을 묘사하기 위해서는 〈be + 동사-ing〉 형태를 사용하면 된다.

● 학생 답변 예시

A woman is standing, and she is reading the book.　　여자가 서 있고, 그녀는 책을 읽고 있습니다.

출제기관 ETS의 평가

- 성공적으로 수행한 답변입니다. 두 개의 키워드를 적절히 사용했고 문법적인 오류도 없습니다.

## Question 7  Respond to a Brief Message 단문 메시지 답장하기

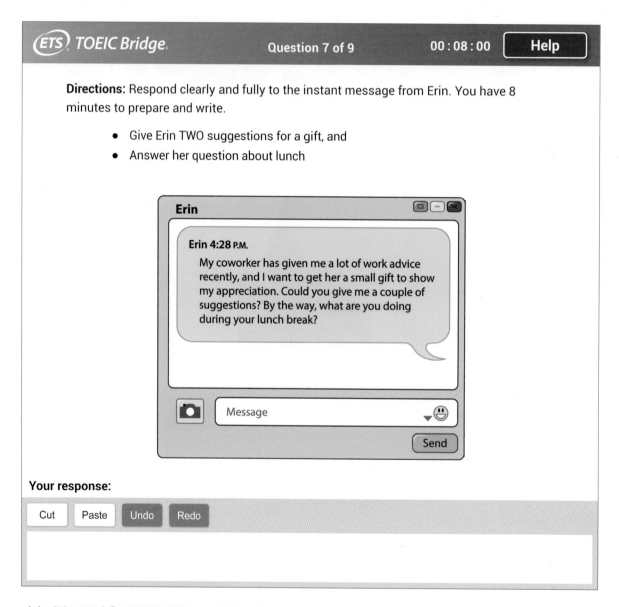

**Directions:** Respond clearly and fully to the instant message from Erin. You have 8 minutes to prepare and write.

- Give Erin TWO suggestions for a gift, and
- Answer her question about lunch

**Erin**

**Erin 4:28 P.M.**
My coworker has given me a lot of work advice recently, and I want to get her a small gift to show my appreciation. Could you give me a couple of suggestions? By the way, what are you doing during your lunch break?

Message

Send

**Your response:**

Cut    Paste    Undo    Redo

**지시:** 에린으로부터 온 메시지에 명확하고 완벽하게 답변하세요. 준비하고 작성하는 시간은 8분입니다.

- 에린에게 선물에 관해 '두 가지' 제안을 해보세요.
- 점심 식사에 관해 묻는 질문에 답하세요.

에린 오후 4:28

최근 제 동료가 저에게 일에 관한 조언을 많이 해줬어요. 그래서 감사의 표시로 작은 선물을 하고 싶은데요. 두 가지 정도 제안해 주실 수 있나요?
그리고 점심시간에 뭘 하실 건가요?

---

▶ **풀이 전략**

문자 메시지를 보고, 제시된 두 가지 지시 사항에 따라 상대방에게 답장을 쓰는 문제이다. 문자 메시지를 통해 상황
파악을 잘 하는 것이 중요하며, 지시 사항을 잘 읽어 빠뜨리지 않고 해당 내용을 모두 답장에 써야 한다는 점에
유의한다.

● **학생 답변 예시**

| | |
|---|---|
| I think you can buy some flowers to her. Or, you can buy some cookies and a cup of coffee. By the way, I will go to a new coffee shop and taste their lunch menu. Do you want join with me? and maybe after the meal you can buy coffee or cake to your coworker to show your thankful. | 꽃을 사 드릴 수 있을 것 같아요. 아니면 쿠키와 커피 한 잔을 사 드릴 수도 있고요. 그건 그렇고, 저는 새로 생긴 카페에 가서 점심 메뉴를 먹어볼 거예요. 함께 갈래요? 식사 후에 동료에게 감사의 표시로 커피나 케이크를 사다 드릴 수도 있을 것 같아요. |

**출제기관 ETS의 평가**

- 두 가지 제안을 잘 했습니다.

- 점심식사에 대한 질문에도 답변을 잘 했습니다.

- 문법 및 어휘 선택이 잘 이루어졌습니다.

- 부정확한 부분이 있긴 했지만("…buy some flowers for her"를 "…buy some flowers to her"로 표기, "…try their lunch menu"를 "…taste their lunch menu"로 표기, "Do you want to join me?"를 "Do you want to join with me?"로 표기, "…buy coffee or cake for your coworker to show your gratitude."를 "…buy coffee or cake to your coworker to show your thankful"로 표기), 의미 전달에는 문제가 없었습니다.

- 오탈자가 조금 있긴 했지만("And maybe after the meal…"를 "and maybe after the meal…"로 표기), 의미 전달에는 문제가 없었습니다.

## Question 8 Write a Narrative 이야기 쓰기

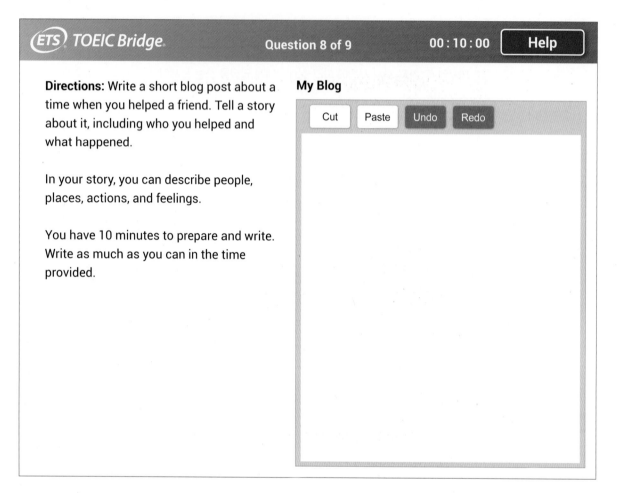

**Directions:** Write a short blog post about a time when you helped a friend. Tell a story about it, including who you helped and what happened.

In your story, you can describe people, places, actions, and feelings.

You have 10 minutes to prepare and write. Write as much as you can in the time provided.

**지시:** 당신이 친구를 도와주었던 때에 대해 짧은 블로그 포스트를 쓰세요. 누구를 도와주었는지, 무슨 일이 있었는지를 포함하세요. 사람들, 장소, 행동, 감정 등에 대해 묘사해도 좋습니다. 준비하고 작성하는 시간은 10분 주어집니다. 시간이 허락하는 한 최대한 많이 쓰세요.

자신의 어떤 경험에 대해 이야기로 쓰는 문제이다. 주어진 주제에 따라 과거에 어떤 일이 있었는지 설명한다. 사람들이나 장소, 행동, 감정 등에 대해서도 쓸 수 있다. 최대한 구체적으로 자세히 설명하는 것이 중요하며, 주제에 부합해야 한다는 점에 유의한다.

● 학생 답변 예시

There was a man named John. He was my best friend. On Sunday, he had a problem. His veicle's wheel was broken. He could not go to his job. The office was in the downtown of the city. He called me. He was so unhappy. He asked me where he can find a bus station. I said there was a bus station on the far way. This was not a good solution. So next I said do not take the bus. I suggested him to call a taxi.

존이라는 남자가 있었습니다. 그는 저와 가장 친한 친구였습니다. 일요일에 존에게 문제가 생겼습니다. 그의 차 핸들이 고장 난 것입니다. 존은 직장에 갈 수가 없었습니다. 사무실은 시내에 있었습니다. 존은 저에게 전화를 했는데 기분이 몹시 안 좋았습니다. 존은 저에게 버스 정류장이 어디인지 물었고, 저는 멀리 있다고 대답했습니다. 이것은 좋은 해결책이 아니었습니다. 그래서 저는 버스를 타지 말라고 말했습니다. 저는 존에게 택시를 부르라고 제안했습니다.

**출제기관 ETS의 평가**

· 누구에게 도움을 줬는지, 어떤 일이 있었는지 잘 설명했습니다.

· 문법 및 어휘 선택이 잘 이루어졌습니다.

· 약간 부정확한 부분이 있긴 했지만("far away"를 "...on the far way"로 표기, "I suggested that he call a taxi"를 "I suggested him to call a taxi"로 표기), 의미 전달에는 문제가 없었습니다.

· 철자 오류가 조금 있긴 했지만("vehicle's"를 "veicle's"로 표기), 의미 전달에는 문제가 없었습니다.

· 전반적으로 명확하게 전달했으며 논리적 순서를 따랐습니다.

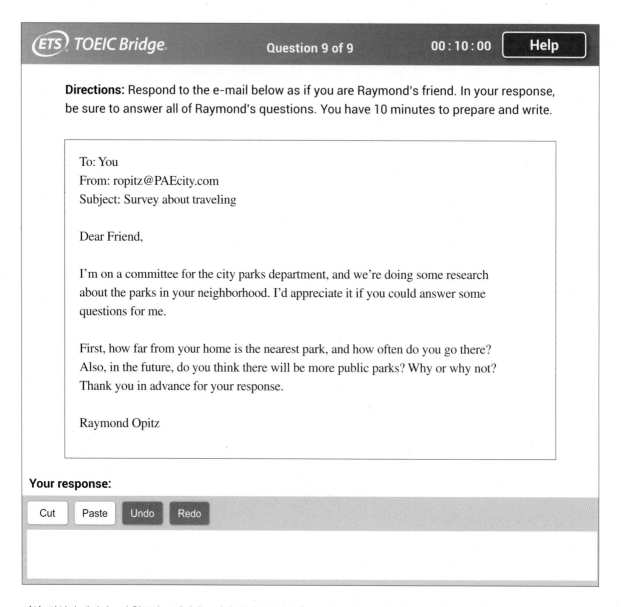

**Directions:** Respond to the e-mail below as if you are Raymond's friend. In your response, be sure to answer all of Raymond's questions. You have 10 minutes to prepare and write.

To: You
From: ropitz@PAEcity.com
Subject: Survey about traveling

Dear Friend,

I'm on a committee for the city parks department, and we're doing some research about the parks in your neighborhood. I'd appreciate it if you could answer some questions for me.

First, how far from your home is the nearest park, and how often do you go there? Also, in the future, do you think there will be more public parks? Why or why not? Thank you in advance for your response.

Raymond Opitz

**Your response:**

| Cut | Paste | Undo | Redo |

**지시:** 당신이 레이먼드의 친구라고 생각하고 아래 이메일에 답장을 쓰세요. 레이먼드의 질문에 대해 모두 답을 해야 합니다. 준비하고 작성하는 시간은 10분 주어집니다.

수신: 당신
발신: ropitz@PAEcity.com
제목: 여행 관련 조사
친구에게,
나는 도시 공원 부서 위원회에서 일하고 있는데, 당신이 사는 곳 인근 공원에 대한 조사를 하고 있어요. 몇 가지 질문에 답해 주면 고맙겠어요.

우선, 당신의 집은 가장 가까운 공원에서 얼마나 떨어져 있나요? 당신은 얼마나 자주 그 공원에 가나요?
아울러 향후 공원이 더 많이 조성될 것이라고 생각하나요? 그렇게 생각하거나 그렇게 생각하지 않는 이유는 무엇인가요?
설문에 응해 주셔서 미리 고마워요.
레이먼드 오피츠

---

▶ **풀이 전략**

친구나 동료의 이메일에 답장을 쓰는 문제이다. 이메일에서 친구가 몇 가지 질문을 하는데, 그에 대해 반드시 모두 답해야 한다. 질문의 마지막에는 항상 그렇게 생각하는 이유를 묻는데, 그 대답도 중요하다는 점을 잊지 않도록 한다.

---

● **학생 답변 예시**

Dear Raymond,
Firstly, it takes only ten minutes to go to the nearest park from my house, and I go there every Wednesday evening and Saturday morning. I go with my friends for exercise.
Secondly, I think that in the futuré there will be more public parks. There are two reasons for this.
One reason is we don't need more apartment or houses in our city. We already have many new apartment buildings.
We can use those land for new parks.
Another reason is there is need of a safe place for children to play games and have fresh air.

레이먼드에게,
첫째, 우리 집에서 가장 가까운 공원에 가는 데는 10분밖에 걸리지 않아요. 나는 수요일 저녁과 토요일 오전에 공원에 가요. 친구들과 함께 운동을 하러 가죠.
둘째, 앞으로는 공원이 더 많이 조성될 것이라고 생각해요. 여기에는 두 가지 이유가 있는데요.
첫 번째 이유는 시에 더 이상 아파트나 주택이 필요하지 않기 때문이에요. 이미 신축 아파트 건물이 많이 있죠.
이러한 땅은 새 공원을 조성하는 데 사용할 수 있어요.
다른 이유로는 아이들이 놀고 신선한 공기를 마실 수 있는 안전한 장소가 필요하기 때문이에요.

---

**출제기관 ETS의 평가**

· 레이먼드의 질문에 대해, 청자에게 맞는 어조 및 어휘로 잘 답변했습니다.

· 답변에는 글쓴이의 집에서 공원의 거리가 얼마나 되는지, 글쓴이가 얼마나 자주 공원에 가는지에 관한 정보가 모두 들어 있습니다. 그리고 공원 조성에 대한 의견과 그 의견을 뒷받침하는 이유까지 잘 설명했습니다.

· 문장 구조 및 어휘, 구문 다양성 등이 적절했습니다. 전반적으로 구성이 좋았으며 논리정연하게 전달했습니다.

· 약간 오류가 있긴 했지만("We can use that land…"나 "We can use this land…"를 "We can use those land…"로 표기), 의미 전달에는 문제가 없었습니다.

# *TOEIC Bridge®* Speaking Test Directions

This is the Speaking test.
The test includes eight questions and lasts about 15 minutes.

| Question | Task |
|----------|------|
| 1 - 2 | Read a Short Text Aloud |
| 3 - 4 | Describe a Photograph |
| 5 | Listen and Retell |
| 6 | Short Interaction |
| 7 | Tell a Story |
| 8 | Make and Support a Recommendation |

Please say as much as you can in the time allowed.
It is important to speak clearly and follow the directions.

Click on **Continue** to go on.

**Directions:** Read aloud the announcement on the screen. You have 25 seconds to prepare and 30 seconds to read aloud.

> Attention, passengers. Flight 42 to Paris is now boarding. Please make sure you have your ticket, bags, and passport with you. If you have questions, please speak to an attendant at Gate D.

| PREPARATION TIME | RESPONSE TIME |
|:---:|:---:|
| 00 : 00 : 25 | 00 : 00 : 30 |

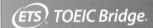 

**Directions:** Read aloud the advertisement on the screen. You have 25 seconds to prepare and 30 seconds to read aloud.

> Do you want to improve your health? If you do, then you should join Peter's Gym. Our fitness center has a swimming pool, exercise equipment, and a running track. Stop by today for a tour!

| PREPARATION TIME | RESPONSE TIME |
|:---:|:---:|
| 00 : 00 : 25 | 00 : 00 : 30 |

**Directions:** Look at the picture on your screen. Describe where the people are and what they are doing. Provide as much detail as you can. You have 30 seconds to prepare and 30 seconds to speak.

| PREPARATION TIME | RESPONSE TIME |
|:---:|:---:|
| 00 : 00 : 30 | 00 : 00 : 30 |

**Directions:** Look at the picture on your screen. Describe where the people are and what they are doing. Provide as much detail as you can. You have 30 seconds to prepare and 30 seconds to speak.

| PREPARATION TIME | RESPONSE TIME |
|---|---|
| 00 : 00 : 30 | 00 : 00 : 30 |

**Directions:** In this part of the test, you will listen to a person talking about a topic. Then you will tell another person what you heard. First, listen to the talk. You have 15 seconds to prepare and 30 seconds to speak.

> You and a friend have joined a bike tour. A tour guide is making an announcement.

Your friend did not hear the announcement. Tell your friend what the tour guide said.

| PREPARATION TIME | RESPONSE TIME |
|:---:|:---:|
| **00 : 00 : 15** | **00 : 00 : 30** |

**Directions:** Use the information provided to help you complete a task. You have 30 seconds to prepare and 30 seconds to speak.

Your coworker is preparing for a client's visit but needs help with two things.
Leave a voice mail for your coworker. In your message, offer to help your coworker and use the notes below to identify the two tasks you will do.

Preparations for Client Visit

• Pat's Restaurant: Confirm dinner reservation
• 1:30 P.M.: Pick up client from airport

| PREPARATION TIME | RESPONSE TIME |
|:---:|:---:|
| 00 : 00 : 30 | 00 : 00 : 30 |

**Directions:** The four pictures below illustrate a story. In your own words, tell the story. Your story should explain what happens in the pictures and why. You can describe places, people, actions, and feelings. You have 45 seconds to prepare and 60 seconds to speak.

1

2

3

4

| PREPARATION TIME | RESPONSE TIME |
|:---:|:---:|
| 00 : 00 : 45 | 00 : 01 : 00 |

**Directions:** Use the information provided to help you complete a task. You have 60 seconds to prepare and 60 seconds to speak.

Your friend Susan is looking for a place to eat. She has asked for your advice. You found the two options below.

- Tell Susan about the options using ALL of the information provided
- Recommend one of the options, and
- Explain why the option you chose is better than the other

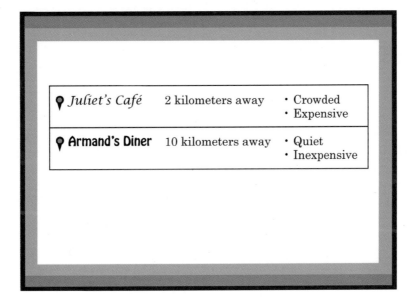

| 📍 *Juliet's Café* | 2 kilometers away | • Crowded<br>• Expensive |
|---|---|---|
| 📍 **Armand's Diner** | 10 kilometers away | • Quiet<br>• Inexpensive |

| PREPARATION TIME | RESPONSE TIME |
|---|---|
| 00 : 01 : 00 | 00 : 01 : 00 |

# TOEIC Bridge® Writing Test Directions

This is the Writing test. In this test, you will show how well you can use written English. The test includes nine questions and lasts approximately 37 minutes.

| Question | Task |
|----------|------|
| 1–3 | Build a Sentence |
| 4–6 | Write a Sentence |
| 7 | Respond to a Brief Message |
| 8 | Write a Narrative |
| 9 | Respond to an Extended Message |

Click on **Continue** to go on.

**Directions:** Drag the words in the boxes to form an appropriate sentence. The first part of the sentence is provided for you. You have 60 seconds to complete the sentence.

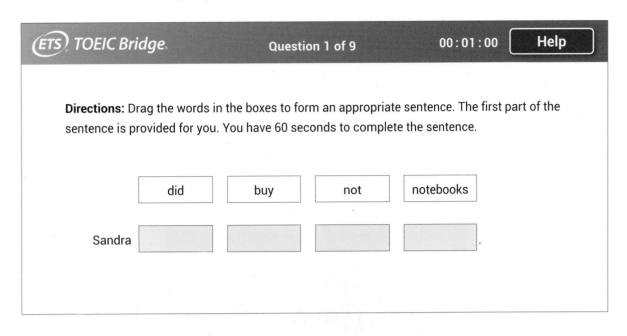

| did | buy | not | notebooks |

Sandra [ ] [ ] [ ] [ ] .

**Directions:** Drag the words in the boxes to form an appropriate sentence. The first part of the sentence is provided for you. You have 60 seconds to complete the sentence.

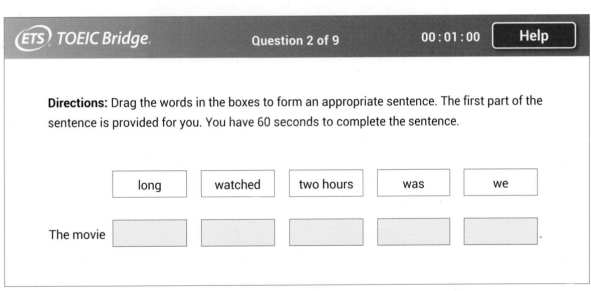

| long | watched | two hours | was | we |

The movie [ ] [ ] [ ] [ ] [ ] .

**Directions:** Drag the words in the boxes to form an appropriate sentence. The first part of the sentence is provided for you. You have 60 seconds to complete the sentence.

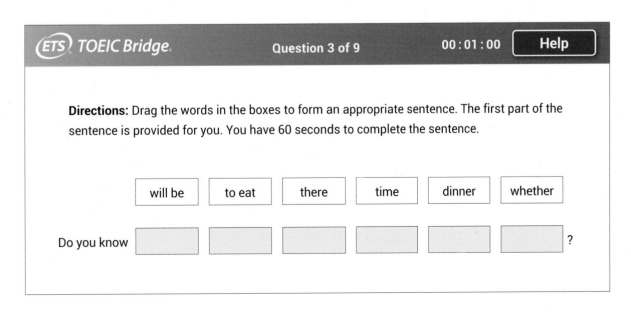

| will be | to eat | there | time | dinner | whether |

Do you know [ ] [ ] [ ] [ ] [ ] [ ] ?

**Directions:** Write ONE sentence based on the picture. Use the TWO words or phrases under the picture. You can change the forms of the words and you can use them in any order. You have 90 seconds to write.

open / door

Cut    Paste    Undo    Redo

**Directions:** Write ONE sentence based on the picture. Use the TWO words or phrases under the picture. You can change the forms of the words and you can use them in any order. You have 90 seconds to write.

> shop / and

Cut   Paste   Undo   Redo

**Directions:** Write ONE sentence based on the picture. Use the TWO words or phrases under the picture. You can change the forms of the words and you can use them in any order. You have 90 seconds to write.

carry / heavy

Cut    Paste    Undo    Redo

**Directions:** Respond clearly and fully to the instant message from Peter. You have 8 minutes to prepare and write.

- Answer Peter's question about the weather, and
- Give him a suggestion about transportation

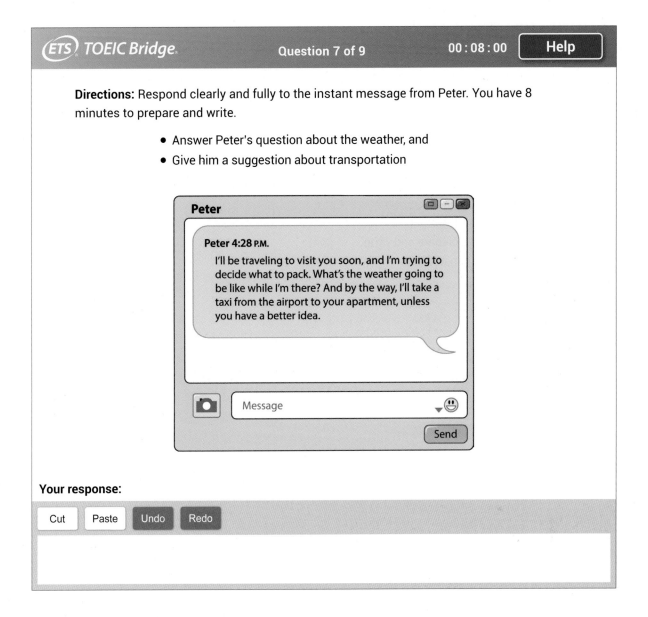

**Peter**

**Peter 4:28 P.M.**

I'll be traveling to visit you soon, and I'm trying to decide what to pack. What's the weather going to be like while I'm there? And by the way, I'll take a taxi from the airport to your apartment, unless you have a better idea.

Message

Send

**Your response:**

Cut   Paste   Undo   Redo

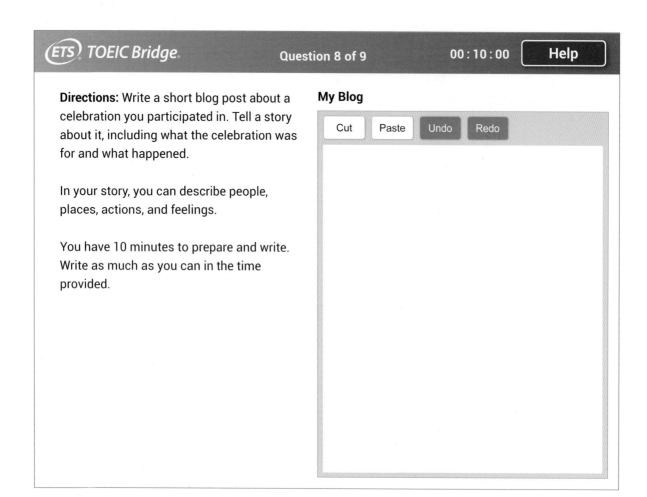

**Directions:** Write a short blog post about a celebration you participated in. Tell a story about it, including what the celebration was for and what happened.

In your story, you can describe people, places, actions, and feelings.

You have 10 minutes to prepare and write. Write as much as you can in the time provided.

**My Blog**

Cut   Paste   Undo   Redo

**Directions:** Respond to the e-mail below as if you are Maria's friend. In your response, be sure to answer all of Maria's questions. You have 10 minutes to prepare and write.

To: You
From: mhooper@PAEmarketing.com
Subject: Survey about homes

Dear Friend,

I'm doing some research about homes for a new marketing campaign I'm working on, and I'd appreciate it if you could answer some questions for me.

First, how long have you lived in your current home, and how many people do you live with?
Also, would you prefer to live in a house or in an apartment, and why?

Thank you in advance for your response.
Maria Hooper

**Your response:**

Cut   Paste   Undo   Redo

BS080104

# DATA SHEET

## (ETS) TOEIC Bridge®

응시일자 : 20    년    월    일

### 직 업

- 초등학생
- 중등학생
- 고등학생
- 대학생
- 회사원
- 공무원
- 교사/강사
- 기타

### 학 력

- 초등학교
- 중등학교
- 고등학교
- 대학(전문대)
- 대학
- 기타

### 학년

- 1  4
- 2  5
- 3  6

### 응시지역

서울 / 부산 / 대구 / 대전 / 광주 / 인천 / 울산 / 세종 / 강원 / 경기 / 경남 / 경북 / 전남 / 전북 / 충남 / 충북 / 제주

### 단체구분

- 학생
- 일반

### 과거 응시횟수

- 전혀없다
- 1회
- 2회
- 3회이상

### 학번(사원)번호

0 1 2 3 4 5 6 7 8 9

### 유의 사항 안내

※ 답안지는 반드시 연필 (사프펜슬 포함)로 작성 하셔야 합니다. 볼펜이나 사인펜 등의 사용되지 않는 필기구를 사용할 경우 채점이 되지 않습니다.

※ 단체코드, 생년월일, 학번(사원)번호는 마킹해야 할 숫자가 많아 잘못 표기할 우려가 있으므로 정확히 확인해 주시기 바랍니다.

### 감독자 확인

### 수험번호

0 1 2 3 4 5 6 7 8 9

### 단체코드

0 1 2 3 4 5 6 7 8 9

### 성별

- 남
- 여

### 부서코드

0 1 2 3 4 5 6 7 8 9

### 생년월일

0 1 2 3 4 5 6 7 8 9

### 이 름

<예시>
※ 자음과 모음을 풀어서 "●" 표기한다.

성    기    동

왼쪽부터 빈칸없이 차례로 기재할 것.

### 설문

1. 학교 교육을 포함한 당신의 영어 학습 기간은?
   ⓐ1년 미만  ⓑ1년 이상 2년 미만  ⓒ2년 이상 4년 미만
   ⓓ4년 이상 6년 미만  ⓔ6년 이상

2. 하루 평균 영어 학습 시간은?
   ⓐ전혀 없다  ⓑ1시간 미만
   ⓒ1시간 이상 2시간 미만  ⓓ2시간 이상

3. 영어 학습시 중요하다고 생각하는 영역은?
   ⓐ듣기  ⓑ읽기  ⓒ말하기  ⓓ쓰기  ⓔ듣기와 말하기
   ⓕ읽기와 쓰기  ⓖ듣기, 읽기, 말하기, 쓰기

4. 영어(TOEIC Bridge 포함) 학습 방법은?
   ⓐ학원  ⓑ학교방과후  ⓒ과외
   ⓓ인터넷강의  ⓔ학습지  ⓕ독학 및 기타

5. 영어권 국가에서 체류한 경험은?
   ⓐ전혀 없다  ⓑ6개월 미만  ⓒ6개월 이상 1년 미만
   ⓓ1년 이상 2년 미만  ⓔ2년 이상

6. TOEIC Bridge 응시 목적은?
   ⓐ학교 또는 기관 제출용  ⓑ취업 또는 입학, 수료(졸업)인증
   ⓒ교육과정 성과측정  ⓓ앞으로의 토익 학습 방향 설정  ⓔ기타

7. TOEIC 정기시험에 응시한 경험은?(2년 이내)
   ⓐ있다  ⓑ없다

8. TOEIC 정기시험 취득 점수는?(7번 '있다' 선택 시에만 해당)
   ⓐ100점 미만  ⓑ100점 이상 200점 미만  ⓒ200점 이상 300점 미만
   ⓓ300점 이상 400점 미만  ⓔ400점 이상 500점 미만
   ⓕ500점 이상 600점 미만  ⓖ600점 이상

9. TOEIC Bridge 시험이 TOEIC 시험을 응시하는데 도움이 된다고 생각하십니까?
   ⓐ전혀 없다  ⓑ거의 없다  ⓒ보통  ⓓ있다  ⓔ항상 있다

설 문
답 란

# ANSWER SHEET

**(ETS) ® TOEIC Bridge®**

문제지 번호

수험번호

한글이름

영문이름

교사실

확 인

## LISTENING (Part Ⅰ ～ Ⅳ)

| NO. | A B C D | NO. | A B C D | NO. | A B C D | NO. | A B C D | NO. | A B C D |
|---|---|---|---|---|---|---|---|---|---|
| 1 | Ⓐ Ⓑ Ⓒ Ⓓ | 11 | Ⓐ Ⓑ Ⓒ Ⓓ | 21 | Ⓐ Ⓑ Ⓒ Ⓓ | 31 | Ⓐ Ⓑ Ⓒ Ⓓ | 41 | Ⓐ Ⓑ Ⓒ Ⓓ |
| 2 | Ⓐ Ⓑ Ⓒ Ⓓ | 12 | Ⓐ Ⓑ Ⓒ Ⓓ | 22 | Ⓐ Ⓑ Ⓒ Ⓓ | 32 | Ⓐ Ⓑ Ⓒ Ⓓ | 42 | Ⓐ Ⓑ Ⓒ Ⓓ |
| 3 | Ⓐ Ⓑ Ⓒ Ⓓ | 13 | Ⓐ Ⓑ Ⓒ Ⓓ | 23 | Ⓐ Ⓑ Ⓒ Ⓓ | 33 | Ⓐ Ⓑ Ⓒ Ⓓ | 43 | Ⓐ Ⓑ Ⓒ Ⓓ |
| 4 | Ⓐ Ⓑ Ⓒ Ⓓ | 14 | Ⓐ Ⓑ Ⓒ Ⓓ | 24 | Ⓐ Ⓑ Ⓒ Ⓓ | 34 | Ⓐ Ⓑ Ⓒ Ⓓ | 44 | Ⓐ Ⓑ Ⓒ Ⓓ |
| 5 | Ⓐ Ⓑ Ⓒ Ⓓ | 15 | Ⓐ Ⓑ Ⓒ Ⓓ | 25 | Ⓐ Ⓑ Ⓒ Ⓓ | 35 | Ⓐ Ⓑ Ⓒ Ⓓ | 45 | Ⓐ Ⓑ Ⓒ Ⓓ |
| 6 | Ⓐ Ⓑ Ⓒ Ⓓ | 16 | Ⓐ Ⓑ Ⓒ Ⓓ | 26 | Ⓐ Ⓑ Ⓒ Ⓓ | 36 | Ⓐ Ⓑ Ⓒ Ⓓ | 46 | Ⓐ Ⓑ Ⓒ Ⓓ |
| 7 | Ⓐ Ⓑ Ⓒ Ⓓ | 17 | Ⓐ Ⓑ Ⓒ Ⓓ | 27 | Ⓐ Ⓑ Ⓒ Ⓓ | 37 | Ⓐ Ⓑ Ⓒ Ⓓ | 47 | Ⓐ Ⓑ Ⓒ Ⓓ |
| 8 | Ⓐ Ⓑ Ⓒ Ⓓ | 18 | Ⓐ Ⓑ Ⓒ Ⓓ | 28 | Ⓐ Ⓑ Ⓒ Ⓓ | 38 | Ⓐ Ⓑ Ⓒ Ⓓ | 48 | Ⓐ Ⓑ Ⓒ Ⓓ |
| 9 | Ⓐ Ⓑ Ⓒ Ⓓ | 19 | Ⓐ Ⓑ Ⓒ Ⓓ | 29 | Ⓐ Ⓑ Ⓒ Ⓓ | 39 | Ⓐ Ⓑ Ⓒ Ⓓ | 49 | Ⓐ Ⓑ Ⓒ Ⓓ |
| 10 | Ⓐ Ⓑ Ⓒ Ⓓ | 20 | Ⓐ Ⓑ Ⓒ Ⓓ | 30 | Ⓐ Ⓑ Ⓒ Ⓓ | 40 | Ⓐ Ⓑ Ⓒ Ⓓ | 50 | Ⓐ Ⓑ Ⓒ Ⓓ |

## READING (Part Ⅰ ～ Ⅲ)

| NO. | A B C D | NO. | A B C D | NO. | A B C D | NO. | A B C D | NO. | A B C D |
|---|---|---|---|---|---|---|---|---|---|
| 51 | Ⓐ Ⓑ Ⓒ Ⓓ | 61 | Ⓐ Ⓑ Ⓒ Ⓓ | 71 | Ⓐ Ⓑ Ⓒ Ⓓ | 81 | Ⓐ Ⓑ Ⓒ Ⓓ | 91 | Ⓐ Ⓑ Ⓒ Ⓓ |
| 52 | Ⓐ Ⓑ Ⓒ Ⓓ | 62 | Ⓐ Ⓑ Ⓒ Ⓓ | 72 | Ⓐ Ⓑ Ⓒ Ⓓ | 82 | Ⓐ Ⓑ Ⓒ Ⓓ | 92 | Ⓐ Ⓑ Ⓒ Ⓓ |
| 53 | Ⓐ Ⓑ Ⓒ Ⓓ | 63 | Ⓐ Ⓑ Ⓒ Ⓓ | 73 | Ⓐ Ⓑ Ⓒ Ⓓ | 83 | Ⓐ Ⓑ Ⓒ Ⓓ | 93 | Ⓐ Ⓑ Ⓒ Ⓓ |
| 54 | Ⓐ Ⓑ Ⓒ Ⓓ | 64 | Ⓐ Ⓑ Ⓒ Ⓓ | 74 | Ⓐ Ⓑ Ⓒ Ⓓ | 84 | Ⓐ Ⓑ Ⓒ Ⓓ | 94 | Ⓐ Ⓑ Ⓒ Ⓓ |
| 55 | Ⓐ Ⓑ Ⓒ Ⓓ | 65 | Ⓐ Ⓑ Ⓒ Ⓓ | 75 | Ⓐ Ⓑ Ⓒ Ⓓ | 85 | Ⓐ Ⓑ Ⓒ Ⓓ | 95 | Ⓐ Ⓑ Ⓒ Ⓓ |
| 56 | Ⓐ Ⓑ Ⓒ Ⓓ | 66 | Ⓐ Ⓑ Ⓒ Ⓓ | 76 | Ⓐ Ⓑ Ⓒ Ⓓ | 86 | Ⓐ Ⓑ Ⓒ Ⓓ | 96 | Ⓐ Ⓑ Ⓒ Ⓓ |
| 57 | Ⓐ Ⓑ Ⓒ Ⓓ | 67 | Ⓐ Ⓑ Ⓒ Ⓓ | 77 | Ⓐ Ⓑ Ⓒ Ⓓ | 87 | Ⓐ Ⓑ Ⓒ Ⓓ | 97 | Ⓐ Ⓑ Ⓒ Ⓓ |
| 58 | Ⓐ Ⓑ Ⓒ Ⓓ | 68 | Ⓐ Ⓑ Ⓒ Ⓓ | 78 | Ⓐ Ⓑ Ⓒ Ⓓ | 88 | Ⓐ Ⓑ Ⓒ Ⓓ | 98 | Ⓐ Ⓑ Ⓒ Ⓓ |
| 59 | Ⓐ Ⓑ Ⓒ Ⓓ | 69 | Ⓐ Ⓑ Ⓒ Ⓓ | 79 | Ⓐ Ⓑ Ⓒ Ⓓ | 89 | Ⓐ Ⓑ Ⓒ Ⓓ | 99 | Ⓐ Ⓑ Ⓒ Ⓓ |
| 60 | Ⓐ Ⓑ Ⓒ Ⓓ | 70 | Ⓐ Ⓑ Ⓒ Ⓓ | 80 | Ⓐ Ⓑ Ⓒ Ⓓ | 90 | Ⓐ Ⓑ Ⓒ Ⓓ | 100 | Ⓐ Ⓑ Ⓒ Ⓓ |

ETS® TOEIC Bridge®

BS080104

주의 : 이 박스 안을 절대 훼손하지 마세요.

# DATA SHEET

## 직 업
○ 초등학생
○ 중등학생
○ 고등학생
○ 대학생
○ 회사원
○ 공무원
○ 교사/강사
○ 기타

## 학 력
○ 초등학교
○ 중등학교
○ 고등학교
○ 대학(전문대)
○ 대학교
○ 기타

## 학년
1 ○  4 ○
2 ○  5 ○
3 ○  6 ○

## 단체구분
학생 ○
일반 ○

## 과거 응시횟수
전혀없다 ○ ○ ○
1회 ○
2회 ○
3회이상 ○

## 응시지역
○ 서울
○ 부산
○ 대구
○ 대전
○ 광주
○ 인천
○ 울산
○ 세종
○ 강원
○ 경기
○ 경남
○ 경북
○ 전남
○ 전북
○ 충남
○ 충북
○ 제주

## 유의 사항 안내

※ 답안지는 반드시 연필 (샤프연필슬 포함)로 작성 하셔야 합니다. 볼펜이나 싸인펜 등을 하용되지 않는 필기구를 사용할 경우 채점이 되지 않습니다.

※ 단체코드, 생년월일, 학번(사원)번호는 마킹해야 할 숫자가 많아 잘못 표기할 우려가 있으므로 정확히 확인해 주시기 바랍니다.

## 감독자 확인

## 학번(사원)번호

0 1 2 3 4 5 6 7 8 9

## 수험번호 단체코드

0 1 2 3 4 5 6 7 8 9

## 성별
남 ○
여 ○

## 부서코드

0 1 2 3 4 5 6 7 8 9

## 생년월일

0 1 2 3 4 5 6 7 8 9

응시일자 : 20    년    월    일

〈예시〉
※ 자음과 모음을 풀어서 "●" 표기한다.

왼쪽부터 빈칸없이 차례로 기재할 것.

7. TOEIC 정기시험에 응시한 경험은?(2년 이내)
ⓐ있다  ⓑ없다

8. TOEIC 정기시험 취득 점수는?(7번 '있다' 선택 시에만 해당)
ⓐ100점 미만  ⓑ200점 이상 300점 미만
ⓒ300점 이상 400점 미만  ⓓ400점 이상 500점 미만
ⓔ500점 이상 600점 미만  ⓕ600점 이상

9. TOEIC Bridge 시험이 TOEIC 시험을 응시하는데 도움이 된다고 생각하십니까?
ⓐ전혀 없다  ⓑ거의 없다  ⓒ보통  ⓓ있다  ⓔ항상 있다

4. 영어(TOEIC Bridge 포함) 학습 방법은?
ⓐ학원  ⓑ학교방과후  ⓒ과외
ⓓ인터넷강의  ⓔ학습지  ⓕ독학 및 기타

5. 영어권 국가에서 체류한 경험은?
ⓐ전혀 없다  ⓑ6개월 미만  ⓒ6개월 이상 1년 미만
ⓓ1년 이상 2년 미만  ⓔ2년 이상

6. TOEIC Bridge 응시 목적은?
ⓐ학교 또는 기관 제출용  ⓑ취업 또는 이직, 수료(졸업)인증
ⓒ교육과정 성취측정  ⓓ영어공부 동기 부여  ⓔ듣기와 말하기  ⓕ기타

1. 학교 교육을 포함한 당신의 영어 학습 기간은?
ⓐ1년 미만  ⓑ1년 이상 2년 미만  ⓒ2년 이상 4년 미만
ⓓ4년 이상 6년 미만  ⓔ6년 이상

2. 하루 평균 영어 학습 시간은?
ⓐ전혀 없다  ⓑ1시간 미만
ⓒ1시간 이상 2시간 미만  ⓓ2시간 이상

3. 영어 학습 중요하다고 생각하는 영역은?
ⓐ듣기  ⓑ읽기  ⓒ말하기  ⓓ쓰기  ⓔ듣기와 말하기
ⓕ읽기와 쓰기  ⓖ듣기, 읽기, 말하기, 쓰기

# ANSWER SHEET

**ETS ® TOEIC Bridge ®**

문제지 번호

수험번호

한글이름

영문이름

교사실

## 〈유의 사항 안내〉

1. 답안지 표기는 연필 또는 샤프펜슬을 사용하세요. 싸인펜이나 볼펜 등 허용되지 않는 필기구를 이용하여 표기했을 경우 처리되지 않습니다.

2. 부정확한 표기 또는 허용되지 않는 필기구로 기재하여 정상적으로 채점이 되지 않은 경우 그에 대한 책임은 본인에게 있음을 알려드립니다.
   - 올바른 표기 (예 ) ● / 잘못된 표기 (예 ) ◐ ⊘ ⊙ ◑ ○ ⊗

3. 답안지 상단의 ( ▐▐▐▐ )부분이 훼손되지 않도록 주의하시기 바랍니다.

4. 감독관의 확인이 없는 답안지는 무효 처리됩니다.

## LISTENING (Part I ~ IV)

| NO. | A B C D | NO. | A B C D | NO. | A B C D | NO. | A B C D | NO. | A B C D |
|---|---|---|---|---|---|---|---|---|---|
| 1 | A B C D | 11 | A B C D | 21 | A B C D | 31 | A B C D | 41 | A B C D |
| 2 | A B C D | 12 | A B C D | 22 | A B C D | 32 | A B C D | 42 | A B C D |
| 3 | A B C D | 13 | A B C D | 23 | A B C D | 33 | A B C D | 43 | A B C D |
| 4 | A B C D | 14 | A B C D | 24 | A B C D | 34 | A B C D | 44 | A B C D |
| 5 | A B C D | 15 | A B C D | 25 | A B C D | 35 | A B C D | 45 | A B C D |
| 6 | A B C D | 16 | A B C D | 26 | A B C D | 36 | A B C D | 46 | A B C D |
| 7 | A B C D | 17 | A B C D | 27 | A B C D | 37 | A B C D | 47 | A B C D |
| 8 | A B C D | 18 | A B C D | 28 | A B C D | 38 | A B C D | 48 | A B C D |
| 9 | A B C D | 19 | A B C D | 29 | A B C D | 39 | A B C D | 49 | A B C D |
| 10 | A B C D | 20 | A B C D | 30 | A B C D | 40 | A B C D | 50 | A B C D |

## READING (Part I ~ III)

| NO. | A B C D | NO. | A B C D | NO. | A B C D | NO. | A B C D | NO. | A B C D |
|---|---|---|---|---|---|---|---|---|---|
| 51 | A B C D | 61 | A B C D | 71 | A B C D | 81 | A B C D | 91 | A B C D |
| 52 | A B C D | 62 | A B C D | 72 | A B C D | 82 | A B C D | 92 | A B C D |
| 53 | A B C D | 63 | A B C D | 73 | A B C D | 83 | A B C D | 93 | A B C D |
| 54 | A B C D | 64 | A B C D | 74 | A B C D | 84 | A B C D | 94 | A B C D |
| 55 | A B C D | 65 | A B C D | 75 | A B C D | 85 | A B C D | 95 | A B C D |
| 56 | A B C D | 66 | A B C D | 76 | A B C D | 86 | A B C D | 96 | A B C D |
| 57 | A B C D | 67 | A B C D | 77 | A B C D | 87 | A B C D | 97 | A B C D |
| 58 | A B C D | 68 | A B C D | 78 | A B C D | 88 | A B C D | 98 | A B C D |
| 59 | A B C D | 69 | A B C D | 79 | A B C D | 89 | A B C D | 99 | A B C D |
| 60 | A B C D | 70 | A B C D | 80 | A B C D | 90 | A B C D | 100 | A B C D |

확 인

\* 서약 내용을 읽으시고 확인란에 반드시 서명하십시오.

본인은 TOEIC Bridge 시험 문제지 일부 또는 전부를 유출하거나 어떠한 형태로든 타인에게 누설 및 공개하지 않을 것이며 인쇄물 또는 인터넷 또는 다른 자료로 활용하지 않을 것 입니다. 또한 TOEIC Bridge 시험 규정 및 부정행위 처리규정을 준수할 것을 서약합니다.

# TOEIC Bridge®
# 공식실전서

## 정답 및 해설

## Listening & Reading / Speaking & Writing

1 2019 전면 개정 TOEIC Bridge® 최초 공개

2 2019 신설 TOEIC Bridge® S & W Tests 최초 공개

3 출제기관 ETS 제공 실전테스트 수록 [L&R 2회 / S&W 1회]

YBM

# TOEIC Bridge® 공식실전서

## 정답 및 해설

**Listening & Reading / Speaking & Writing**

# TOEIC Bridge®

# LISTENING & READING
# TESTS 1

## LISTENING TEST

| | | | | | |
|---|---|---|---|---|---|
| 1. (B) | 2. (B) | 3. (D) | 4. (C) | 5. (A) | 6. (C) |
| 7. (A) | 8. (D) | 9. (A) | 10. (B) | 11. (B) | 12. (D) |
| 13. (B) | 14. (D) | 15. (A) | 16. (C) | 17. (A) | 18. (B) |
| 19. (D) | 20. (A) | 21. (D) | 22. (C) | 23. (A) | 24. (C) |
| 25. (A) | 26. (C) | 27. (B) | 28. (C) | 29. (D) | 30. (B) |
| 31. (D) | 32. (A) | 33. (C) | 34. (C) | 35. (B) | 36. (D) |
| 37. (C) | 38. (D) | 39. (B) | 40. (B) | 41. (D) | 42. (A) |
| 43. (B) | 44. (C) | 45. (D) | 46. (C) | 47. (B) | 48. (C) |
| 49. (A) | 50. (B) | | | | |

## READING TEST

| | | | | | |
|---|---|---|---|---|---|
| 51. (B) | 52. (A) | 53. (B) | 54. (C) | 55. (C) | 56. (B) |
| 57. (D) | 58. (B) | 59. (C) | 60. (A) | 61. (C) | 62. (A) |
| 63. (C) | 64. (B) | 65. (D) | 66. (A) | 67. (B) | 68. (D) |
| 69. (B) | 70. (C) | 71. (A) | 72. (B) | 73. (D) | 74. (C) |
| 75. (A) | 76. (B) | 77. (D) | 78. (C) | 79. (A) | 80. (D) |
| 81. (C) | 82. (C) | 83. (A) | 84. (B) | 85. (D) | 86. (B) |
| 87. (D) | 88. (D) | 89. (D) | 90. (A) | 91. (C) | 92. (B) |
| 93. (D) | 94. (B) | 95. (A) | 96. (B) | 97. (C) | 98. (A) |
| 99. (C) | 100. (C) | | | | |

## Listening Part 1

**1.** M-Cn  Plants growing in a garden.

번역 정원에서 자라고 있는 식물

해설 <풍경 묘사> 정원(garden)에서 자라고 있는 식물(plants)을 묘사한 (B)가 정답이다. (A)는 실내에서 남자가 식물에 물을 주는 동작을 취하고 있으므로 오답이다. (C)는 식물이 보이지만 정원(garden)이 아니라 거실의 소파 사이에 있는 모습이므로 답이 될 수 없다. (D)도 식물이 보이지만 정원(garden)에서 자라는 모습이 아니므로 오답이다.

어휘 **plant** 식물  **grow** 자라다  **garden** 정원

**2.** W-Am  People are waiting to get on a bus.

번역 사람들이 버스를 타기 위해 기다리고 있다.

(A) 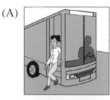  (B)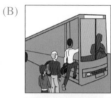

(C)   (D)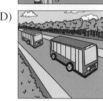

해설 <2인 이상 동작 묘사> 사람들이 버스를 타기 위해 기다리는 (waiting) 모습을 묘사한 (B)가 정답이다. (A)는 버스에서 내리는 모습이므로 오답이다. (C)는 People만 듣고 waiting을 놓친 경우 사람들이 버스에 탄 상태로 판단하면 정답으로 오인할 수 있으므로 주의해야 한다. (D)는 사람은 보이지 않고 도로에 있는 버스만 보이므로 오답이다.

어휘 **wait** 기다리다  **get on** ~에 타다

**3.** M-Au  A stairway next to a door.

번역 문 옆에 있는 계단

(A)   (B)

(C) 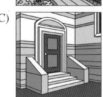  (D)

해설 <풍경 묘사> 문 옆에 있는 계단(stairway)을 묘사한 (D)가 정답이다. (A)는 문(door)은 보이지만 계단(stairway)이 보이지 않으므로 오답이다. (B)는 문과 창문이 여러 개 있는 건물과 길만 보이므로 정답이 아니다. (C)는 next to를 놓치고 stairway와 door만 들으면 문 앞에 있는 계단으로 생각할 수 있으므로 정답으로 오인할 수 있다.

어휘 **stairway** 계단  **next to** ~의 옆에

**4.** W-Br He's paying for his groceries.

[번역] 남자가 식료품값을 지불하고 있다.

[해설] **<1인 동작 묘사>** 남자가 식료품(groceries)의 값을 지불하고 있는(paying for) 모습을 묘사한 (C)가 정답이다. (A)는 사람들이 축구를 하는 모습이므로 오답이다. (B)는 사진 속에 남자와 식료품이 보이지만 남자가 식료품값을 지불하는 동작을 취하고 있지 않으므로 잘못된 묘사이다. paying for를 놓치면 정답으로 오인하기 쉬우므로 유의해야 한다. (D)도 남자가 값을 지불하는 동작을 하고 있지 않으므로 오답이다.

[어휘] **pay** 지불하다  **grocery** 식료품

**5.** W-Am She's speaking into a microphone.

[번역] 여자가 마이크에 대고 말하고 있다.

[해설] **<1인 동작 묘사>** 여러 사람이 보이지만 여자가 마이크(microphone)에 대고 말하고 있는 모습을 묘사한 (A)가 정답이다. (B)는 사진 속에 마이크(microphone)가 보이지 않으므로 정답이 될 수 없다. speaking만 듣고 microphone을 놓친 경우 다른 사람과 이야기하는 동작으로 판단하면 정답으로 오인할 수 있으므로 주의해야 한다. 사진 속에 여자와 마이크가 보이지 않으므로 (C)와 (D) 모두 오답이다.

[어휘] **speak** 말하다  **microphone** 마이크

**6.** M-Cn Some jackets hanging on the wall.

[번역] 벽에 걸려 있는 상의 몇 벌

 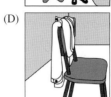

[해설] **<풍경 묘사>** 벽에 걸려 있는 상의 몇 벌을 묘사한 (C)가 정답이다. (A)는 상의가 벽에 걸려 있지 않고 남자가 팔에 상의를 들고 있는 모습이므로 오답이다. (B)는 사진 속에 벽(wall)이 보이지 않으므로 정답이 될 수 없다. (D)는 jackets와 hanging만 듣고 전치사구(on the wall)를 제대로 듣지 못하면 정답으로 오인할 수 있으므로 유의해야 한다.

[어휘] **hang** 걸다, 걸리다  **wall** 벽

## Listening Part 2

**7.** W-Br What are you eating?
W-Am (A) A sandwich.
　　 (B) The cafeteria.
　　 (C) I'm hungry.
　　 (D) At lunchtime.

[번역] 뭘 먹고 있어요?

(A) 샌드위치요.
(B) 구내식당이요.
(C) 배가 고파요.
(D) 점심시간에요.

[해설] **<What 의문문>** What을 이용하여 무엇을 먹고 있는지 묻는 질문에 샌드위치라며 음식을 구체적으로 언급한 (A)가 정답이다. (B)는 장소를 나타내므로 Where 의문문에 가능한 대답이다. (C)는 eating에서 연상 가능한 hungry를 언급한 오답이다. (D)는 시간을 나타내므로 When 의문문에 가능한 대답이다.

[어휘] **hungry** 배가 고픈  **lunchtime** 점심시간

**8.** M-Au Do you like to watch sports?
M-Cn (A) Yes, they are.
　　 (B) I don't see her.
　　 (C) It's at home.
　　 (D) Not very much.

**9.** W-Br   How much are the train tickets?
M-Cn   (A) Five dollars each.
(B) About ten kilometers.
(C) It's quite fast.
(D) A local train.

**10.** W-Am   What are you looking for?
M-Au   (A) No, thank you.
(B) I can't find my keys.
(C) That's very kind.
(D) Yes, in a minute.

**11.** M-Cn   When will Mr. Thomas arrive?
W-Am   (A) At the front desk.
(B) He'll be here at two.
(C) Yes, good idea.
(D) I'm sure he will.

**12.** M-Au   Where would you like to sit?
W-Br   (A) Joe will fix it.
(B) Yes, it's very sunny.
(C) I'd like that.
(D) By the window, please.

**13.** M-Au  Are you paying in dollars or in pounds?

W-Am  (A) No, not ours.

(B) I only have dollars.

(C) I don't play.

(D) She asked me to.

**번역** 달러로 지불하시겠어요, 아니면 파운드로 지불하시겠어요?

(A) 아니요, 우리 것이 아닙니다.

(B) 달러밖에 없습니다.

(C) 저는 경기하지 않습니다.

(D) 그녀가 저에게 요청했어요.

**해설** <선택의문문> be동사(Are)를 이용한 선택의문문이다. 선택의문문은 Yes/No로 답변할 수 없으므로 (A)는 우선적으로 정답에서 제외할 수 있다. 지불을 달러로 할지, 파운드로 할지를 묻는 질문에 '달러밖에 없다(I only have dollars.)'며 달러로 지불할 것을 선택한 (B)가 정답이다. (C)는 질문의 paying과 play의 유사 발음 때문에 정답으로 오인하기 쉬우므로 유의해야 한다. (D)는 질문의 주어(you)와 호응할 수 없는 3인칭 주어(She)가 나왔으므로 오답이다.

**어휘** pay 지불하다   only 오직   ask 요청하다

**14.** W-Br  You're not too tired, are you?

M-Cn  (A) Let me know.

(B) Yes, we tried.

(C) Two or three more.

(D) No, I feel fine.

**번역** 너무 피곤하지는 않으시죠, 그렇죠?

(A) 알려 주세요.

(B) 네, 우리는 노력했어요.

(C) 두세 개 더요.

(D) 아니요, 괜찮아요.

**해설** <부가의문문> 사실 여부를 확인하는 부가의문문으로, 부가의문문은 일반의문문과 마찬가지로 Yes/No 답변이 가능하다. 너무 피곤하지는 않은지 물었으므로 피곤하지 않다는 의미로 No라고 부정한 후, 괜찮다고 부연 설명하는 (D)가 정답이다. 부가의문문의 부정문도 의문문과 마찬가지로 대답할 내용이 긍정이면 Yes, 부정이면 No로 답변한다. (A)는 질문과 상관없는 오답이다. (B)는 질문의 tired와 tried의 유사 발음 때문에 정답으로 오인하기 쉬우므로 유의해야 한다. (C)는 too와 발음이 동일한 two만 듣고 정답으로 오인하지 않도록 유의해야 한다.

**어휘** too 너무   tired 피곤한   let me know 알려 주세요
try 노력하다   more 더   feel 느끼다

**15.** W-Am  Why don't you stay for dinner?

M-Au  (A) Thanks, I'd love to!

(B) Chicken curry.

(C) To that restaurant.

(D) All the time.

**번역** 저녁 먹고 가지 그래요?

(A) 감사합니다, 그럴게요!

(B) 치킨 카레예요.

(C) 그 음식점으로요.

(D) 줄곧 그랬어요.

**해설** <Why don't you 제안의문문> Why don't you ~?는 '~하는 게 어때요?'라는 뜻으로 무언가를 제안할 때 쓰는 표현이다. 여기서는 저녁을 먹고 가라고 제안하고 있는데, 고맙다고 하면서 좋다고 제안을 받아들이고 있는 (A)가 정답이다. (B)는 질문의 dinner에서 연상 가능한 Chicken curry가 나와 정답으로 오인할 수 있으므로 유의한다. (C) 역시 질문의 dinner에서 연상 가능한 restaurant가 나와서 정답으로 오인할 수 있다. (D)는 질문과 상관없는 오답이다.

**어휘** Why don't you ~? ~하지 그래요?   stay 머무르다
dinner 저녁식사   all the time 내내, 줄곧

**16.** W-Br  Who are you waiting for?

M-Cn  (A) Later today.

(B) I expect it is.

(C) A friend from work.

(D) I'm sorry, I can't.

**번역** 누구를 기다리고 있나요?

(A) 오늘 늦게요.

(B) 그럴 거라고 예상해요.

(C) 회사 동료요.

(D) 죄송하지만 안 되겠어요.

**해설** <Who 의문문> Who로 시작하는 질문이므로 사람 이름이나 사람을 지칭하는 말로 대답하는 것이 가장 일반적이다. 여기서도 누구를 기다리고 있는지 물었으므로 사람을 지칭하는 말(A friend from work)로 대답한 (C)가 정답이다. (A)는 시기를 나타내므로 When으로 시작하는 질문에 알맞은 대답이다. (B)는 waiting for에서 연상 가능한 expect를 듣고 정답으로 오인하기 쉽다. (D)는 'Can you do it?' 같은 질문에 어울리는 대답이다.

**어휘** wait for ~를 기다리다   later 나중에, 후에
expect 예상하다, 기대하다   work 직장

**17.** M-Au  Your room is on the tenth floor.

W-Br  (A) And where is the elevator?

(B) Three or four days.

(C) No, just this bag.

(D) A very nice stay.

번역 고객님의 방은 10층에 있습니다.

(A) 그럼 엘리베이터는 어디 있죠?

(B) 3, 4일이요.

(C) 아니요, 이 가방만요.

(D) 굉장히 잘 지내다 갑니다.

해설 <평서문> 객실 정보를 제공하는 평서문이다. 객실이 10층에 있다는 말에는 엘리베이터가 어디에 있는지 물어보는 (A)가 가장 자연스럽다. (B)는 기간을 묻는 How long 의문문에 적합한 대답이다. (C)는 'Do you have more bags?' 같은 질문에 어울리는 대답이다. (D)는 Your room에서 연상 가능한 stay를 언급한 오답이다.

어휘 **floor** 층  **just** 딱, 그저  **stay** 머무름, 방문

**18.** W-Am  Why are you here?

M-Cn  (A) No, not yet.

(B) To see Dr. Willis.

(C) Whichever is best.

(D) Yes, over there.

번역 여기 왜 오셨어요?

(A) 아니요, 아직이요.

(B) 윌리스 박사를 만나려고요.

(C) 어떤 쪽이든 최선의 것으로요.

(D) 네, 저쪽에요.

해설 <Why 의문문> 의문사로 시작하는 의문문이므로 Yes/No 답변이 가능하지 않다. 따라서 (A)와 (D)는 우선적으로 정답에서 제외할 수 있다. 온 이유를 묻고 있으므로 '윌리스 박사를 만나려고'라고 대답한 (B)가 정답이다. (C)는 질문과 상관없는 오답이다.

어휘 **not yet** 아직도  **whichever** 어느 쪽이든 ~한 것  **over there** 저쪽에

**19.** M-Au  Haven't you been to France before?

W-Am  (A) It certainly was.

(B) You're very welcome.

(C) I didn't bring it.

(D) This is our first visit.

번역 전에 프랑스에 가 본 적이 있지 않나요?

(A) 분명히 그랬어요.

(B) 천만에요.

(C) 저는 그것을 가져오지 않았어요.

(D) 우리는 이번이 첫 방문이에요.

해설 <부정의문문> Have를 이용한 부정의문문이다. 프랑스에 가 본 적이 없는지 묻는 질문에 이번에 처음 가 본다고 답한 (D)가 정답이다. (A)는 질문의 주어(you)와 호응할 수 없는 3인칭 주어(It)가 나왔으므로 오답이다. (B) 역시 질문의 주어(you)와 주어(You)가 일치하지 않는 대답이다. (C)는 경험을 묻는 현재완료 부정의문문과 상관없는 오답이다.

어휘 **have been to** ~에 가 본 적이 있다  **before** ~ 전에  **certainly** 분명히, 확실히  **bring** 가져오다  **first** 첫 번째의  **visit** 방문

**20.** W-Br  Do you want to walk or take a taxi?

M-Au  (A) Oh, it's too far to walk.

(B) My taxes are high.

(C) About half an hour.

(D) To the hotel.

번역 걷고 싶나요, 아니면 택시를 타고 싶나요?

(A) 아, 걷기에는 너무 멀어요.

(B) 저는 세금을 많이 내요.

(C) 약 30분이요.

(D) 호텔로요.

해설 <선택의문문> 조동사 Do를 이용한 선택의문문이다. 걷고 싶은지, 택시를 타고 싶은지를 묻는 질문인데, 걷기에 너무 멀다고 답하면서 택시를 타고 싶다는 것을 우회적으로 선택한 (A)가 정답이다. (B)는 taxi와 발음이 유사한 taxes만 듣고 정답으로 오인하지 않도록 유의해야 한다. (C)는 걸리는 시간을 묻는 How long 의문문에 적합한 대답이다. (D)는 taxi에서 연상 가능한 hotel이 나와서 정답으로 오인할 수 있으므로 유의한다. 목적지를 묻는 Where 의문문에 적합한 답변이다.

어휘 **walk** 걷다  **take** 타다  **far** 먼  **tax** 세금  **half** 절반

**21.** M-Cn  How long has Jun worked in this office?

W-Br  (A) Yes, I know that.

(B) He's a good worker.

(C) About eighty people.

(D) Longer than I have.

번역 준은 이 사무실에서 얼마나 오래 일했나요?

(A) 네, 알고 있어요.

(B) 그는 일을 잘해요.

(C) 약 80명이요.

(D) 저보다 더 오래 근무했어요.

해설 <How long 의문문> 의문사로 시작하는 의문문이므로 Yes/No 답변이 가능하지 않다. 따라서 (A)는 정답에서 제외할 수 있다. 준이 사무실에서 일한 기간을 묻는 질문에 구체적 기간으로 답하는 대신 자신보다 더 오래 근무했다고 대답한 (D)가 정답이다. (B)는 질문의 worked와 worker의 유사 발음 때문에 정답으로 오인하지 않도록 한다. (C)는 'How many people work here?' 같은 질문에 어울리는 대답이다.

어휘 how long 얼마나 오래   work 일하다   office 사무실
worker 근로자   about 약, 대략   longer 더 긴

---

22. M-Au   Can you clean this suit before Friday?
    M-Cn   (A) To the dry cleaners.
           (B) Once a week.
           (C) Yes, that's not a problem.
           (D) I think it suits you.

번역 금요일 전까지 이 정장을 세탁해 주실 수 있나요?

(A) 드라이클리닝 업체로요.

(B) 일주일에 한 번이요.

(C) 네, 문제없습니다.

(D) 당신에게 잘 어울리는 것 같아요.

해설 <일반의문문> 조동사 Can을 이용한 일반의문문으로 Yes/No 답변이 가능하다. 정장을 세탁해 달라는 요청에 Yes라고 긍정으로 대답한 후, 문제없다(that's not a problem)고 부연 설명하고 있는 (C)가 정답이다. (A)는 suit에서 연상 가능한 dry cleaners를 듣고 정답으로 오인하기 쉽다. (B)는 빈도를 묻는 How often 의문문에 가능한 대답이다. (D)는 suit와 발음이 유사한 suits만 듣고 정답으로 오인하지 않도록 유의해야 한다.

어휘 suit 정장; 어울리다   once 한 번   problem 문제

---

23. W-Br   You're out of the office next week, aren't you?
    W-Am   (A) Just Monday and Tuesday.
           (B) We're out of printer paper.
           (C) Yes, it was fun.
           (D) I chose it myself.

번역 다음 주에 사무실에 없으시죠, 그렇지 않나요?

(A) 월요일과 화요일에만요.

(B) 출력 용지가 다 떨어졌어요.

(C) 네, 즐거웠어요.

(D) 제가 직접 골랐어요.

해설 <부가의문문> 사실 여부를 확인하는 부가의문이다. 다음 주에 사무실에 없는지 확인하는 질문에 월요일과 화요일에만 그렇다고 대답한 (A)가 정답이다. (B)는 office에서 연상 가능한 printer를 듣고 정답으로 오인할 수 있다. (C)는 질문의 주어(You)와 호응할 수 없는 3인칭 주어(it)가 나왔으므로 오답이다. (D)는 질문과 상관없는 오답이다.

어휘 office 사무실   next week 다음 주
be out of ~을 다 써서 없다   choose 선택하다

---

24. M-Au   Why didn't you answer my e-mail?
    M-Cn   (A) Yes, if you like.
           (B) As soon as you can.
           (C) When did you send it?
           (D) At the post office.

번역 왜 제 이메일에 답장하지 않았나요?

(A) 네, 원하신다면요.

(B) 되도록 빨리요.

(C) 언제 보냈는데요?

(D) 우체국에서요.

해설 <Why 의문문> 의문사로 시작하는 의문문이므로 Yes/No 답변이 가능하지 않다. 따라서 (A)는 정답에서 우선적으로 제외한다. 이메일에 답장하지 않은 이유를 묻는 질문에 구체적인 이유를 제시하지는 않았지만 해당 이메일을 it으로 가리키며 언제 보냈는지(When did you send it?) 되묻는 (C)가 가장 적절한 응답이다. (B)는 질문의 answer에서 연상 가능한 As soon as you can이 나와서 정답으로 오인할 수 있으므로 유의한다. 'When do you want me to do it?' 같은 질문에 어울리는 대답이다. (D)는 e-mail의 mail에서 연상 가능한 post office를 언급한 오답이다.

어휘 as soon as ~ can 되도록 빨리   send 보내다
post office 우체국

---

25. W-Am   We're all having lunch together.
    W-Br   (A) I wish I could join you.
           (B) A table for two, please.
           (C) Yes, terrible weather.
           (D) No, not enough.

번역 우리 모두 함께 점심을 먹을 거예요.

(A) 저도 같이 갈 수 있다면 좋을텐데요.

(B) 두 사람 자리를 주세요.

(C) 네, 궂은 날씨군요.

(D) 아니요, 충분치 않아요.

**해설** **<평서문>** 계획을 말하고 있는 평서문이다. 모두 함께 점심을 먹을 계획이라는 말에 대해 같이 가고 싶다며 아쉬움을 표하는 (A)가 가장 자연스럽다. (B)는 질문의 lunch에서 연상 가능한 table이 나와서 정답으로 오인할 수 있다. (C)와 (D)는 둘 다 질문과 상관없는 오답이다.

**어휘** **have lunch** 점심을 먹다　**together** 함께　**join** 함께하다
**terrible** 끔찍한, 지독한　**enough** 충분한

**26.** M-Cn　Where can I find the lost-and-found office?

　　　M-Au　(A) A brown leather suitcase.
　　　　　　(B) Where did you put it?
　　　　　　(C) Ask at the information desk.
　　　　　　(D) Early tomorrow morning.

**번역** 분실물 취급소는 어디에 있나요?

　(A) 갈색 가죽 가방이요.
　(B) 어디에 두었나요?
　(C) 안내 데스크에 물어보세요.
　(D) 내일 아침 일찍이요.

**해설** **<Where 의문문>** 의문사 Where를 이용하여 위치를 묻는 질문이므로 분실물 취급소가 있는 구체적인 장소로 대답할 수 있지만, (C)처럼 안내 데스크에 물어보라는 응답 표현도 적절한 대답이다. (A)는 lost-and-found에서 연상 가능한 leather suitcase를 듣고 정답으로 오인하지 않도록 유의해야 한다. (B)는 질문의 Where를 반복적으로 사용하고 있어 정답으로 오인하기 쉽다. (D)는 시점을 나타내므로 When이나 What time으로 시작하는 질문에 적합한 대답이다.

**어휘** **find** 찾다　**lost-and-found office** 분실물 취급소
**leather** 가죽　**suitcase** 여행 가방　**put** 두다
**information** 정보　**early** 일찍

## Listening Part 3

**Questions 27–28** refer to the following conversation.

> M-Cn　Is this bank closed already?
>
> W-Br　It's a public holiday. Museums, banks, libraries—all closed today.
>
> M-Cn　I hope the bank machine is working, at least. I need some cash.
>
> 남: 이 은행은 벌써 문을 닫았나요?

> 여: 공휴일이니까요. 박물관, 은행, 도서관 모두 오늘은 문을 닫아요.
>
> 남: 현금 인출기라도 됐으면 좋겠네요. 현금이 좀 필요하거든요.

**bank** 은행　**closed** 닫은　**already** 이미, 벌써
**public holiday** 공휴일　**museum** 박물관
**library** 도서관　**bank machine** 현금 인출기
**at least** 최소한　**cash** 현금

**27. Where are the speakers?**

　(A) At a museum.
　(B) At a bank.
　(C) At a library.
　(D) At a shop.

**번역** 화자들은 어디에 있는가?

　(A) 박물관
　(B) 은행
　(C) 도서관
　(D) 상점

**해설** **<Where 질문>** 화자들이 있는 장소(Where)를 묻는 질문이다. 남자의 첫 대사 Is this bank closed already?에서 화자들이 은행에 있음을 알 수 있다. 따라서 (B)가 정답이다.

**28. What does the man need to do?**

　(A) Fix a machine.
　(B) Go to his class.
　(C) Get some money.
　(D) Find a book.

**번역** 남자는 무엇을 해야 하는가?

　(A) 기계 수리하기
　(B) 수업 들어가기
　(C) 돈 찾기
　(D) 책 찾기

**해설** **<What 질문>** 남자가 무엇(What)을 해야 하는지를 묻는 질문이다. 남자가 마지막 대사 I hope the bank machine is working, at least. I need some cash.에서 현금 인출기라도 됐으면 좋겠다며 현금이 필요하다고 말한다. 따라서 need some cash를 (need to) Get some money라고 바꿔 표현한 (C)가 정답이다.

**어휘** **fix** 고치다, 수리하다　**class** 수업

**Questions 29–30** refer to the following conversation.

M-Au  I'm going to buy some coffee. Do you want anything?

W-Am  Where are you going? To the café?

M-Au  Yes, the one on the corner.

W-Am  Well, I know it's not lunchtime, but I'm already hungry. Let me think.

남: 커피를 사러 갈 거예요. 뭐 좀 드실래요?

여: 어디로 가세요? 카페로요?

남: 네, 모퉁이에 있는 곳이요.

여: 음, 점심시간이 아닌데 벌써 배가 고프네요. 생각 좀 해 볼게요.

---

buy 사다  anything 무엇, 아무것  corner 모퉁이
lunchtime 점심시간  hungry 배가 고픈
think 생각하다

**29.** What is the man going to do?

(A) Eat his lunch.
(B) Make some coffee.
(C) Meet a friend.
(D) Go to a café.

[번역] 남자는 무엇을 할 것인가?

(A) 점심식사하기
(B) 커피 만들기
(C) 친구 만나기
(D) 카페에 가기

[해설] **<What 질문>** 남자가 무엇(What)을 할 것인지를 묻는 질문이다. 남자가 첫 대사에서 커피를 사러 갈 것이라고 하자, 여자는 Where are you going? To the café?라며 카페로 갈 것인지를 묻는다. 여자의 질문에 대해 남자가 그렇다고 대답하므로 (D) 가 정답이다.

[어휘] make 만들다  meet 만나다

**30.** How does the woman feel?

(A) Tired.
(B) Hungry.
(C) Surprised.
(D) Worried.

[번역] 여자는 어떻게 느끼는가?

(A) 피곤하다.
(B) 배가 고프다.
(C) 놀랍다.
(D) 걱정스럽다.

[해설] **<How 질문>** 여자의 기분이나 몸 상태(How)를 묻는 질문이다. 남자가 첫 대사에서 커피를 사러 갈 것이라며 여자에게 무엇을 먹을 것인지 물어본다. 여자가 마지막 대사에서 점심시간은 아니지만 I'm already hungry.라며 배가 고프다고 말한다. 따라서 (B) 가 정답임을 알 수 있다.

**Questions 31–32** refer to the following conversation.

W-Br  Well, I won't see you here in London next week! Carol and I are going to Spain.

M-Cn  Which part of Spain?

W-Br  Our plan is to travel south. The architecture there is beautiful.

M-Cn  I hope you have a great time. Bring pictures back to the office for us to see!

여: 음, 저는 다음 주에 이곳 런던에서 당신을 만날 수 없을 거예요! 캐롤과 제가 스페인에 가요.

남: 스페인 어디요?

여: 우리 계획은 남부를 여행하는 거예요. 그곳의 건축 양식이 아름답거든요.

남: 좋은 시간 보내시길 바라요. 우리가 볼 수 있게 사무실에 사진을 가져오세요!

---

next week 다음 주(에)  part 부분  plan 계획
travel 여행하다  south 남부, 남쪽
architecture 건축, 건축 양식  beautiful 아름다운
great 아주 좋은  bring 가져오다  office 사무실

**31.** What will the woman do next week?

(A) Work at home.
(B) Stay at Carol's house.
(C) Plan a business trip.
(D) Visit Spain.

(A) 재택근무하기

(B) 캐롤의 집에 머무르기

(C) 출장 계획하기

(D) 스페인에 가기

해설 **<What 질문>** 여자가 다음 주에 할 일이 무엇(What)인지를 묻는 질문이다. 여자는 첫 대사에서 다음 주에 이곳 런던에서 남자를 만날 수 없다면서, Carol and I are going to Spain.이라며 스페인에 갈 것이라고 말한다. 따라서 (D)가 정답이다.

어휘 **stay** 머무르다  **plan** 계획하다  **business trip** 출장

## 32. What does the man want to see?

(A) Vacation photographs.

(B) A house design.

(C) Travel receipts.

(D) Work plans.

번역 남자는 무엇을 보고 싶어 하는가?

(A) 휴가 사진

(B) 집 디자인

(C) 여행 영수증

(D) 업무 계획

해설 **<What 질문>** 남자가 무엇(What)을 보고 싶어 하는지 묻는 질문이다. 여자가 두 번째 대사에서 남부를 여행할 계획이고 그곳의 건축 양식이 아름답다고 하자, 남자는 좋은 시간을 보내라고 한 후, Bring pictures back to the office for us to see!라며 사진을 볼 수 있게 사무실로 가져오라고 요청한다. 따라서 pictures를 photographs로 바꿔 표현한 (A)가 정답이다.

어휘 **vacation** 휴가  **photograph** 사진  **receipt** 영수증

**Questions 33~34** refer to the following conversation and list.

W-Am Hi. I'm looking for Mr. Alex Shaw.

M-Cn Mr. Shaw's office? Down the hall on the right. Just past Ms. Sato.

W-Am Thanks! I hope he's not at lunch.

M-Cn No, everyone just came back from lunch. But he might be in a meeting.

여: 안녕하세요. 알렉스 쇼 씨를 찾고 있어요.

남: 쇼 씨의 사무실이요? 복도를 따라가셔서 오른쪽입니다. 사토 씨 사무실 바로 지나서요.

여: 감사합니다! 점심식사 중이 아니었으면 좋겠네요.

남: 아닙니다, 모두 막 점심을 먹고 돌아왔어요. 하지만 그는 지금 회의 중일 수도 있습니다.

---

**look for** ~을 찾다  **office** 사무실  **hall** 복도
**past** 지나서  **come back** 돌아오다  **meeting** 회의

| Jan Francis | Room 103 |
|---|---|
| Hiroko Sato | Room 105 |
| Alex Shaw | Room 107 |
| Sue Thomas | Room 109 |

| 잰 프랜시스 | 103호실 |
|---|---|
| 히로코 사토 | 105호실 |
| 알렉스 쇼 | 107호실 |
| 수 토마스 | 109호실 |

## 33. Look at the directory. Which room will the woman go to?

(A) Room 103

(B) Room 105

(C) Room 107

(D) Room 109

번역 안내판을 보시오. 여자는 어느 방으로 갈 것인가?

(A) 103호실

(B) 105호실

(C) 107호실

(D) 109호실

해설 **<시각 정보 연계 질문>** 주어진 시각 정보인 안내판과 연계하여 여자가 어느 방(Which room)으로 갈지 묻고 있다. 여자가 첫 대사에서 알렉스 쇼 씨를 찾고 있다고 하자, 남자가 쇼 씨의 사무실인지 되물은 후 Down the hall on the right. Just past Ms. Sato.라며 복도를 따라 사토 씨 사무실 지나서라고 한다. 시각 정보를 보면 알렉스 쇼 씨의 사무실은 107호실임을 알 수 있다. 따라서 (C)가 정답이다.

어휘 **directory** 안내판, 안내 책자

**34.** What most likely is the time?

    (A) 10:00 A.M.
    (B) 11:00 A.M.
    (C) 1:30 P.M.
    (D) 5:30 P.M.

**번역** 몇 시일 것 같은가?

    (A) 오전 10시
    (B) 오전 11시
    (C) 오후 1시 30분
    (D) 오후 5시 30분

**해설** <What 질문> 대화가 이루어지는 시간이 몇(What) 시일지 묻는 질문이다. 여자의 두 번째 대사에서 점심식사 중이 아니면 좋겠다고 하자, 남자가 everyone just came back from lunch라며 모두 점심을 먹고 돌아왔다고 대답한다. 따라서 모두가 점심을 먹고 돌아올 수 있는 가장 적절한 시간은 보기 중에 오후 1시 30분이므로 (C)가 정답이다.

**Questions 35-36** refer to the following conversation and calendar.

| M-Au | Remember the job I interviewed for last week? They e-mailed me today to offer me the job. |
|---|---|
| W-Br | Congratulations! I'm really happy for you. |
| M-Au | School finishes on April first. And I start the following week. Monday through Friday. |
| W-Br | You won't have much time to move! |

남: 지난주에 제가 면접 봤던 일자리 기억하세요? 그 회사에서 오늘 저에게 이메일을 보내 그 일자리를 제안했어요.

여: 축하해요! 정말 잘됐네요.

남: 학교가 4월 1일에 끝나고 그 다음 주부터 일을 시작해요. 월요일부터 금요일까지요.

여: 이사할 시간이 많지는 않겠군요!

**remember** 기억하다　**job** 일자리, 직업
**interview** 면접을 보다　**offer** 제안하다, 권하다
**congratulations** 축하합니다　**really** 정말
**finish** 끝마치다　**following** (시간상) 그 다음의
**move** 이사하다

| Thursday | Friday | Saturday | Sunday | Monday |
|---|---|---|---|---|
| 30 | 31 | April 1 | 2 | 3 |

| 목 | 금 | 토 | 일 | 월 |
|---|---|---|---|---|
| 30일 | 31일 | 4월 1일 | 2일 | 3일 |

**35.** What did the man do last week?

    (A) He graduated from school.
    (B) He had an interview.
    (C) He received a job offer.
    (D) He moved to a new area.

**번역** 남자는 지난주에 무엇을 했는가?

    (A) 학교를 졸업했다.
    (B) 면접을 치렀다.
    (C) 일자리 제안을 받았다.
    (D) 새로운 곳으로 이사했다.

**해설** <What 질문> 남자가 지난주에 한 일이 무엇(What)인지를 묻는 질문이다. 남자의 첫 대사 Remember the job I interviewed for last week?에서 지난주에 면접을 보았다는 것을 알 수 있으므로 (B)가 정답이다.

**36.** Look at the calendar. When will the man start the new job?

    (A) On March 30.
    (B) On March 31.
    (C) On April 2.
    (D) On April 3.

**번역** 달력을 보시오. 남자는 언제 새로운 일을 시작할 것인가?

    (A) 3월 30일
    (B) 3월 31일
    (C) 4월 2일
    (D) 4월 3일

**해설** <시각 정보 연계 질문> 시각 정보인 달력과 연계하여 남자가 새로 일을 시작하는 때(When)를 묻는 질문이다. 남자가 첫 대사에서 지난주 면접을 본 곳에서 일자리를 제안했다고 밝힌 후, 두 번째 대사에서 학교가 4월 1일에 끝나고 I start the following week. Monday through Friday.라며 이어 그 다음 주 월요일부터 일을 시작한다고 말한다. 시각 정보를 보면 4월 1일이 토요일이고 4월 3일이 월요일임을 알 수 있다. 따라서 (D)가 정답이다.

**Questions 37-38** refer to the following telephone message.

M-Cn Hi David, it's Tim. I'm looking forward to our tennis game this afternoon. I thought I could be at the courts by two.

But my parents have asked me to take them out shopping. I'm sorry about that. Can we play at three instead?

남 : 안녕, 데이비드. 팀이야. 오늘 오후 테니스 경기를 몹시 기대하고 있어. 내가 두 시까지 코트에 도착할 수 있을 거라고 생각했는데, 부모님께서 쇼핑을 데려가 달라고 부탁하셨어. 미안해. 대신에 3시에 경기할 수 있을까?

look forward to ~을 고대하다   afternoon 오후
parents 부모   take ~ out ~를 데리고 나가다
instead 대신에

**37.** Why is the speaker calling?

(A) To talk with his parents.
(B) To offer help to a friend.
(C) To change a meeting time.
(D) To order some food.

번역 화자가 전화를 건 목적은?

(A) 부모님과 이야기하기 위해
(B) 친구에게 도움을 주기 위해
(C) 만나는 시간을 변경하기 위해
(D) 음식을 주문하기 위해

해설 <Why 질문> 화자가 전화를 건 이유(Why)를 묻는 질문이다. 화자는 부모님이 쇼핑에 데려가 달라는 요청을 했다고 전한 후, Can we play at three instead?라며 만날 시간을 변경할 수 있는지 물었다. 따라서 play at three instead를 change a meeting time으로 바꿔 표현한 (C)가 정답이다.

어휘 offer 제안하다, 제공하다   change 바꾸다, 변경하다
order 주문하다

**38.** What does the speaker want to do?

(A) Have a meal.
(B) Watch a show.
(C) Sit outside.
(D) Play tennis.

번역 화자는 무엇을 하고 싶어 하는가?

(A) 식사하기
(B) 쇼 관람하기
(C) 밖에 앉기
(D) 테니스 경기하기

해설 <What 질문> 화자가 무엇(What)을 하고 싶어 하는지 묻는 질문이다. 화자는 I'm looking forward to our tennis game this afternoon.에서 오늘 오후 테니스 경기를 몹시 고대하고 있다고 밝히고 있으므로 (D)가 정답이다.

어휘 meal 식사   outside 밖에, 밖에서

**Questions 39-40** refer to the following talk.

W-Br Hello, and welcome to *Radio Theater*. Today you're going to hear a story about a young man called Rudi. Rudi travels by bicycle from Germany to France. It's not always an easy journey. Rudi has some interesting adventures on his way. Let's listen to learn more.

여 : 안녕하세요, 라디오 극장입니다. 오늘 여러분은 루디라는 젊은 남성에 관한 이야기를 들으실 겁니다. 루디는 독일에서 프랑스까지 자전거로 여행하는데요. 그것이 항상 쉬운 여정은 아니죠. 루디는 도중에 재미난 모험을 겪습니다. 자세히 들어 보시죠.

theater 극장   hear 듣다   travel 여행하다
bicycle 자전거   journey 여행
interesting 흥미로운, 재미있는   adventure 모험
on one's way 도중에

**39.** Who is the speaker?

(A) A travel agent.
(B) A radio host.
(C) A film critic.
(D) A teacher.

**번역** 화자는 누구인가?

(A) 여행사 직원

(B) 라디오 진행자

(C) 영화 비평가

(D) 교사

**해설** <Who 질문> 화자가 누구(Who)인지를 묻는 질문이다. 화자는 담화 첫 부분 Hello, and welcome to *Radio Theater*.에서 라디오 극장이라고 인사한 후, Today you're going to hear a story about a young man called Rudi.라며 당일 프로그램의 주제를 소개하고 있다. 따라서 화자는 라디오 프로그램 진행자임을 알 수 있으므로 (B)가 정답이다.

**40.** What will the listeners learn about?

(A) A flight to France.

(B) A journey by bicycle.

(C) Popular places to stay.

(D) Ways to make friends.

**번역** 청자들은 무엇에 대해 알게 될 것인가?

(A) 프랑스로 가는 항공편

(B) 자전거 여행

(C) 머무르기에 인기가 많은 장소

(D) 친구를 사귀는 법

**해설** <What 질문> 청자들이 알게 될 것이 무엇(What)인지 묻고 있으므로 담화 전체의 맥락을 파악해야 한다. 화자는 청자들이 루디라는 젊은 남성에 관한 이야기를 듣게 될 것이라고 말한 후, Rudi travels by bicycle from Germany to France.에서 그가 자전거 여행을 한다고 밝히며 자세히 들어 보자고 말하고 있다. 따라서 travels를 journey로 바꿔 표현한 (B)가 정답이다.

**어휘** flight 비행   popular 인기 있는

make friends 친구를 사귀다

**Questions 41–42** refer to the following telephone message.

W-Am Carlos? This is Maria. I'm calling about our business trip tomorrow. Our flight leaves at five forty-five, so I think we should leave the office at one forty-five. We'll need to park the car and maybe eat something before the flight, too.

여: 카를로스? 마리아예요. 우리의 내일 출장에 관해 전화했어요. 항공편이 5시 45분에 출발하니, 우리는 사무실에서 1시 45분에 출발해야 할 것 같아요. 비행기 타기 전에 주차하고 뭘 좀 먹어야 할 것 같고요.

**business trip** 출장   **flight** 비행

**leave** 떠나다, 출발하다   **park** 주차하다   **maybe** 아마

**41.** Where are the people going to go?

(A) To the supermarket.

(B) To the park.

(C) To the theater.

(D) To the airport.

**번역** 사람들은 어디에 갈 것인가?

(A) 슈퍼마켓

(B) 공원

(C) 극장

(D) 공항

**해설** <Where 질문> 사람들이 갈 장소(Where)를 묻는 질문인데, business trip, flight 등에서 사람들이 향할 장소가 공항임을 짐작할 수 있다. 출장 관련하여 사무실 출발부터 공항까지 가는 계획을 말하는 전화 내용이다. 따라서 (D)가 정답이다.

**42.** When will the people leave the office?

(A) At 1:45.

(B) At 2:45.

(C) At 3:45.

(D) At 4:45.

**번역** 사람들은 언제 사무실에서 출발할 것인가?

(A) 1시 45분

(B) 2시 45분

(C) 3시 45분

(D) 4시 45분

**해설** <When 질문> 사람들이 출발할 시간(When)을 묻는 질문이다. 화자는 we should leave the office at one forty-five.라며 사무실에서 출발할 시간을 1시 45분이라고 밝히고 있다. 따라서 (A)가 정답이다.

**Questions 43-44** refer to the following announcement.

M-Au Attention, passengers. Our arrival into Capital City has been delayed. An earlier train has broken down in Central Station. This is holding up other trains. We expect to be about thirty minutes late. We will make another announcement at ten o'clock with an update on the situation. Sorry for any inconvenience this may cause.

남: 승객 여러분께 알려 드립니다. 이 열차의 캐피털 시티 도착이 지연되었습니다. 먼저 출발한 열차가 센트럴 스테이션에서 고장이 났으며, 이로 인해 다른 열차들이 지연되고 있습니다. 약 30분 정도 늦어질 것으로 예상하고 있습니다. 상황을 알려 드리기 위해 10시에 다시 방송해 드리겠습니다. 이로 인해 불편을 끼쳐드리게 되어 죄송합니다.

attention 알립니다  passenger 승객  arrival 도착
delay 지연시키다  break down 고장 나다
hold up 지연시키다, 방해하다  expect 예상하다
make an announcement 공표하다, 발표하다
situation 상황  inconvenience 불편
cause 야기하다, 초래하다

**43.** Where is the speaker?

(A) On a plane.
(B) On a train.
(C) At a hotel.
(D) At a bus station.

번역 화자는 어디에 있는가?

(A) 비행기
(B) 열차
(C) 호텔
(D) 버스 정류장

해설 <Where 질문> 화자가 있는 장소(Where)를 묻는 질문이다. 첫 번째와 두 번째 문장에서 passengers와 delayed가 언급되었고, 세 번째 문장 An earlier train has broken down in Central Station.에서 화자가 열차 고장에 대해 승객들에게 안내 방송을 하고 있음을 알 수 있다. 따라서 화자가 있는 장소는 열차이므로 (B)가 정답이다.

**44.** What will the speaker do at 10:00?

(A) Sell some tickets.
(B) Serve some food.
(C) Give some information.
(D) Open some doors.

번역 화자는 10시에 무엇을 할 것인가?

(A) 탑승권 판매하기
(B) 음식 제공하기
(C) 정보 제공하기
(D) 문 열기

해설 <What 질문> 화자가 10시에 할 일이 무엇(What)인지 묻는 질문이다. 화자가 We will make another announcement at ten o'clock with an update on the situation.이라며 상황을 알려 주기 위해 10시에 다시 방송해 드리겠다고 말하고 있다. 따라서 make another announcement를 Give some information으로 바꿔 표현한 (C)가 정답이다.

어휘 sell 팔다  serve 제공하다, 차려 주다  information 정보

**Questions 45-46** refer to the following telephone message.

W-Am This is Pat, calling from Wilson's Books. You ordered a children's book: *Animals of the World*. It arrived this morning. We are holding it for you at the cash register at the front of the store. Please come and get it when you have time. We're open every day from nine in the morning until eight at night.

여: 윌슨즈 북스의 팻입니다. 고객님께서 〈세계의 동물들〉이라는 어린이 도서를 주문하셨죠. 그 책이 오늘 아침 도착했습니다. 매장 앞쪽에 있는 계산대에 책을 보관하고 있습니다. 시간 나실 때 오셔서 가져가시기 바랍니다. 저희 매장은 오전 9시부터 저녁 8시까지 매일 문을 엽니다.

order 주문하다  arrive 도착하다  hold 가지고 있다
cash register 계산대, 금전 등록기  front 앞
until ~까지

**45.** Where does the speaker work?

(A) At a zoo.

(B) At a shoe shop.

(C) At a post office.

(D) At a bookstore.

번역 화자는 어디서 일하는가?

(A) 동물원

(B) 신발 가게

(C) 우체국

(D) 서점

해설 <Where 질문> 화자가 일하는 장소(Where)를 묻는 질문이다. 화자는 서두에서 This is Pat, calling from Wilson's Books. 라며 윌슨즈 북스의 팻이라고 자신을 소개하고 있다. 이어 청자가 주문한 어린이 도서가 도착했고 매장 앞쪽의 계산대에 책을 보관 중이라고 밝히고 있다. 따라서 화자가 일하는 곳이 서점임을 알 수 있으므로 (D)가 정답이다.

**46.** What does the speaker tell the listener to do?

(A) Bring cash.

(B) Arrive early.

(C) Pick up a book.

(D) Work at night.

번역 화자는 청자에게 무엇을 하라고 말하는가?

(A) 현금 가져오기

(B) 일찍 도착하기

(C) 책 가져가기

(D) 야간 근무하기

해설 <What 질문> 화자가 청자에게 하라는 것이 무엇(What)인지를 묻고 있다. 화자는 매장 앞쪽에 책을 보관해 두었다고 말한 후, Please come and get it when you have time.이라며 시간 날 때 와서 가져가라고 요청하고 있다. 따라서 get it을 Pick up a book으로 바꿔 표현한 (C)가 정답이다.

어휘 **bring** 가져오다   **cash** 현금   **arrive** 도착하다   **early** 일찍

## Questions 47-48 refer to the following announcement and notice.

M-Cn  All drivers, move along please. You cannot park or stop here right now. Until the number five bus leaves, the school bus area must be clear of all cars. No stopping until after the last school bus has left. That's the number five bus. If you are here to pick up a student, please move forward. Thank you! Again, move along please.

남: 운전자 여러분, 차량 이동 부탁드립니다. 지금 이곳에 주정차를 하실 수 없습니다. 5번 버스가 출발할 때까지 스쿨버스 구역에는 차량이 없어야 합니다. 마지막 스쿨버스가 출발할 때까지 정차하지 마십시오. 5번 버스가 마지막입니다. 학생을 데리러 오셨으면 앞쪽으로 이동해 주시기 바랍니다. 감사합니다! 다시 한 번, 차량 이동 부탁드립니다.

**move along** 움직이다, 비키다   **park** 주차하다
**right now** 지금은   **leave** 떠나다, 출발하다
**be clear of** ~가 전혀 없다   **until** ~할 때까지
**pick up** 태우러 가다   **forward** 앞으로

## School Bus Stop

### NO STOPPING OR STANDING

Monday – Friday
2:00 P.M. – 4:00 P.M.

## 스쿨버스 정류장

주정차 금지

월요일 – 금요일
오후 2시 – 오후 4시

어휘 **stand** 세우다

**47.** Where is the speaker?

(A) Outside a hospital.

(B) Outside a school.

(C) Outside a shopping center.

(D) Outside an office building.

(A) 병원 외부

(B) 학교 외부

(C) 쇼핑센터 외부

(D) 사무실 건물 외부

해설 **<Where 질문>** 화자가 있는 장소(Where)를 묻는 질문이다. 화자는 스쿨버스 구역에 주정차를 하지 말라고 안내하며 해당 구역을 '이곳(here)'이라고 칭하고 있다. 따라서 화자가 학교 외부에 있음을 알 수 있다. 이 부분을 확실히 듣지 못했다 해도 뒤에 나오는 last school bus, pick up a student 같은 표현들을 통해 (B)가 정답임을 쉽게 알 수 있다.

어휘 **outside** 외부   **hospital** 병원   **office** 사무실

## 48. Look at the notice. At what time does the number five bus probably leave?

(A) At 2:00 P.M.

(B) At 3:00 P.M.

(C) At 4:00 P.M.

(D) At 5:00 P.M.

번역 안내문에 따르면, 5번 버스는 언제 출발하겠는가?

(A) 오후 2시

(B) 오후 3시

(C) 오후 4시

(D) 오후 5시

해설 **<시각 정보 연계 질문>** 시각 정보인 안내문과 연계하여 버스 출발 시간(When)을 묻는 질문이다. 화자는 No stopping until after the last school bus has left.에서 마지막 스쿨버스가 출발할 때까지 정차하지 말라고 안내한 후, 5번 버스가 마지막이라고 밝히고 있다. 안내문을 보면 주정차가 금지되는 시간은 오후 2시부터 오후 4시까지다. 따라서 마지막 버스인 5번 버스는 오후 4시에 출발한다는 것을 추론할 수 있으므로 (C)가 정답이다.

어휘 **notice** 안내문   **probably** 아마도

## Questions 49–50 refer to the following announcement and map.

**W-Br** Thanks for helping us today. We don't usually ask volunteers to arrive so early on a Saturday morning. As you know, we're here to remove rubbish from the park. It's a small park, but there are lots of bushes and small trees, and rubbish gets caught in them. You'll have gloves to pick up the rubbish and a large bag to put it in. Leave the filled bags by the picnic tables. There are more bags on this table.

여: 오늘 도움을 주셔서 감사합니다. 보통 토요일 아침에는 자원봉사자께 일찍 도착하시라는 요청을 드리지 않습니다. 아시다시피 저희는 오늘 공원에 쓰레기를 치우러 왔습니다. 공원은 작지만 덤불과 작은 나무가 많아서 쓰레기가 여기에 쌓입니다. 쓰레기를 주울 장갑과 쓰레기를 넣을 큰 봉지를 드리겠습니다. 가득 찬 봉지는 피크닉 테이블 옆에 두십시오. 이 테이블 위에 봉지가 더 있습니다.

**usually** 대개, 보통   **volunteer** 자원봉사자
**arrive** 도착하다   **remove** 제거하다   **rubbish** 쓰레기
**bush** 덤불   **get caught** 잡히다   **glove** 장갑
**pick up** 줍다   **leave** 두고 가다   **filled** 가득 찬

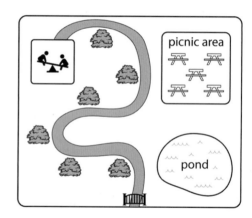

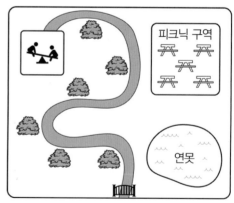

## 49. What are the listeners going to do in the park?

(A) Pick up rubbish.

(B) Clear fallen branches.

(C) Clean picnic tables.

(D) Remove dead plants.

**번역** 청자들은 공원에서 무엇을 할 것인가?

(A) 쓰레기 줍기
(B) 떨어진 나뭇가지 치우기
(C) 피크닉 테이블 청소하기
(D) 죽은 식물 제거하기

**해설** <What 질문> 청자들이 공원에서 무엇(What)을 할 것인지 묻는 질문이다. 화자는 세 번째 문장 we're here to remove rubbish from the park에서 쓰레기를 치우러 공원에 왔다고 말하고, 이어 쓰레기 수거장비를 설명하고 있다. 따라서 청자들이 할 일은 쓰레기 줍기임을 알 수 있으므로 remove를 Pick up으로 바꿔 표현한 (A)가 정답이다.

**어휘** fallen 떨어진  branch 가지  dead 죽은  plant 식물

---

**50.** Look at the map. Where will most of the work most likely take place?

(A) By the park gates.
(B) Along the path.
(C) Around the pond.
(D) In the play area.

**번역** 지도에 따르면, 작업은 대부분 어디서 이루어지겠는가?

(A) 공원 입구 옆에서
(B) 길을 따라서
(C) 연못 근처에서
(D) 놀이 구역에서

**해설** <시각 정보 연계 질문> 시각 정보인 지도와 연계하여 작업이 이루어지는 장소(Where)를 묻는 질문이다. 화자는 네 번째 문장 It's a small park, but there are lots of bushes and small trees, and rubbish gets caught in them.에서 덤불과 작은 나무가 많은 곳에 쓰레기가 쌓인다고 말하고 있다. 지도를 보면 길을 따라서 덤불과 나무가 있으므로 작업은 대부분 길을 따라서 이루어질 것임을 짐작할 수 있다. 따라서 (B)가 정답이다.

**어휘** take place 일어나다  gate 문  path 길
pond 연못  area 구역

---

## Reading Part 1

**51.** Tell us _____ your favorite book.

(A) across
(B) about
(C) around
(D) along

**번역** 가장 좋아하는 책에 대해서 말씀해 주세요.

**해설** <전치사 문제> 전치사를 고르는 문제는 문맥을 잘 파악해야 한다. 전체 문맥상 빈칸 이하 부분은 '당신이 가장 좋아하는 책에 대하여'라는 의미가 되어야 한다. 따라서 (B) about이 정답이다. 나머지 전치사들은 빈칸에 들어가 의미를 이루지 못한다.

**어휘** favorite 가장 좋아하는  across ~를 가로질러
around ~ 근처에  along ~를 따라

---

**52.** Please do not _____ the paintings in the museum.

(A) touch
(B) touches
(C) touched
(D) to touch

**번역** 미술관 그림에 손대지 마십시오.

**해설** <동사 자리> 알맞은 동사 형태를 고르는 문제다. 빈칸 앞에 Please do not이 나와 있으므로 무언가를 금지하는 명령문「Don't + 동사원형」의 구조임을 알 수 있다. 따라서 (A) touch가 정답이다. 참고로 무언가를 정중하게 부탁할 때 명령문 앞이나 뒤에 please를 붙인다.

**어휘** touch 만지다, 건드리다  painting 그림
museum 박물관, 미술관

---

**53.** Eileen is _____ for a new job.

(A) keeping
(B) looking
(C) catching
(D) getting

**번역** 에일린은 새 일자리를 찾고 있다.

**해설** <어휘 문제> 문맥에 적합한 현재분사를 고르는 문제다. 빈칸 뒤의 전치사구 for a new job이 단서가 될 수 있다. '새 일자리를 찾고 있다'라는 의미가 자연스러우므로 for와 짝을 이루어 '찾고 있다'의 뜻을 나타내는 (B) looking이 정답이다.

**어휘** job 일자리, 직업  keep 유지하다  look for ~을 찾다
catch 잡다  get 얻다, 구하다

---

**54.** Call the technician if you have any _____.

(A) questioning
(B) questioned
(C) questions
(D) to question

**번역** 질문이 있으시면 기술자에게 전화하십시오.

**해설** **<명사 자리>** 빈칸 앞에 한정사(any)가 나와 있으므로 빈칸에는 명사가 필요하다. 따라서 과거동사나 과거분사 형태인 (B)와 to부정사 형태인 (D)는 우선적으로 정답에서 배제된다. (A) questioning과 (C) questions 둘 다 명사이지만 questioning은 주로 '심문, 질의'를 뜻하므로 빈칸에 적합하지 않다. 문맥상 '질문'이라는 의미가 되어야 하므로 (C) questions가 정답이다.

**어휘** technician 기술자  questioning 질의, 심문
question 질문

## 55. Thank you for the _____ gift.

(A) true
(B) sure
(C) thoughtful
(D) wealthy

**번역** 사려 깊은 선물 감사합니다.

**해설** **<어휘 문제>** 문맥에 알맞은 형용사를 고르는 문제로 빈칸 뒤의 gift가 단서가 될 수 있다. '사려 싶은 선물 감사합니다'라는 의미를 이루는 (C) thoughtful이 정답이다. (A) true, (B) sure, (D) wealthy는 의미상 gift와 어울리지 않는다.

**어휘** true 진실한  sure 확신하는  thoughtful 사려 깊은
wealthy 부유한

## 56. Pedro spends _____ weekends at the community gardens.

(A) he
(B) his
(C) him
(D) himself

**번역** 페드로는 공동 정원에서 주말을 보낸다.

**해설** **<인칭대명사 문제>** 빈칸 뒤에 동사(spends)의 목적어 역할을 하는 명사(weekends)가 있으므로 빈칸에는 주어인 Pedro의 소유격이 들어가야 한다. 따라서 '그의'라는 뜻의 3인칭 남성 대명사 소유격인 (B) his가 정답이다. (A) he는 주격, (C) him은 목적격, (D) himself는 '그 자신'이라는 뜻의 재귀대명사이다.

**어휘** spend 보내다  weekend 주말
community 공동체, 지역사회  garden 정원

## 57. We need _____ the children some clothes for school.

(A) buy
(B) buys
(C) buying
(D) to buy

**번역** 우리는 아이들에게 학교에서 입을 옷을 사 주어야 한다.

**해설** **<to부정사 문제>** 빈칸 앞에는 동사 need, 뒤에는 명사구인 the children이 나와 있으므로 준동사구를 이룰 수 없는 (A) buy와 (B) buys는 우선적으로 제외할 수 있다. 빈칸에는 동사 need의 목적어 역할을 하는 동시에 the children을 목적어로 취할 수 있는 to부정사가 필요하므로 (D) to buy가 정답이다. 동명사 형태인 (C) buying은 동사 need 뒤에 오면 수동의 의미를 나타내므로 빈칸에 적절하지 않다.

**어휘** need 필요로 하다  clothes 옷  buy 사다

## 58. The desk is too _____ for one person to lift.

(A) powerful
(B) heavy
(C) strong
(D) forceful

**번역** 그 책상은 한 사람이 들기에는 너무 무겁다.

**해설** **<어휘 문제>** 문맥에 알맞은 형용사를 고르는 문제다. 빈칸 앞 부사 too와 뒤의 전치사구 for one person to lift가 단서가 되며, 문맥상 '한 사람이 들기에는 너무 무겁다'라는 의미가 되어야 자연스럽다. 따라서 '무거운'을 뜻하는 (B) heavy가 정답이다.

**어휘** person 사람  lift 들다  powerful 강력한
heavy 무거운  strong 강한  forceful 단호한, 강력한

## 59. The _____ of the science fair will attend tonight's ceremony with her family.

(A) win
(B) wins
(C) winner
(D) winning

**번역** 과학 박람회 우승자는 오늘밤 시상식에 자신의 가족과 함께 참석할 예정이다.

**해설** **<명사 자리>** 빈칸 앞에 정관사(The)가 나와 있으므로 빈칸에는 명사가 필요하다. 보기 네 개 모두 명사로 사용 가능하지만 '참석하다'라는 의미의 동사 attend와 호응하여 사용할 수 있는 명사는 (C) winner뿐이다.

**어휘** science fair 과학 전람회   ceremony 식
win 이기다; 승리   winner 우승자
winning 승리의; 승리, 획득

## 60. Builders are _____ working on the roof of the town hall.

(A) still
(B) yet
(C) ever
(D) before

**번역** 건축업자들은 아직도 시청의 지붕 작업을 하고 있다.

**해설** <어휘 문제> 문맥에 맞는 부사를 고르는 문제로 빈칸 앞에는 be 동사 are, 뒤에는 현재분사 working이 있다. 보기를 하나씩 대입 해 보면 '아직도 작업을 하고 있다'라는 의미가 가장 자연스러우므 로 '여전히, 아직도'의 뜻을 지닌 (A) still이 정답이다.

**어휘** builder 건축업자   roof 지붕   town hall 시청
still 여전히, 아직도   yet (부정문, 의문문에서) 아직
ever 언제나, 항상   before ~ 전에

## 61. Your professor will offer you _____ in choosing classes.

(A) part
(B) turn
(C) help
(D) law

**번역** 교수님이 네가 강의를 선택하는 데 도움을 주실 것이다.

**해설** <어휘 문제> 문맥에 알맞은 명사를 고르는 문제다. 앞에 나온 동 사 offer가 정답의 단서가 될 수 있고, 빈칸 뒤의 전치사구인 in choosing classes와 어울려 타당한 의미를 이루는 명사를 골라 도 된다. '강의 선택에 도움을 제공하다'라는 의미가 주어와 자연 스럽게 호응하므로 빈칸에는 (C) help가 알맞다.

**어휘** professor 교수   offer 제안하다, 제공하다
choose 선택하다   class 수업, 강의   part 부분
turn 순서   law 법

## 62. Our guidebook gives a _____ description of the city's attractions.

(A) complete
(B) completing
(C) completely
(D) completeness

**번역** 우리 안내서는 도시의 명소에 대한 완벽한 설명을 제공한 다.

**해설** <형용사 자리> 빈칸 앞에는 부정관사 a, 뒤에는 명사 description이 나와 있으므로 빈칸에는 형용사가 들어가야 한다. 따라서 부사인 (C) completely와 명사인 (D) completeness는 정답에서 제외할 수 있다. (B) completing을 현재분사라고 가정 하더라도, 뒤에 오는 명사를 수식하는 형용사로 쓸 수는 없으므로 빈칸에는 부적절하다. 문맥상 '완벽한 설명'이라는 의미가 되어야 하므로, 동사 이외에도 '완벽한, 완전한'이라는 뜻의 형용사로 쓰일 수 있는 (A) complete이 정답이다.

**어휘** guidebook 안내서   description 설명
attraction 명소, 명물   complete 완벽한; 완료하다
completely 완전히   completeness 완벽함

## 63. The picnic will be postponed until next week _____ the bad weather.

(A) so that
(B) such as
(C) because of
(D) in order to

**번역** 소풍은 악천후 때문에 다음 주까지 연기될 예정이다.

**해설** <어휘 문제> 문맥에 알맞은 전치사를 고르는 문제다. 빈칸 뒤에 명사구가 나오므로 접속사인 (A) so that과 뒤에 동사원형이 오는 (D) in order to는 우선적으로 제외할 수 있다. 빈칸 뒤의 명사구 the bad weather(악천후)가 소풍이 연기되는 원인이라고 보는 것이 타당하므로, '~때문에'를 뜻하는 (C) because of가 정답이 다.

**어휘** postpone 연기하다, 미루다   weather 날씨
such as ~와 같은   because of ~때문에
in order to ~하기 위해

## 64. After 25 years in _____, Hillcrest Theater will close on March 12.

(A) company
(B) business
(C) activity
(D) situation

**번역** 힐크레스트 극장은 25년간의 영업을 끝으로 3월 12일에 문 을 닫는다.

**해설** <어휘 문제> 문맥에 알맞은 명사를 고르는 문제다. 동사 close 가 정답의 단서로 After 25 years in과 어울려 타당한 의미를 이 루는 명사를 고른다. '25년간의 영업을 끝으로 문을 닫다'라는 의 미가 자연스러우므로 빈칸에는 (B) business가 알맞다.

**어휘** close 닫다   company 회사, 함께 있음
business 사업, 영업   activity 활동   situation 상황

**65.** The movers _____ packed all of our furniture into the truck.

(A) cares
(B) cared
(C) careful
(D) carefully

**번역** 이삿짐 옮기는 사람들은 우리 가구 전부를 트럭에 조심스럽게 채워넣었다.

**해설** <부사 자리> 빈칸 앞에 주어 The movers, 뒤에 동사 packed와 목적어 all of our furniture가 있어 빈칸 없이도 문장이 성립되므로, 빈칸에는 문장 구성에 영향을 주지 않으면서 동사를 수식하는 부사가 들어가야 한다. 따라서 '조심스럽게'라는 의미의 부사인 (D) carefully가 정답이다.

**어휘** mover 짐을 옮기는 사람   pack 채워넣다, 포장하다
furniture 가구   care 조심, 주의   careful 조심스러운
carefully 조심스럽게

## Reading Part 2

**Questions 66-68** refer to the following notice.

This door is for employees **66**only. Do not **67**use it to go into the movie theater. The public **68**entrance is at the front of the building on Markham Street.
Thank you.

Management

이 문은 직원 전용입니다. 영화관 출입을 위해 이 문을 사용하지 마십시오. 공용 출입구는 건물 앞쪽 마크햄 스트리트에 있습니다.

감사합니다.

관리부

employee 직원   theater 극장   public 공용의
front 앞   management 관리

**66.** (A) only
(B) just
(C) simply
(D) purely

**해설** <어휘 문제> 문맥에 알맞은 부사를 고르는 문제다. 빈칸에 보기의 부사를 하나씩 대입해 보면 '오직 직원만을 위한'이라는 의미가 가장 적절하므로 '~만'이라는 뜻의 (A) only가 정답이다.

**어휘** only 오직   just 딱   simply 그냥, 그저   purely 순전히

**67.** (A) think
(B) use
(C) spend
(D) follow

**해설** <어휘 문제> 문맥에 알맞은 동사를 고르는 문제로 앞 문장의 주어 This door가 단서가 될 수 있다. 빈칸 뒤의 it은 This door를 받는 대명사이고 '문을 사용하지 마십시오'라는 의미가 문맥상 가장 적절하므로 (B) use가 정답이다.

**어휘** use 사용하다   spend 쓰다   follow 따라가다

**68.** (A) enter
(B) entering
(C) entered
(D) entrance

**해설** <명사 자리> 빈칸 앞에 형용사, 뒤에 동사가 있으므로 빈칸에는 주어 역할을 하는 명사가 들어가야 한다. 따라서 동사인 (A) enter와 과거동사 또는 과거분사형인 (C) entered는 우선적으로 정답에서 배제된다. (B) entering과 (D) entrance 둘 다 명사이지만 entering은 주로 '들어가는 것, 진입'을 뜻하므로 빈칸에 적합하지 않다. '공용 출입문'이라는 의미가 되어야 하므로 (D) entrance가 정답이다.

**어휘** enter 들어가다   entrance 입구

**Questions 69-71** refer to the following advertisement.

**Summer will soon be here...come, see, and save!**

Our outdoor furniture is ready **69**for immediate delivery.
Visit one of our three stores to see a large selection of **70**popular brands.

Enjoy the summer from the **71**comfort of your own garden.

이제 곧 여름입니다. 오셔서 둘러보시고 절약하세요!

저희 옥외용 가구는 즉시 배송될 준비가 되어 있습니다.
매장 세 곳 중 한 곳을 방문하셔서
다양한 인기 브랜드들을 살펴보세요.

여러분만의 편안한 정원에서 여름을 즐기세요.

soon 곧   save 절약하다   outdoor 야외의
ready 준비가 된   immediate 즉각적인   delivery 배송
selection 선택할 수 있는 것들(의 집합)   garden 정원

**69.** (A) to
(B) for
(C) in
(D) from

해설 **<전치사 문제>** 문맥에 알맞은 전치사를 고르는 문제로 빈칸 앞의 ready가 풀이의 단서가 될 수 있다. ready 뒤에는 전치사 for나 to부정사가 올 수 있다. 빈칸 뒤에 명사 delivery가 있으므로 (B) for가 알맞다.

**70.** (A) near
(B) clever
(C) popular
(D) kind

해설 **<어휘 문제>** 문맥에 알맞은 형용사를 고르는 문제로 빈칸 뒤의 명사 brands가 단서가 된다. '인기 있는 브랜드들'이라는 의미가 적절하므로 (C) popular가 정답이다.

어휘 near 가까운   clever 영리한   popular 인기 있는
kind 친절한

**71.** (A) comfort
(B) comforting
(C) comfortable
(D) comfortably

해설 **<명사 자리>** 빈칸 앞에 정관사(the)가 있고 뒤에 전치사구가 있으므로, 빈칸에는 명사가 들어가야 한다. 따라서 형용사 (C) comfortable과 부사 (D) comfortably는 우선적으로 정답에서 제외한다. (B) comforting을 동명사로 볼 수도 있지만, 그럴 경우 뒤에 목적어가 있어야 하며 the와 함께 쓰일 수 없으므로 빈칸에는 적합하지 않다. 따라서 명사로 쓰일 때 '편안함'이라는 뜻을 나타내는 (A) comfort가 정답이다.

어휘 comfort 편안함   comforting 위로가 되는
comfortable 편안한

**Questions 72-74** refer to the following note.

Hi Lin,

[72]Someone called you from a home improvement company. [73]I forget the company name. The phone number is 555-0198, and the caller was Robert Benson. He said you [74]contacted him yesterday. Can you call him back?

Tessa

안녕하세요, 린,

주택 개조 업체에 계신 분이 전화했어요. 회사 이름은 잊어버렸어요. 전화번호는 555-0198이고 전화 거신 분은 로버트 벤슨 씨입니다. 당신이 어제 그분께 연락했다고 하시던데요. 그쪽으로 다시 전화해 주시겠어요?

테사

home improvement 주택 개조   caller 전화를 건 사람

**72.** (A) Everyone
(B) Someone
(C) Anyone
(D) No one

해설 **<어휘 문제>** 문맥에 알맞은 명사를 고르는 문제다. 빈칸 뒤에 동사 called가 있으므로 빈칸에는 전화를 건 주체가 들어가야 한다. 이어지는 문장에 명사 the caller가 있으므로 한 사람이 전화했다는 것을 알 수 있다. 따라서 (A) Everyone과 (D) No one은 정답이 될 수 없다. (C) Anyone은 긍정문에서 '누구나'라는 뜻을 나타내므로 빈칸에 부적절하며, '어떤 사람'이라는 의미의 (B) Someone이 들어가야 알맞다.

어휘 everyone 모든 사람   someone 어떤 사람
no one 아무도 ~않다

**73.** (A) That sounds much better.
(B) He didn't leave a number.
(C) I'd like to order some, too.
(D) I forget the company name.

번역 (A) 그게 훨씬 나은 것 같아요.
(B) 그분이 전화번호를 남기지 않으셨어요.
(C) 저도 좀 주문하고 싶어요.
(D) 회사 이름은 잊어버렸어요.

해설 **<문맥에 맞는 문장 고르기 문제>** 앞뒤 문맥에 맞는 문장을 고르는 문제다. 빈칸 앞 문장에서 전화가 왔다고 한 후 뒤 문장에서 전화번호와 전화한 사람의 이름을 언급하고 있다. (A)와 (C)는 문맥에 맞지 않으므로 우선적으로 정답에서 제외하고 (B)는 빈칸 뒤 문장에서 전화번호를 말하고 있으므로 적합하지 않다. 전화를 건 사람이 근무하는 회사 이름을 기억 못한다는 내용의 (D)가 빈칸에 가장 적절하다.

어휘 **sound** ~인 것 같다, ~처럼 들리다   **leave** 남기다
**order** 주문하다   **forget** 잊다

**74.** (A) contact
   (B) contacts
   (C) contacted
   (D) contacting

해설 **<동사 자리>** 주어는 you, 목적어가 him이므로 빈칸에는 적절한 동사 형태가 필요하다. (D)는 동명사나 현재분사 형태이므로 본동사 자리에 들어갈 수 없다. (B)는 3인칭 단수 동사 형태이므로 주어 you와 어울리지 않는다. him 뒤에 yesterday가 나오므로 빈칸에는 과거 시제인 (C) contacted가 들어가야 한다.

어휘 **contact** 연락하다

**Questions 75–77** refer to the following instant message.

---

**CHAT**

**Tuesday, June 12**                    4:35 P.M.

Hi, Michael. We had planned to meet this evening, but I'm very ⁷⁵busy at work today. Is there any chance we could meet tomorrow evening ⁷⁶instead of tonight? ⁷⁷Sorry for the late notice.

|                                    | Send |
|------------------------------------|------|

**채팅**

**6월 12일 화요일**                    오후 4시 35분

안녕, 마이클. 오늘 저녁에 만나기로 했는데, 내가 오늘 회사에서 무척 바쁘네. 오늘 밤 대신 내일 저녁에 만날 수 있을까? 늦게 알려 줘서 미안해.

|                                    | 전송 |
|------------------------------------|------|

**plan** 계획하다   **meet** 만나다   **work** 직장
**chance** 가능성, 기회   **tonight** 오늘밤

---

**75.** (A) busy
   (B) busier
   (C) busiest
   (D) busily

해설 **<형용사 자리>** but 뒤에 이어지는 절의 주어는 I이고 동사는 am이다. 따라서 빈칸에는 부사 very의 수식을 받는 형용사 보어가 들어가야 하므로 (A) busy가 정답이다. 참고로, (B) busier는 비교급으로 very의 수식을 받을 수 없으며, (C) busiest는 최상급으로 'the very'와만 함께 쓰일 수 있다.

어휘 **busy** 바쁜

**76.** (A) aside from
   (B) instead of
   (C) as yet
   (D) even though

해설 **<전치사 문제>** 빈칸에는 명사구 tomorrow evening과 tonight을 자연스럽게 연결해 주는 전치사가 필요하다. 그러므로 전치사가 아닌 (C) as yet과 접속사인 (D) even though는 우선적으로 답에서 제거할 수 있다. 문맥상 '오늘밤 대신 내일 저녁'이라는 의미가 되어야 하므로 (B) instead of가 알맞다.

어휘 **aside from** ~ 이외에   **instead of** ~ 대신에
**as yet** 아직   **even though** 비록 ~일지라도

**77.** (A) Please don't worry about it.
   (B) I'll see you there.
   (C) The meal was delicious.
   (D) Sorry for the late notice.

번역 (A) 그것에 대해서는 걱정 마.
   (B) 거기서 만나.
   (C) 식사는 맛있었어.
   (D) 늦게 알려 줘서 미안해.

해설 **<문맥에 맞는 문장 고르기 문제>** 문맥에 알맞은 문장을 고르는 문제다. 빈칸이 맨 마지막 문장이므로 전반적인 내용을 이해하는 것이 중요하다. 메시지를 보낸 날 저녁에 만나기로 한 약속을 그 다음 날로 바꿀 수 있는지 물어보고 있으므로 이어질 문장은 그 내용을 곧바로 받을 수 있는 연관된 내용이 나와야 한다. 따라서 변동사항을 늦게 알리게 된 것을 사과하는 내용의 (D)가 정답으로 가장 적절하다.

어휘 **worry** 걱정하다   **meal** 식사   **delicious** 맛있는
**late** 늦은   **notice** 알림, 통지

## Questions 78-80 refer to the following e-mail.

**To:** Ken Truman
**From:** Mark Adams
**Subject:** Your offer

Dear Uncle Ken,

Thank you for your kind offer of a holiday job in your store.
<sup>78</sup>Unfortunately, I will be away from home at that time. I'm planning to stay in Christchurch with a friend <sup>79</sup>over the vacation period. I'm taking a course at the university there.

<sup>80</sup>Thank you for thinking of me.

Love,
Mark

**수신:** 켄 트루먼
**발신:** 마크 애덤스
**제목:** 삼촌의 제안

켄 삼촌께,

삼촌 매장의 휴일 일자리를 제안해 주셔서 감사해요.
그런데 안타깝게도 그때 제가 집을 떠나 있을 예정이에요. 방학 기간 중에 친구와 함께 크라이스트처치에서 지낼 계획이거든요. 그곳에 있는 대학교에서 수업을 들을 거예요.

저를 생각해 주셔서 감사합니다.

마크

---

**offer** 제안, 제공하는 것 **holiday** 휴가, 방학
**at that time** 그때에 **vacation** 휴가, 방학 **period** 기간
**take a course** 강좌를 듣다 **university** 대학교

**78.** (A) Therefore
(B) Similarly
(C) Unfortunately
(D) Otherwise

해설 **<어휘 문제>** 문맥에 알맞은 부사를 고르는 문제인데, 빈칸 앞뒤 문장을 파악해야만 빈칸에 적합한 부사를 찾을 수 있다. 빈칸 앞 문장은 일자리 제안에 감사하는 내용이고 뒤 문장은 '그 때 집을 떠나 있을 예정이다'라고 나와 있다. 따라서 '안타깝게도'라는 의미의 (C) Unfortunately가 정답이다.

어휘 **therefore** 그러므로 **similarly** 마찬가지로
**unfortunately** 안타깝게도, 불행히도
**otherwise** 그렇지 않으면

**79.** (A) over
(B) by
(C) with
(D) down

해설 **<전치사 문제>** 문맥에 맞는 전치사를 고르는 문제로, 이 문장의 동사 stay와 빈칸 뒤의 명사구 the vacation period가 단서가 될 수 있다. '방학 기간 동안 머무르다'라는 의미가 자연스러우므로 '~ 동안에'라는 뜻의 (A) over가 정답이다.

**80.** (A) How much does it cost?
(B) I like your story.
(C) It wasn't so difficult.
(D) Thank you for thinking of me.

번역 (A) 비용이 얼마나 드나요?
(B) 이야기가 마음에 들어요.
(C) 그리 어렵지 않았어요.
(D) 저를 생각해 주셔서 감사합니다.

해설 **<문맥에 맞는 문장 고르기 문제>** 문맥에 알맞은 문장을 고르는 문제로 이메일의 전반적인 내용을 파악해야 한다. 일자리를 제안해 준 삼촌에게 거절의 메시지를 보내는 메일이다. (A)는 주어 it을 받을 만한 대상이 앞에 나오지 않으므로 맞지 않다. (B)는 갑자기 your story라는 내용이 나올 만한 근거가 보이지 않는다. (C)는 본문에 미래의 계획이 나오기 때문에 과거 시제는 적절하지 않다. 따라서 (D)가 정답으로 가장 자연스럽다.

어휘 **cost** 비용이 들다 **difficult** 어려운
**think of** ~을 생각하다

## Reading Part 3

### Questions 81-82 refer to the following calendar.

**Calendar – Michael Carter**

|  | Monday, May 21 | Tuesday, May 22 | Wednesday May 23 |
|---|---|---|---|
| 9 A.M. | Staff meeting Room 6 |  |  |
| 10 A.M. |  | Eun-Sook, update | Dr. Abrams, 125 Wood St. (checkup) |
| 11 A.M. |  |  |  |
| 12 noon |  | Ewa Grapska, lunch | Karl Schultz, lunch |

| | 5월 21일 월요일 | 5월 22일 화요일 | 5월 23일 수요일 |
|---|---|---|---|
| 오전 9시 | 직원 회의 6호실 | | |
| 오전 10시 | | 은숙, 업데이트 | 애브람스 박사, 우드 가 125 (검진) |
| 오전 11시 | | | |
| 정오 12시 | | 이와 그랩스카, 점심식사 | 칼 슐츠, 점심식사 |

**calendar** 일정표  **staff** 직원

**checkup** 신체검사, 건강 검진  **noon** 정오

**81.** When will Michael meet with Ewa?

(A) At 9:00 on Monday
(B) At 10:00 on Tuesday
(C) At noon on Tuesday
(D) At noon on Wednesday

번역 마이클은 언제 이와를 만날 것인가?

(A) 월요일 9시
(B) 화요일 10시
(C) 화요일 정오
(D) 수요일 정오

해설 **<내용 확인>** 마이클이 이와를 만나는 시간에 대한 질문이다. 일정표를 보면 질문의 키워드인 Ewa Grapska, lunch가 화요일 정오 12시라고 되어 있다. 따라서 (C)가 정답이다.

**82.** Where will Michael probably be on Wednesday at 11:00 A.M.?

(A) In a meeting room
(B) In his office
(C) At a doctor's office
(D) At a café

번역 마이클은 수요일 오전 11시에 어디에 있겠는가?

(A) 회의실
(B) 사무실
(C) 병원
(D) 카페

해설 **<추론 및 암시>** 일정표의 수요일 오전 11시 일정 Dr. Abrams, 125 Wood St. (checkup)에서 애브람스 박사, 우드 가 125 (검진)이라고 되어 있다. 건강 검진을 하는 곳은 병원이므로 checkup에서 doctor's office를 추론할 수 있다. 따라서 (C)가 정답이다.

**Questions 83–84** refer to the following information.

### Attention
### All Patients and Families

According to hospital regulations, patients are not permitted to bring extension cords, heaters, electric fans, or power strips into their rooms.

Thank you for your cooperation.

**알림**
**환자 및 가족 여러분께**

병원 규정에 따라, 환자는 전기 연장선, 히터, 선풍기, 멀티탭 등을 병실에 가져와서는 안 됩니다.

협조해 주셔서 감사합니다.

**attention** 알립니다  **patient** 환자
**according to** ~에 따라  **regulation** 규정
**permit** 허가하다  **bring** 가져오다  **extension** 연장
**electric fan** 선풍기  **power strip** 멀티탭
**cooperation** 협력, 협조

**83.** What is the information about?

(A) The use of electrical equipment
(B) Hospital visiting hours
(C) Places to buy appliances
(D) Registration materials

번역 정보는 무엇에 관한 것인가?

(A) 전자 기기의 사용
(B) 병원 면회 시간
(C) 가전제품 구매 장소
(D) 등록 자료

해설 **<주제>** 공지에 나타난 정보를 묻는 것은 공지의 주제에 해당하는 질문이고, 주제는 주로 초반부에 제시된다. 첫 문장 According to hospital regulations, patients are not permitted to bring extension cords, heaters, electric fans, or power strips into their rooms.에서 병원 규정에 따라, 환자는 전기 연장선, 히터, 선풍기, 멀티탭 등을 병실에 가

저와서는 안 된다고 알리고 있다. 따라서 extension cords, heaters, electric fans, or power strips를 간단히 electrical equipment라고 바꿔 표현한 (A)가 정답이다.

**[어휘]** information 정보　electrical 전기의
equipment 장비　visiting hours 면회 시간
appliance 가전제품　registration 등록　material 자료

## 84. What are families thanked for doing?

(A) Visiting patients regularly

(B) Following hospital rules

(C) Providing food items

(D) Assisting with patient care

**[번역]** 가족들이 무엇을 해 주면 고맙겠다고 하는가?

(A) 정기적으로 환자 면회하기

(B) 병원 규칙 따르기

(C) 음식 제공하기

(D) 환자 간병 돕기

**[해설]** <내용 확인> 글의 도입부 According to hospital regulations에서 병원 규정에 대한 사항임을 알 수 있고, 마지막 문장에서 협조에 감사하다고 쓰여 있다. 따라서 병원 규정 준수에 대해 고마워 할 것임을 알 수 있으므로 (B)가 정답이다. 공지의 regulations가 rules로 바뀌어 표현되었음에 유의해야 한다.

**[어휘]** regularly 정기적으로, 규칙적으로　follow 따르다
rule 규칙　provide 제공하다　assist 돕다

**Questions 85-86** refer to the following text-message chain.

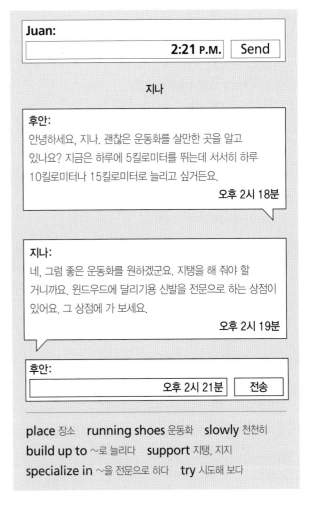

**Gina**

**Juan:**
Hi, Gina. Do you know a place to buy good running shoes? I'm running about 5 kilometers a day, and I want to slowly build up to about 10 or 15 kilometers a day.
2:18 P.M.

**Gina:**
Yes, then you want good shoes—you'll need the support. There's a shop in Windwood that specializes in shoes for runners. You could try that store.
2:19 P.M.

**Juan:**
2:21 P.M.　Send

지나

**후안:**
안녕하세요, 지나. 괜찮은 운동화를 살만한 곳을 알고 있나요? 지금은 하루에 5킬로미터를 뛰는데 서서히 하루 10킬로미터나 15킬로미터로 늘리고 싶거든요.
오후 2시 18분

**지나:**
네, 그럼 좋은 운동화를 원하겠군요. 지탱을 해 줘야 할 거니까요. 윈드우드에 달리기용 신발을 전문으로 하는 상점이 있어요. 그 상점에 가 보세요.
오후 2시 19분

**후안:**
오후 2시 21분　전송

place 장소　running shoes 운동화　slowly 천천히
build up to ~로 늘리다　support 지탱, 지지
specialize in ~을 전문으로 하다　try 시도해 보다

## 85. What does Juan hope to do?

(A) Meet a business partner

(B) Find someone to run with him

(C) Open a shoe store

(D) Increase his running distance

**[번역]** 후안은 무엇을 하고 싶어 하는가?

(A) 사업 파트너 만나기

(B) 함께 달릴 사람 찾기

(C) 신발 가게 열기

(D) 달리는 거리 늘리기

**[해설]** <내용 확인> 후안의 첫 번째 메시지 I'm running about 5 kilometers a day, and I want to slowly build up to about 10 to 15 kilometers a day.에서 달리는 거리를 5킬로미터에서 10킬로미터 또는 15킬로미터로 늘리고 싶다고 언급하고 있다. 따라서 build up to about 10 to 15 kilometers를 Increase his running distance로 바꿔 표현한 (D)가 정답이다.

**[어휘]** business 사업　increase 늘리다　distance 거리

**86.** Select the best response to Gina's comment.

(A) "I'll try to help you."

(B) "Thanks for the advice."

(C) "He's not interested."

(D) "I think you'll enjoy it."

🔤 지나의 메시지에 대한 응답으로 가장 적절한 것을 고르시오.

(A) 제가 도와 드릴게요.

(B) 조언 고마워요.

(C) 그는 관심이 없어요.

(D) 그것을 좋아하실 것 같군요.

📝 **<문맥에 맞는 문장 고르기 문제>** 지나의 메시지에 대한 후안의 응답으로 가장 적절한 문장을 고르는 질문이다. 후안은 괜찮은 운동화를 살 수 있는 곳을 물었고, 이에 지나는 윈드우드에 달리기용 신발 전문 매장이 있다는 정보를 주고 있다. 따라서 이어질 후안의 응답은 그 내용을 받을 수 있는 연관된 문장이어야 하므로, 정보에 고마워하는 내용의 문장인 (B)가 정답으로 가장 적절하다.

📖 comment 언급   advice 충고, 조언
interested 흥미가 있는   enjoy 즐기다

**Questions 87–88** refer to the following text-message chain.

wonder 궁금해하다   arrange 마련하다, 주선하다
pick ~ up ~를 태우러 가다   airport 공항
actually 사실   international 국제적인
arrival 도착   flight 비행

**87.** What is Tom planning to do?

(A) Rent a car

(B) Leave work early

(C) Make a delivery

(D) Return from a trip

🔤 톰은 무엇을 하려고 계획하는가?

(A) 차량 빌리기

(B) 일찍 퇴근하기

(C) 배송하기

(D) 여행에서 돌아오기

📝 **<내용 확인>** 톰의 첫 메시지 Just wondering if you could arrange a car to pick me up from the airport tomorrow. 에서 내일 자신을 공항으로 데리러 올 차량을 마련해 줄 수 있는지 알고 싶다고 묻고 있다. 따라서 톰이 여행에서 돌아와 공항에 도착 예정이라는 사실을 짐작할 수 있으므로 (D)가 정답이다.

📖 rent 빌리다   leave 떠나다, 출발하다   delivery 배송
return 돌아오다   trip 여행

**88.** Select the best response to Tom's comment.

    (A) "A very nice car."

    (B) "I look forward to seeing you."

    (C) "If it's not too expensive."

    (D) "Ask your manager first."

**번역** 톰의 메시지에 대한 응답으로 가장 적절한 것을 고르시오.

    (A) 아주 멋진 차군요.

    (B) 빨리 만나뵙기를 바랍니다.

    (C) 그리 비싸지 않다면요.

    (D) 관리자에게 먼저 물어보세요.

**해설** <문맥에 맞는 문장 고르기 문제> 톰의 메시지에 대한 마틴의 응답으로 가장 적절한 문장을 고르는 문제로 메시지의 전반적인 내용을 파악해야 한다. 마틴이 톰을 공항에서 픽업할 계획이라는 내용으로 톰은 마지막 메시지에서 비행기 번호와 도착 시간을 확인해 주고 있고 이에 대한 마틴의 응답을 골라야 한다. (C)와 (D)는 문맥에 전혀 호응하지 않으므로 우선적으로 정답에서 제외한다. (A)는 앞부분에 차량이 언급되지만 nice car라는 내용이 나올 만한 근거가 보이지 않는다. 만남을 기대한다는 내용의 (B)가 정답으로 가장 적절하다.

**어휘** look forward to ~을 고대하다   expensive 비싼 manager 관리자

**Questions 89–91** refer to the following Web page.

---

http://www.macytheater.com

# Macy Theater

**SHOW CANCELED: December 16, 8:00 P.M.**

Tonight's performance of the musical *Response Time* is **CANCELED** due to the ice on city streets. Tickets for tonight's show can be used at an afternoon performance on December 23 at 2:00 P.M.

## Comments:

**Stan (December 16):**

Can I get a refund?

  ↳ **Macy Theater (December 16):**

    Only at the theater. For technical reasons, we cannot make refunds online.

**Percy (December 17):**

Can we use our tickets for another show?

---

  ↳ **Macy Theater (December 17):**

    Exchange tickets online for any evening performance:

| | |
|---|---|
| *Response Time* | December 9-22 |
| *Rains* | January 6-19 |
| *Notes for Claudia* | February 4-17 |
| *Playback* | March 1-14 |

---

http://www.macytheater.com

## 메이시 극장

**공연 취소: 12월 16일 오후 8시**

오늘밤에 있을 뮤지컬 **"응답 시간"** 공연이 도로 결빙으로 인해 **취소되었습니다.** 오늘밤 공연 입장권은 12월 23일 오후 2시 공연 시 사용하실 수 있습니다.

댓글:

**스탠 (12월 16일):**

환불을 받을 수 있나요?

  ↳ 메이시 극장 (12월 16일):

    극장에서만 가능합니다. 기술적인 문제로 인해 온라인에서 환불해 드릴 수 없습니다.

**퍼시 (12월 17일):**

다른 공연에 입장권을 사용할 수 있을까요?

  ↳ 메이시 극장 (12월 17일):

    모든 저녁 공연에 대해 온라인에서 입장권을 교환하세요.

| | |
|---|---|
| 〈응답 시간〉 | 12월 9일 ~22일 |
| 〈비〉 | 1월 6일 ~19일 |
| 〈클라우디아에게 보내는 편지〉 | 2월 4일 ~17일 |
| 〈재생〉 | 3월 1일 ~14일 |

theater 극장   cancel 취소하다   performance 공연 response 응답   due to ~ 때문에 comment 언급, 댓글   refund 환불   only 오직 technical 기술적인   reason 이유   exchange 교환하다 notes 편지, 쪽지   playback 재생

**89.** Why is tonight's show canceled?

    (A) Some actors are ill.

    (B) There are technical problems.

    (C) Ticket sales are low.

    (D) The roads are unsafe.

오늘밤 있을 공연은 왜 취소되었는가?

(A) 배우 몇 명이 아프다.

(B) 기술적인 문제가 있다.

(C) 입장권 판매가 저조하다.

(D) 도로 사정이 안전하지 않다.

**해설** **<내용 확인>** 메이시 극장의 공지 Tonight's performance of the musical ***Response Time*** is **CANCELED** due to the ice on city streets.에서 오늘밤에 있을 뮤지컬 "응답 시간" 공연이 도로 결빙으로 인해 취소되었다는 사실을 알 수 있다. 따라서 the ice on city streets를 The roads are unsafe로 바꿔 표현한 (D)가 정답이다.

**어휘** actor 배우   ill 아픈   sale 판매   low 낮은
unsafe 안전하지 않은, 위험한

## 90. What can ticket holders do on the theater's Web site?

(A) Choose another show

(B) Get a ticket refund

(C) Hear music from a show

(D) Read about the actors

**번역** 입장권 소지자는 극장 웹사이트에서 무엇을 할 수 있는가?

(A) 다른 공연 선택하기

(B) 입장권 환불받기

(C) 공연 음악 듣기

(D) 배우들에 대해 읽어보기

**해설** **<내용 확인>** 퍼시의 댓글 Can we use our tickets for another show?에서 다른 공연에 입장권을 사용할 수 있을지 묻고 있고, 극장의 답글 Exchange tickets online for any evening performance에서 모든 저녁 공연에 대해 온라인에서 입장권을 교환하라고 되어 있으므로 (A)가 정답이다. 답글의 any evening performance가 another show로 바꿔 표현되었음에 유의한다.

**어휘** holder 소지자   choose 선택하다   another 다른

## 91. What show can be seen on February 12?

(A) *Response Time*

(B) *Rains*

(C) *Notes for Claudia*

(D) *Playback*

**번역** 2월 12일에 어떤 공연이 상연되는가?

(A) 〈응답 시간〉

(B) 〈비〉

(C) 〈클라우디아에게 보내는 편지〉

(D) 〈재생〉

**해설** **<내용 확인>** 댓글을 보면 극장의 답글 *Response Time* December 9-22, *Rains* January 6-19, *Notes for Claudia* February 4-17, *Playback* March 1-14에서 "응답 시간"은 12월 9일~22일, "비"는 1월 6일~19일, "클라우디아에게 보내는 편지"는 2월 4일~17일, "재생"은 3월 1일~14일에 상연됨을 알 수 있다. 따라서 2월 12일에는 "클라우디아에게 보내는 편지"가 상연됨을 알 수 있으므로 (C)가 정답이다.

## Questions 92-94 refer to the following letter.

6 June

Dear Beatrice,

It really was wonderful to see you last Wednesday. I hope your weekend went well and you enjoyed your time at the dog show.

I was very impressed at how quickly Charlie obeys you—every time! We'd love to have

a dog as a pet, and in fact we visited the animal shelter yesterday. Most of the dogs there are six or seven years old already. Do you think it's possible to train a dog at that age? I really would like your opinion.

I hope it's not too long before you—and Charlie—visit us again.

Love,

*Teresa*

6월 6일

베아트리체에게,

지난 수요일에 뵙게 되어 정말 기뻤습니다. 주말 잘 보내시고 반려견 대회에서 좋은 시간 보내셨기를 바랍니다.

찰리가 당신에게 매번 그렇게 빨리 순종하다니 무척 인상적이었습니다! 저희는 애완동물로 개를 정말 기르고 싶어요. 사실 어제 동물 보호소에 다녀왔습니다. 대부분의 개들이 이미 6~7세이더군요. 그 정도 연령의 개를 훈련하는 것이 가능하다고 생각하시나요? 의견을 듣고 싶습니다.

머지않아 당신과 찰리가 다시 저희를 찾아 주시기를 바랍니다.

*테레사*

---

**weekend** 주말  **dog show** 애완견 대회
**impressed** 감동을 받은, 인상깊게 생각하는
**quickly** 빨리  **obey** 순종하다, 복종하다  **pet** 애완동물
**in fact** 사실  **animal shelter** 동물 보호소
**already** 이미  **train** 훈련하다  **opinion** 의견

**92. What did Beatrice do on Wednesday?**

(A) She went to a show.
(B) She visited Teresa.
(C) She attended a workshop.
(D) She worked at a hospital.

번역 베아트리체는 수요일에 무엇을 했는가?

(A) 대회에 갔다.
(B) 테레사를 방문했다.
(C) 워크숍에 참석했다.
(D) 병원에서 일했다.

해설 <내용 확인> 베아트리체가 수요일에 한 일을 묻고 있다. 편지의 서두 Dear Beatrice에서 수신인이 베아트리체이고 맺음말 Love, Teresa에서 발신인이 테레사임을 알 수 있다. 테레사는 베아트리체에게 편지의 첫 문장에서 지난 수요일에 만나서 기뻤다고 했고 마지막 문장 I hope it's not too long before you—and Charlie—visit us again.에서 머지않아 베아트리체와 찰리가 다시 찾아 주기를 바란다고 밝히고 있다. 따라서 베아트리체가 수요일에 테레사를 방문했다는 것을 알 수 있으므로 (B)가 정답이다.

어휘 **attend** 참석하다  **hospital** 병원

**93. What does Teresa hope to do?**

(A) Find a job
(B) Stay with Beatrice
(C) Take a course
(D) Get a dog

번역 테레사 씨는 무엇을 하고 싶어 하는가?

(A) 일자리 찾기
(B) 베아트리체 씨와 함께 지내기
(C) 강좌 듣기
(D) 개 구하기

해설 <내용 확인> 테레사가 하고 싶어 하는 일을 묻는 질문이다. 편지의 본론인 중반부 We'd love to have a dog as a pet, and in

fact we visited the animal shelter yesterday.에서 애완동물로 개를 기르고 싶고 동물 보호소에도 다녀왔다고 쓰고 있다. 따라서 have를 get으로 바꿔 표현한 (D)가 정답이다.

어휘 **job** 직업, 일자리  **stay** 머무르다  **course** 강의, 강좌

**94. What is Teresa concerned about?**

(A) The length of a commute
(B) The age of an animal
(C) The difficulty of a class
(D) The health of a friend

번역 테레사는 무엇을 우려하는가?

(A) 통근 거리
(B) 동물의 나이
(C) 강좌의 난이도
(D) 친구의 건강

해설 <내용 확인> 테레사는 편지의 본론인 중반부 Most of the dogs there are six or seven years old already.에서 대부분의 개들이 이미 6~7세라고 하며, 그 정도 연령의 개를 훈련하는 것이 가능한지 의견을 듣고 싶다고 했다. 따라서 the dogs there are six or seven years old를 간단히 The age of an animal이라고 바꿔 표현한 (B)가 정답이다.

어휘 **be concerned about** ~을 우려하다  **length** 길이  **commute** 통근  **age** 나이  **difficulty** 어려움  **health** 건강

**Questions 95-97** refer to the following letter.

Subscription Manager
Home Gardening Magazine
300 Peony Lane
Drewton, MA 02017

To whom it may concern,

When I first read in the August issue of Home Gardening Magazine about an upcoming increase in subscription renewal rates, I was not concerned. I have been receiving the magazine since June, and I have been pleased to see the addition of local gardens to visit and the expansion of helpful articles and high-quality photographs. However, when I received the September issue, I was unhappily surprised to learn the amount of the increase. I think an additional forty percent is too much. As of this October, I would like to cancel my subscription.

Sincerely,

**Sonya Novak**

구독 담당자
홈 가드닝 잡지
300 피오니 레인
드루턴, MA 02017

관계자께,

제가 홈 가드닝 잡지 8월호에서 곧 있을 구독 갱신료 인상에 대해 처음 읽었을 때는 별로 걱정이 되지 않았습니다. 6월부터 잡지를 받아보았는데, 방문할 만한 지역 정원 내용이 추가된 것과 유용한 기사 및 고품질의 사진이 늘어난 것을 보고 만족스러웠습니다. 하지만 9월호를 받았을 때 인상액을 알게 되고 놀랐습니다. 40퍼센트 추가는 너무 과하다고 생각합니다. 10월부로 구독을 취소하고 싶습니다.

**소냐 노박**

subscription 구독  manager 관리자, 담당자
gardening 조경  magazine 잡지
to whom it may concern 관계자께  issue 호
upcoming 곧 있을  increase 인상, 상승
renewal 갱신, 연장  rate 요금  concerned 우려하는
receive 받다  since ~ 이래로  pleased 기쁜, 만족하는
addition 추가  local 지역의  expansion 확장
article 기사  high-quality 고품질의
photograph 사진  however 그러나  surprised 놀란
amount 액수  additional 추가의  as of ~ 현재로
cancel 취소하다

**95.** When did Ms. Novak first receive *Home Gardening Magazine*?

(A) In June
(B) In August
(C) In September
(D) In October

번역 노박 씨는 〈홈 가드닝 잡지〉를 언제 처음 받았는가?

(A) 6월
(B) 8월
(C) 9월
(D) 10월

해설 <내용 확인> 노박 씨가 〈홈 가드닝 잡지〉를 처음 받은 시기를 묻고 있다. 편지의 두 번째 문장 I have been receiving the magazine since June, and I have been pleased to see the addition of local gardens to visit and the expansion of helpful articles and high-quality photographs.에서 6월부터 잡지를 받아보았다고 말하고 있으므로 (A)가 정답이다.

**96.** What is Ms. Novak unhappy about?

(A) The quality of some photographs
(B) The cost of a subscription
(C) The size of a magazine
(D) The subject of an article

번역 노박 씨는 무엇에 대해 불만이 있는가?

(A) 몇몇 사진의 품질
(B) 구독료
(C) 잡지 크기
(D) 기사 주제

해설 <내용 확인> 노박 씨가 불만을 가진 사항을 묻고 있다. 편지의 후반부 when I received the September issue, I was unhappily surprised to learn the amount of the increase에서 9월호를 받았을 때 인상액을 알게 되고 놀랐다고 말하고 있다. 이어 I think an additional forty percent is too much.에서 40퍼센트 추가는 너무 과하다고 생각한다고 쓰고 있다. 따라서 노박 씨가 과한 구독료 인상에 대해 불만이 있다는 것을 알 수 있으므로 amount를 cost로 바꿔 표현한 (B)가 정답이다.

어휘 quality 품질  cost 비용  size 크기  subject 주제

**97.** What does Ms. Novak plan to do?

(A) Publish some gardening hints
(B) Send in some photographs
(C) Stop receiving a magazine
(D) Leave a gardening club

번역 노박 씨는 무엇을 하려고 계획하는가?

(A) 조경 정보 출판하기
(B) 사진 발송하기
(C) 잡지 받아보는 것을 중단하기
(D) 조경 동호회 탈퇴하기

해설 <내용 확인> 노박 씨의 계획을 묻고 있다. 마지막 문장 As of this October, I would like to cancel my subscription.에서 10월부로 구독을 취소하고 싶다고 밝히고 있다. 따라서 cancel my subscription을 Stop receiving a magazine으로 바꿔 표현한 (C)가 정답이다.

어휘 publish 출판하다  hint 조언, 정보  send in 발송하다
leave 떠나다

**Questions 98-100** refer to the following Web page.

## ♠ Chamberlain Housing

| Home | Search | **FAQs** |

**How can I apply for rental housing?**

Bring your application to our office and talk to one of our housing representatives. You can download the form from this Web site.

**Do I have to make an appointment?**

You can make an appointment or wait to see one of our staff on a first-come, first-served basis. You will usually have less time to wait if you have scheduled an appointment to talk with us.

**Do I need to bring anything with me?**

Bring a photo ID (driver's license, passport, or workplace ID card) and your completed application form. You will also need to show how much you earn (with a paystub or bank statement, for example) if you want to rent a house or apartment through us.

## ♠ 챔버레인 하우징

| 홈 | 검색 | 자주 묻는 질문 |

**임대 주택은 어떻게 신청하나요?**

저희 사무실로 신청서를 가져오셔서 주택 상담원에게 말씀하십시오. 본 웹사이트에서 양식을 다운로드하실 수 있습니다.

**예약해야 합니까?**

예약을 하거나, 오시는 순서대로 대기했다가 저희 직원을 만나실 수 있습니다. 상담을 위해 약속을 정하고 오시면 기다리는 시간이 줄어듭니다.

**가져가야 할 것이 있나요?**

사진이 부착된 신분증(운전면허증, 여권, 직장 사원증) 및 기입한 신청서를 가져오십시오. 아울러 저희를 통해 주택이나 아파트를 임차하시려면 소득 금액을 제시하여야 합니다. (예: 급여 명세서, 은행 입출금 내역서)

housing 주택   search 검색
FAQ (Frequently Asked Questions) 자주 묻는 질문들

apply for ~을 신청하다, ~에 지원하다
rental 임대: 임대의   bring 가져오다
application 신청서, 지원서
representative (선발된) 대리인   form 양식, 서류
appointment 약속   staff 직원   on a first-come, first-served basis 선도착 선처리 방식으로
usually 대개, 보통   schedule 일정을 잡다
photo ID 사진이 부착된 신분증
driver's license 운전면허증   passport 여권
workplace 직장   complete 기입하다, 작성하다
earn 벌다   paystub 급여 명세서
bank statement 입출금 내역서
for example 예를 들어   through ~을 통해

**98.** What are the questions about?

(A) Finding a place to live
(B) Applying for a passport
(C) Getting a driver's license
(D) Renting some equipment

번역 질문들은 무엇에 관한 것인가?
(A) 거주지 찾기
(B) 여권 신청하기
(C) 운전면허증 취득하기
(D) 장비 대여하기

해설 <주제> 질문들이 무엇에 관한 것인지 묻고 있는데, 이는 곧 웹사이트의 주제를 묻는 것이다. 제목 Chamberlain Housing과 첫 질문 How can I apply for rental housing?에서 부동산 임대 업체의 웹사이트에서 임대 주택 신청에 대해 묻고 있다는 것을 알 수 있다. 이어지는 질문들도 임대 주택 신청에 필요한 사항을 묻고 있으므로 (A)가 정답이다. apply for rental housing을 Finding a place to live로 바꿔 표현하고 있다.

어휘 live 살다   equipment 장비

**99.** What is the advantage of making an appointment?

(A) Staff will have some papers ready.
(B) Staff will help fill out a form.
(C) There will be a shorter wait.
(D) There will be more choices available.

예약하면 어떤 이점이 있는가?

 (A) 직원이 몇 가지 서류를 준비해 둘 것이다.

 (B) 직원이 서류 작성을 도와줄 것이다.

 (C) 대기 시간이 더 짧아질 것이다.

 (D) 선택할 수 있는 범위가 넓어질 것이다.

**해설** **<내용 확인>** 두 번째 질문의 답변 You will usually have less time to wait if you have scheduled an appointment to talk with us.에서 상담을 위해 약속을 정하고 오면 기다리는 시간을 줄일 수 있다고 말하고 있다. 따라서 You will usually have less time to wait을 There will be a shorter wait.이라는 문장으로 바꿔 표현한 (C)가 정답이다.

**어휘** **advantage** 이점 **ready** 준비가 된
**fill out a form** 서류를 작성하다 **choice** 선택
**available** 이용 가능한

## 100. What should an applicant bring to the interview?

**(A)** A credit card
**(B)** A stamped envelope
**(C)** A bank statement
**(D)** A paid electric bill

**번역** 신청자는 면담에 무엇을 가져가야 하는가?

 (A) 신용카드

 (B) 우표를 붙인 봉투

 (C) 은행 입출금 내역서

 (D) 납부한 전기세 고지서

**해설** **<사실 관계>** 언급되거나 열거된 사항을 묻는 질문은 각 보기를 지문 내용과 비교하여 오답을 제거해 가는 방식으로 정답을 골라야 한다. (A), (B), (D) 모두 언급되지 않았고, 마지막 답변의 마지막 문장 You will also need to show how much you earn (with a paystub or bank statement, for example) if you want to rent a house or apartment through us.에서 (C)가 정답임을 알 수 있다.

**어휘** **applicant** 신청자, 지원자 **credit card** 신용카드
**stamped** 우표를 붙인 **envelope** 봉투 **paid** 지불한
**electric bill** 전기세 고지서

**TOEIC Bridge®**

## LISTENING&READING TESTS 2

## LISTENING TEST

| | | | | | |
|---|---|---|---|---|---|
| 1. (B) | 2. (D) | 3. (A) | 4. (B) | 5. (C) | 6. (A) |
| 7. (A) | 8. (C) | 9. (A) | 10. (C) | 11. (B) | 12. (A) |
| 13. (D) | 14. (C) | 15. (A) | 16. (B) | 17. (C) | 18. (D) |
| 19. (B) | 20. (B) | 21. (A) | 22. (D) | 23. (B) | 24. (A) |
| 25. (C) | 26. (D) | 27. (A) | 28. (B) | 29. (D) | 30. (C) |
| 31. (C) | 32. (B) | 33. (D) | 34. (D) | 35. (A) | 36. (B) |
| 37. (C) | 38. (B) | 39. (D) | 40. (A) | 41. (C) | 42. (B) |
| 43. (A) | 44. (D) | 45. (D) | 46. (B) | 47. (A) | 48. (D) |
| 49. (A) | 50. (C) | | | | |

## READING TEST

| | | | | | |
|---|---|---|---|---|---|
| 51. (B) | 52. (D) | 53. (A) | 54. (C) | 55. (D) | 56. (A) |
| 57. (C) | 58. (B) | 59. (A) | 60. (B) | 61. (D) | 62. (C) |
| 63. (D) | 64. (A) | 65. (C) | 66. (B) | 67. (C) | 68. (D) |
| 69. (A) | 70. (C) | 71. (D) | 72. (B) | 73. (D) | 74. (C) |
| 75. (A) | 76. (B) | 77. (B) | 78. (D) | 79. (D) | 80. (A) |
| 81. (A) | 82. (B) | 83. (B) | 84. (D) | 85. (C) | 86. (D) |
| 87. (C) | 88. (A) | 89. (B) | 90. (D) | 91. (C) | 92. (A) |
| 93. (C) | 94. (B) | 95. (A) | 96. (C) | 97. (C) | 98. (B) |
| 99. (D) | 100. (B) | | | | |

## Listening Part 1

**1.** M-Cn  They're shopping for groceries.

번역 사람들이 식료품을 사고 있다.

(A) 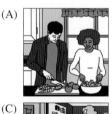  (B)

(C)   (D)

해설 **<2인 이상 동작 묘사>** 사람들이 상점에서 식료품을 사고 있는 (shopping for groceries) 모습을 묘사한 (B)가 정답이다. (A) 는 요리를 하는 모습이므로 오답이다. (C)는 식료품이 든 가방을 들고 냉장고 앞에 서 있는 여자만 보이므로 오답이다. (D)는 shopping만 듣고 groceries를 놓친 경우, 사람들이 옷을 사고 있다고 판단하면 정답으로 오인할 수 있으므로 주의해야 한다.

어휘 **grocery** 식료품

**2.** W-Am  A man holding a box.

번역 상자를 들고 있는 남자

(A) 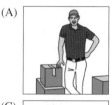  (B)

(C)   (D)

해설 **<1인 동작 묘사>** 남자가 상자를 들고 있는(holding a box) 모습을 묘사한 (D)가 정답이다. (A)는 사진 속에 상자와 남자가 보이지만 남자가 상자들 사이에 서 있는 모습이므로 정답이 될 수 없다. man과 box만 듣고 holding을 놓친 경우 정답으로 오인할 수 있다. (B)는 man과 holding만 듣고 box를 놓친 경우 남자가 열쇠를 들고 있는 동작으로 판단하면 정답으로 오인할 수 있으므로 주의해야 한다. (C)는 사진 속에 상자가 보이지 않으므로 정답이 될 수 없다.

어휘 **hold** 들고 있다, 쥐다

**3.** M-Au  They're walking side by side.

번역 사람들이 나란히 걷고 있다.

(A)   (B)

(C)   (D)

해설 **<2인 이상 동작 묘사>** 정장을 입은 사람들이 나란히 걷고 있는 (walking side by side) 모습을 묘사한 (A)가 정답이다. (B)는 사진에 사람들이 보이지만 줄을 서 있는(standing in line) 모습이므로 정답이 될 수 없다. (C)는 walking만 듣고 side by side를 놓친 경우, 사람들이 계단을 올라가고 있는(walking up the stairs) 동작으로 판단하면 정답으로 오인할 수 있다. (D) 역시 사람들이 보이지만 책상에 앉아서 노트북 모니터를 보고 있는 모습이므로 오답이다.

어휘 **side by side** 나란히

**4.** W-Br   Flowers in a basket.

번역 바구니 안에 든 꽃들

(A)

(B)

(C)

(D)

해설 **<풍경 묘사>** 바구니(basket) 안에 든 꽃들(flowers)을 묘사한 (B)가 정답이다. (A)는 바구니가 보이지 않으므로 답이 될 수 없다. (C)는 basket에만 초점을 두고 flowers와 in을 제대로 듣지 못할 경우 꽃이 장식된 바구니로 판단하여 정답으로 오인하기 쉽다. (D)는 꽃은 보이지 않고 빈 바구니들만 있으므로 오답이다.

어휘 **basket** 바구니

**5.** W-Am   Cars parked along a road.

번역 길을 따라 주차되어 있는 자동차들

(A)
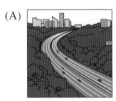

(B)

(C)

(D)
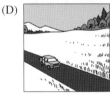

해설 **<풍경 묘사>** 자동차들이 길을 따라 주차되어 있는 모습을 묘사한 (C)가 정답이다. (A)는 parked를 놓치고 cars와 along a road만 듣고 도로를 따라 달리고 있는 차들이라고 생각하면 정답으로 오인할 수 있다. (B)는 자동차들(cars)이 아니라 버스(bus) 한 대만 길에 주차되어 있는 모습이므로 정답이 될 수 없다. (D)는 도로 위에 차가 한 대만 보이므로 오답이다.

어휘 **park** 주차하다   **along** ~ ~를 따라

**6.** M-Cn   People are seated at a long table.

번역 사람들이 긴 테이블에 앉아 있다.

(A)

(B)

(C)
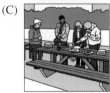

(D)
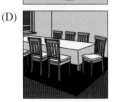

해설 **<인물 + 풍경 묘사>** 사람들이 긴 테이블에 앉아 있는 모습을 묘사한 (A)가 정답이다. (B)는 long이 round였다면 정답이 될 수 있다. (C)는 people과 long table만 듣고 동사 부분(are seated)을 제대로 듣지 못하면 정답으로 오인할 수 있으므로 유의해야 한다. (D)는 사람들이 보이지 않으므로 오답이다.

어휘 **be seated** 앉다

## Listening Part 2

**7.** M-Au   What would you like to eat?
   W-Am   (A) The soup, please.
         (B) Here's a seat.
         (C) Yes, it is.
         (D) After lunch.

번역 무엇을 드시겠습니까?
   (A) 수프 주세요.
   (B) 여기 자리가 있습니다.
   (C) 네, 그렇습니다.
   (D) 점심 먹고 나서요.

해설 **<What 의문문>** 의문사로 시작되는 의문문은 Yes/No 답변이 가능하지 않다. 따라서 (C)는 우선적으로 정답에서 제외할 수 있다. 먹고 싶은 것이 무엇인지를 묻는 질문이므로 수프라고 하며 먹고 싶은 대상을 밝힌 (A)가 정답이다. (B)는 질문의 eat와 발음이 유사한 seat를 듣고 정답으로 오인하지 않도록 유의해야 한다. (D)는 질문의 eat에서 연상 가능한 lunch를 듣고 정답으로 오인할 수 있는데, 시점을 나타내므로 When 의문문에 알맞은 대답이다.

어휘 **seat** 좌석

**8.** W-Br   I'm going to the library.
   M-Au   (A) I'm not sure.
         (B) Tomorrow after work.
         (C) OK, see you later.
         (D) The front desk.

**9.** M-Cn  When is the football game?

W-Br  (A) It starts at four.

(B) Yes, a great player.

(C) No, I don't have time.

(D) At the stadium.

**번역** 축구 경기는 언제죠?

(A) 네 시에 시작해요.

(B) 네, 훌륭한 선수죠.

(C) 아니요, 시간이 없어요.

(D) 경기장에서요.

**해설** **<When 의문문>** 의문사로 시작되는 의문문은 Yes/No 답변이 가능하지 않으므로 (B), (C)는 정답에서 제외할 수 있다. 언제 경기가 시작하는지를 묻는 질문이므로 네 시라며 구체적인 시간으로 대답한 (A)가 정답이다. (D)는 football game에서 연상 가능한 명사 stadium만 듣고 정답으로 오인하지 않도록 유의해야 한다.

**어휘** **great** 아주 좋은, 대단한  **player** 선수  **stadium** 경기장

**10.** W-Am  Your birthday is soon, isn't it?

M-Au  (A) He's not my son.

(B) That would be wonderful.

(C) Yes, on the third of July.

(D) Nothing, thank you.

**번역** 곧 생일이죠, 그렇지 않나요?

(A) 그 아이는 제 아들이 아닙니다.

(B) 그거 좋겠네요.

(C) 네, 7월 3일입니다.

(D) 아닙니다, 감사합니다.

**해설** **<부가의문문>** 사실을 확인하는 부가의문문으로, Yes/No 답변이 가능하다는 점을 기억해 두자. 곧 생일인지 확인하고 있으므로 Yes라고 긍정한 후 정확한 생일 날짜에 대해 부연 설명을 하는 (C)가 정답이다. (A)는 질문의 주어(Your birthday)와 호응할 수 없는 3인칭 주어(He)가 나왔으므로 오답이다. (B)는 birthday를 듣고 생일 파티를 연상해 정답으로 오인하지 않도록 유의해야 한다. 'I am having a birthday party.' 같은 평서문에 가능한 대답이다. (D)는 질문과 상관없는 오답이다.

**어휘** **son** 아들  **nothing** 아무것도 (아니다)

**11.** M-Cn  Is the post office open today?

W-Am  (A) They'll send it.

(B) No, it's closed on Sundays.

(C) A letter and a packet.

(D) No, to the bank.

**번역** 오늘 우체국이 문을 여나요?

(A) 그들이 그걸 보낼 겁니다.

(B) 아니요, 일요일에는 문을 닫아요.

(C) 편지와 소포요.

(D) 아니요, 은행으로요.

**해설** **<일반의문문>** be동사를 이용한 일반의문문으로 Yes/No 답변이 가능하다. 우체국이 영업을 하는지 묻는 질문이므로 No라고 부정으로 대답한 후, 일요일에는 문을 닫는다고 부연 설명을 하는 (B)가 정답이다. (A)는 질문의 주어(the post office)와 주어(They)가 일치하지 않는 대답이다. (C)는 질문의 post office에서 연상 가능한 A letter and a packet을 듣고 정답으로 오인할 수 있는데, 대상을 나타내므로 What 의문문에 알맞은 대답이다. (D)는 post office에서 연상 가능한 bank를 듣고 정답으로 오인하지 않도록 유의해야 한다.

**어휘** **post office** 우체국  **closed** 문을 닫은  **packet** 소포

**12.** W-Br  Who can help me move this furniture?

M-Cn  (A) I can, in a minute.

(B) Not so far away.

(C) Yes, help yourself.

(D) Don't you?

**번역** 제가 이 가구를 옮기는 것을 누가 도와줄 수 있나요?

(A) 제가 곧 도와 드릴 수 있어요.

(B) 그리 멀지 않아요.

(C) 네, 많이 드세요.

(D) 그렇지 않나요?

**해설** **<Who 의문문>** 의문사로 시작되는 의문문은 Yes/No 답변이 가능하지 않다. 따라서 (C)는 우선적으로 정답에서 제외할 수 있다. 누가 도와줄 수 있는지를 묻는 질문이므로 자신이 할 수 있다고 대답한 (A)가 정답이다. (B)는 거리를 나타내므로 How far 의문문에 가능한 대답이다. (D)는 동의를 구하고 있으므로 질문과 전혀 상관없는 대답이다.

**어휘** **move** 옮기다  **furniture** 가구  **in a minute** 금방, 곧  **far away** 멀리 떨어져  **help oneself** 마음껏 먹다

**13.** M-Au  Do you want to come to the beach with us?

W-Br  (A) I already took one.
(B) Oh, when did you go?
(C) A beach umbrella.
(D) That sounds like fun.

**번역** 우리와 함께 해변에 갈래요?

(A) 이미 하나 가져왔어요.
(B) 아, 언제 가셨어요?
(C) 파라솔이요.
(D) 재미있겠군요.

**해설** **<일반의문문>** 조동사 Do를 이용해 '의향'을 묻고 있는 일반의문문으로 Yes/No 답변이 가능하다. 해변에 가고 싶은지를 묻는 질문이므로, Yes를 생략한 채 재미있겠다고 말한 (D)가 정답이다. (A)는 질문의 want와 one의 유사 발음 때문에 정답으로 오인하기 쉬우므로 유의해야 한다. (B)는 과거 시제 조동사(did)가 쓰였으므로 현재 시제 조동사(Do)와 어울리지 않으며, (C)는 질문의 beach를 반복 사용한 오답이다.

**어휘** **beach** 해변  **already** 이미  **beach umbrella** (해변용) 파라솔  **fun** 재미

**14.** W-Am  You like the new science teacher, don't you?

M-Cn  (A) About two hours.
(B) In the science building.
(C) Yes, she's OK.
(D) I'd like that.

**번역** 새로 오신 과학 선생님이 맘에 드시죠, 그렇지 않나요?

(A) 두 시간 정도요.
(B) 과학 건물에서요.
(C) 네, 좋아요.
(D) 그러고 싶어요.

**해설** **<부가의문문>** 부가의문문은 일반의문문과 마찬가지로 Yes/No 답변이 가능하다. 여기서는 과학 선생님이 마음에 드는지 확인하는 질문이므로 Yes라고 한 후, 좋다(she's OK)라고 대답한 (C)가 정답이다. (A)는 시간이 얼마나 걸리는지를 묻는 How long 의문문에 적합한 대답이다. (B)와 (D)는 질문의 science와 like를 각각 반복 사용한 오답이다.

**어휘** **science** 과학  **about** 약  **building** 건물

**15.** M-Au  Where did you buy this delicious cake?

W-Am  (A) It's good, isn't it!
(B) We have no butter.
(C) Only thirty minutes!
(D) No, I don't cook.

**번역** 이 맛있는 케이크는 어디에서 샀어요?

(A) 맛있죠, 그렇지 않나요!
(B) 버터가 없어요.
(C) 30분이면 돼요!
(D) 아니요, 저는 요리를 안 해요.

**해설** **<Where 의문문>** 의문사로 시작되는 의문문은 Yes/No 답변이 가능하지 않다. 따라서 (D)는 우선적으로 정답에서 제외할 수 있다. 맛있는 케이크를 어디에서 샀는지 묻는 질문이지만, 케이크가 맛있다는 것에 감탄하는 것으로 볼 수도 있다. 따라서 동의를 하고 있는 (A)가 정답이다. (B)는 cake에서 연상 가능한 butter만 듣고 정답으로 오인하지 않도록 유의해야 한다. (C)는 걸리는 시간을 나타내므로 How long 의문문에 가능한 대답이다.

**어휘** **delicious** 맛있는  **cook** 요리하다

**16.** W-Br  When will we meet again?

M-Au  (A) You're welcome.
(B) How about on Monday?
(C) I don't usually eat meat.
(D) At the beginning.

**번역** 우리는 언제 다시 만날까요?

(A) 천만에요.
(B) 월요일 어때요?
(C) 저는 보통 고기를 먹지 않아요.
(D) 처음에요.

**해설** **<When 의문문>** 언제 만날지를 묻고 있으므로 월요일이 어떠냐고 되묻는 (B)가 적절한 대답이다. (A)는 'Thank you' 같은 감사 표현에 어울리는 대답이다. (C)는 질문의 meet와 발음이 유사한 meat를 듣고 정답으로 오인하지 않도록 유의한다. (D)는 질문과 상관없는 오답이다.

**어휘** **again** 다시  **How about ~?** ~는 어때요?  **usually** 대개, 보통  **meat** 고기  **at the beginning** 처음에

**17.** M-Cn  Haven't you seen my new car?
　　W-Br  (A) They're on the table.
　　　　　(B) By bus, usually.
　　　　　(C) No, let me see it!
　　　　　(D) A beautiful scene.

번역  제 새 차를 보시지 않았나요?

(A) 탁자 위에 있습니다.

(B) 대개 버스로요.

(C) 아니요, 한번 봅시다!

(D) 아름다운 광경이네요.

해설  **<부정의문문>** 조동사 have를 이용한 부정의문문이다. 부정의 문문은 긍정의문문과 마찬가지로 대답할 내용이 긍정이면 Yes, 부정이면 No로 답변한다는 점에 유의한다. 자신의 새 차를 보지 않았냐고 묻는 질문인데, 보지 않았다는 뜻으로 No라고 부정으로 답한 후 한번 보자고 제안하고 있는 (C)가 정답이다. (A)는 질문의 주어(you)와 호응할 수 없는 3인칭 주어(They)가 나왔으므로 오답이다. (B)는 질문의 car에서 연상 가능한 bus를 듣고 정답으로 오인할 수 있는데, 수단을 나타내므로 How 의문문에 가능한 대답이다. (D)는 질문의 seen과 scene의 유사 발음 때문에 정답으로 오인하기 쉬우므로 유의해야 한다.

어휘  **usually** 대개, 보통  **beautiful** 아름다운  **scene** 장면, 광경

**18.** W-Am  How did you finish that book so
　　　　　quickly?
　　M-Au  (A) You're right, it was.
　　　　　(B) Late last night.
　　　　　(C) From the school library.
　　　　　(D) I'm a fast reader.

번역  어떻게 저 책을 그렇게 빨리 다 읽었죠?

(A) 맞아요, 그랬어요.

(B) 어젯밤 늦게요.

(C) 학교 도서관에서요.

(D) 저는 책을 빨리 읽어요.

해설  **<How 의문문>** 책을 빨리 끝낼 수 있었던 방법을 묻는 질문이지만, 책 읽는 속도에 감탄하는 것으로 볼 수도 있다. 따라서 이에 호응하여 자신이 책을 빨리 읽는 사람이라고 대답한 (D)가 정답이다. (A)는 질문의 주어(you)와 주어(it)가 일치하지 않는 대답이다. (B)는 시점을 나타내므로 When 의문문에 알맞은 대답이다. (C)는 book에서 연상 가능한 library만 듣고 정답으로 오인할 수 있는데, 장소를 나타내므로 Where 의문문에 적합한 대답이다.

어휘  **finish** 끝마치다  **quickly** 빨리  **right** 옳은, 맞는
**late** 늦게  **last night** 어젯밤  **library** 도서관  **fast** 빠른

**19.** M-Cn  When are you traveling, this month or
　　　　　next?
　　W-Am  (A) You must be busy.
　　　　　(B) Not until August.
　　　　　(C) Terrible weather.
　　　　　(D) The next train.

번역  언제 여행을 가세요, 이번 달인가요 아니면 다음 달인가요?

(A) 바쁘시겠군요.

(B) 8월 이후에나 가요.

(C) 날씨가 무척 안 좋아요.

(D) 다음 기차예요.

해설  **<선택의문문>** When을 이용한 선택의문문이다. 선택의문문은 둘 중 하나를 택하는 대답이 나오는 것이 일반적이지만, 질문과 관련된 제3의 대답이 나올 수도 있다. 이번 달에 여행을 갈지 다음 달에 여행을 갈지를 묻는 질문에, 둘 중 하나를 선택해서 대답하지 않고 '8월 이후에 간다'며 제3의 대답을 한 (B)가 정답이다. (A)는 추측을 나타내는 표현이므로 질문과 전혀 어울리지 않는 대답이다. (C)는 질문의 traveling과 발음이 유사한 terrible을 듣고 정답으로 오인하지 않도록 유의해야 한다. (D)는 질문의 next를 반복 사용해 혼동을 주고 있으므로 정답으로 오인하지 않도록 유의해야 한다.

어휘  **travel** 여행하다  **next** 다음의
**not until** ~ 이후에야 비로소  **terrible** 끔찍한, 지독한

**20.** W-Br  Could you close the door behind you?
　　M-Cn  (A) Straight ahead.
　　　　　(B) Yes, of course.
　　　　　(C) Just next door.
　　　　　(D) Two jackets.

번역  뒤에 있는 문을 좀 닫아 주시겠어요?

(A) 똑바로요.

(B) 네, 물론이죠.

(C) 바로 옆집이요.

(D) 재킷 두 벌이요.

해설  **<일반의문문>** 조동사 Could를 이용한 일반의문문이다. 문을 닫아 줄 수 있는지 묻는 질문이므로, Yes라고 긍정한 후 물론이라고 답하고 있는 (B)가 정답이다. (A)는 behind에서 연상 가능한 ahead만 듣고 정답으로 오인하지 않도록 유의해야 한다. (C)는 질문의 door를 반복 사용하고 있어 정답으로 오인하기 쉬우니 유의한다. (D)는 질문과 전혀 상관없는 대답이다.

어휘  **behind** ~의 뒤에  **straight ahead** 똑바로
**of course** 물론  **next door** 옆집, 옆 건물

**21.** M-Au  Who was that on the phone?
　W-Br　(A) It was my sister.
　　　　(B) No, he's at the office.
　　　　(C) I sat over there.
　　　　(D) I'm not sure why.

[번역] 통화한 사람이 누구였나요?
　(A) 제 여동생이었어요.
　(B) 아니요, 그는 사무실에 있어요.
　(C) 저는 저쪽에 앉았어요.
　(D) 이유는 잘 모르겠어요.

[해설] **<Who 의문문>** 의문사로 시작되는 의문문은 Yes/No 답변이 가능하지 않으므로 (B)는 정답에서 제외할 수 있다. 통화한 사람을 묻는 질문이므로 자신의 여동생이라고 대답한 (A)가 정답이다. (C)는 'Where did you sit?' 같은 질문에 어울리는 대답이다. (D)는 이유를 언급하고 있으므로 Why 질문에 적합한 대답이다.

[어휘] **be on the phone** 통화 중이다　**office** 사무실
**over there** 저쪽에　**sure** 확신하는

**22.** W-Am  Would you like the egg or the turkey sandwich?
　M-Cn　(A) Three dollars fifty.
　　　　(B) With salt and pepper.
　　　　(C) Yes, exactly.
　　　　(D) I'll have the turkey.

[번역] 계란 샌드위치를 드시겠어요, 아니면 칠면조 샌드위치를 드시겠어요?
　(A) 3달러 50센트입니다.
　(B) 소금과 후추를 넣어주세요.
　(C) 네, 바로 그거예요.
　(D) 칠면조 먹을게요.

[해설] **<선택의문문>** 조동사 Would를 이용한 선택의문문인데, 선택의문문은 Yes/No로 답변할 수 없으므로 (C)는 우선적으로 정답에서 제외할 수 있다. 계란 샌드위치를 먹을지 칠면조 샌드위치를 먹을지 묻는 질문에, 후자를 택해 칠면조라고 대답한 (D)가 정답이다. (A)는 가격을 나타내는 말이므로 질문과 전혀 어울리지 않는 대답이다. (B)는 질문의 egg에서 연상 가능한 salt and pepper를 듣고 정답으로 오인하지 않도록 유의해야 한다.

[어휘] **turkey** 칠면조　**salt** 소금　**pepper** 후추
**exactly** 정확히, 꼭

**23.** M-Au  How long have you lived here?
　W-Am　(A) Six kilometers.
　　　　(B) Nearly two years.
　　　　(C) It's been difficult.
　　　　(D) More or less.

[번역] 여기에서 얼마나 오래 사셨어요?
　(A) 6킬로미터입니다.
　(B) 거의 2년이요.
　(C) 어려웠어요.
　(D) 거의 그래요.

[해설] **<How long 의문문>** 거주 기간을 묻고 있으므로 '거의 2년이다'라고 대답한 (B)가 정답이다. (A)는 long에서 연상 가능한 Six kilometers를 듣고 정답으로 오인할 수 있는데, 길이를 나타내므로 'How long is it?' 같은 질문에 어울리는 대답이다. (C)는 질문의 주어(you)와 호응할 수 없는 3인칭 주어(It)가 나왔으므로 오답이다. (D)는 질문과 상관없는 오답이다.

[어휘] **how long** 얼마나 오래　**live** 살다　**nearly** 거의
**difficult** 어려운　**more or less** 거의, 대략

**24.** W-Br  Haven't you made the reservation yet?
　M-Cn　(A) No, but I'll call soon.
　　　　(B) I filled it up.
　　　　(C) It's no problem.
　　　　(D) Thanks, that helps.

[번역] 아직 예약을 안 하셨나요?
　(A) 안 했는데, 곧 전화할 거예요.
　(B) 제가 채웠어요.
　(C) 문제없습니다.
　(D) 고마워요, 도움이 되네요.

[해설] **<부정의문문>** 조동사 Have를 이용해 예약 여부를 묻는 부정의문문이다. 부정의문문은 긍정의문문과 마찬가지로 대답의 내용이 긍정이면 Yes, 부정이면 No가 나온다는 점에 유의해야 한다. 예약을 안 했는지 묻는 질문에 No라고 예약을 하지 않았다는 뜻을 표한 후 곧 전화할 것이라며 계획을 밝히고 있는 (A)가 정답이다. (B)는 'Who filled up the car?' 같은 질문에 어울리는 대답이다. (C)는 질문의 주어(you)와 주어(It)가 일치하지 않는 대답이다. (D)는 고마움을 나타내는 말이므로 질문과 전혀 어울리지 않는 대답이다.

[어휘] **make a reservation** 예약하다　**yet** 아직　**soon** 곧
**fill up** 채우다　**problem** 문제　**help** 도움이 되다

**25.** W-Am Thank you for a lovely evening.

W-Br　(A) Nobody at all.

　　　(B) Ten o'clock at night.

　　　(C) I'm glad you enjoyed it.

　　　(D) I'll be ready in a moment.

번역 멋진 저녁 시간을 보내게 해 주셔서 감사합니다.

(A) 아무도 안 했어요.

(B) 밤 10시예요.

(C) 즐겁게 보내셨다니 기뻐요.

(D) 곧 준비를 마칠 거예요.

해설 **<평서문>** 감사함을 표현하고 있는 평서문이다. 멋진 저녁 시간을 보낸 데 대한 감사인사이므로 즐겁게 보내서 기쁘다고 대답하는 (C)가 가장 자연스럽다. (A)는 질문과 상관없는 오답이다. (B)는 evening에서 연상 가능한 night를 언급한 오답이다. (D)는 준비되는 시점을 묻는 When 질문에 적합한 대답이다.

어휘 **lovely** 사랑스러운　**nobody** 아무도 ~ 않다　**at all** 전혀　**enjoy** 즐기다　**ready** 준비가 된　**in a moment** 곧, 바로

**26.** M-Cn　Why are all the windows shut?

M-Au　(A) No, we haven't.

　　　(B) I made them myself.

　　　(C) In the dining room.

　　　(D) The heating is on.

번역 왜 창문이 전부 닫혀 있죠?

(A) 아니요, 저희는 하지 않았어요.

(B) 제가 그것들을 직접 만들었어요.

(C) 식당에서요.

(D) 난방 중이거든요.

해설 **<Why 의문문>** 의문사로 시작되는 의문문은 Yes/No 답변이 가능하지 않다. 따라서 (A)는 우선적으로 정답에서 제외할 수 있다. 창문이 닫혀 있는 이유를 묻고 있으므로 난방 중이라는 구체적인 이유를 제시한 (D)가 정답이다. (B)는 직접 그것들을 만들었다고 하므로 질문과 전혀 어울리지 않는 대답이다. (C)는 windows에서 연상 가능한 room을 듣고 정답으로 오인하지 않도록 유의해야 한다.

어휘 **shut** 닫힌　**dining room** 식당　**heating** 난방

**Questions 27–28** refer to the following conversation.

W-Am Hello, welcome to Lucy's Bakery.

M-Cn I'll have one large loaf of bread, please.

W-Am Sure. That'll be two dollars and fifty cents.

여: 안녕하세요, 루시즈 베이커리에 오신 것을 환영합니다.

남: 큰 빵을 하나 살게요.

여: 네, 2달러 50센트입니다.

**welcome** 환영하다　**bakery** 빵집　**large** 큰　**loaf** 덩어리　**bread** 빵

**27.** What does the man want to buy?

(A) Some bread.

(B) Some vegetables.

(C) Some furniture.

(D) Some clothing.

번역 남자는 무엇을 사고 싶어 하는가?

(A) 빵

(B) 채소

(C) 가구

(D) 옷

해설 **<What 질문>** 남자가 사고 싶어 하는 것이 무엇(What)인지 묻는 질문이다. 남자의 대사 I'll have one large loaf of bread, please.에서 큰 빵 한 덩이를 산다고 했으므로 one large loaf of bread를 Some bread로 바꿔 표현한 (A)가 정답이다.

어휘 **vegetable** 채소　**furniture** 가구　**clothing** 옷, 의류

**28.** How much will the man pay?

(A) $0.50.

(B) $2.50.

(C) $20.00.

(D) $25.00.

번역 남자는 얼마를 지불할 것인가?

(A) 50센트

(B) 2달러 50센트

(C) 20달러

(D) 25달러

해설 **<How much 질문>** 남자가 얼마를 지불할지 묻는 질문이다. 남자가 빵 한 덩이를 산다고 하자, 여자가 That'll be two dollars and fifty cents.라며 가격이 2달러 50센트라고 밝히고 있다. 따라서 two dollars and fifty cents를 $2.50으로 바꿔 표현한 (B)가 정답이다.

어휘 **pay** 지불하다

## Questions 29-30 refer to the following conversation.

W-Am Mark, can I borrow your umbrella? It's really raining outside.

M-Au Yes, sure. It's by the door there.

W-Am Thanks so much. I just have to get my phone from the car. I'll be right back.

여: 마크, 우산 좀 빌려도 될까요? 밖에 비가 많이 내리고 있어요.

남: 네, 그래요. 저쪽 문 옆에 있어요.

여: 정말 고마워요. 차에서 제 전화기를 가져와야 하거든요. 곧 돌아올게요.

**borrow** 빌리다　**umbrella** 우산　**really** 매우, 실제로
**outside** 바깥에　**sure** 물론　**there** 저쪽에
**have to** ~해야 하다　**phone** 전화기

**29.** What does the woman ask to borrow?

(A) A jacket.
(B) A key.
(C) A phone.
(D) An umbrella.

번역 여자는 무엇을 빌려 달라고 요청하는가?

(A) 윗옷
(B) 열쇠
(C) 전화기
(D) 우산

해설 **<What 질문>** 여자가 빌리려는 것이 무엇(What)인지를 묻고 있다. 여자가 첫 대사 Mark, can I borrow your umbrella?에서 우산을 빌려 달라고 요청하고 있으므로 (D)가 정답이다.

**30.** Where will the woman go next?

(A) To her school.
(B) To her work.
(C) To her car.
(D) To her house.

번역 여자는 다음에 어디에 갈 것인가?

(A) 학교
(B) 직장
(C) 차
(D) 집

해설 **<Where 질문>** 여자가 갈 장소(Where)를 묻는 질문이다. 여자가 마지막 대사 I just have to get my phone from the car.에서 차에서 전화기를 가져와야 한다며 다음에 갈 장소를 밝히고 있다. 따라서 (C)가 정답이다.

## Questions 31-32 refer to the following conversation.

M-Cn OK, here's your key card. Have a pleasant stay with us.

W-Br Thanks! And did you say breakfast is at six?

M-Cn There will be coffee and pastries in the lobby from seven to nine.

남: 자, 여기 카드식 열쇠가 있습니다. 이곳에서 즐겁게 머무시기를 바랍니다.

여: 감사합니다! 아침식사가 6시라고 하셨나요?

남: 7시부터 9시까지 로비에 커피와 페이스트리가 준비될 겁니다.

**pleasant** 즐거운　**stay** 머무름, 방문　**breakfast** 아침식사

**31.** Where are the speakers?

(A) At a restaurant.
(B) At an office.
(C) At a hotel.
(D) At a store.

번역 화자들은 어디에 있는가?

(A) 음식점
(B) 사무실
(C) 호텔
(D) 상점

해설 **<Where 질문>** 남자가 첫 대사 OK, here's your key card. Have a pleasant stay with us.에서 카드식 열쇠를 주며 즐겁게 머물라고 하자, 여자가 아침식사 시간을 확인하고 있다. 이런 대화가 오가는 장소는 호텔이므로 (C)가 정답이다.

## 32. When will breakfast start?

(A) At 6:00 A.M.

(B) At 7:00 A.M.

(C) At 8:00 A.M.

(D) At 9:00 A.M.

**번역** 아침식사는 언제 시작될 것인가?

(A) 오전 6시

(B) 오전 7시

(C) 오전 8시

(D) 오전 9시

**해설** <When 질문> 아침식사 시작 시간(When)을 묻는 질문이다. 아침식사가 6시인지 물어본 여자에게 남자가 There will be coffee and pastries in the lobby from seven to nine.이라며 7시부터 9시까지 로비에 커피와 페이스트리가 준비될 것이라고 알려 주고 있으므로 (B)가 정답이다.

**Questions 33–34** refer to the following conversation and invoice.

W-Am Frank, is everything ready for Mr. Ito's retirement party?

M-Au Yes, the tables are set, and the cake is here. There's a problem with the invoice, though. See?

W-Am Oh, yes. We used a coupon for the paper plates, but they haven't given us the discount.

M-Au I'll call the store later. But right now, let's get ready to say good-bye to Mr. Ito!

여: 프랭크, 이토 씨의 은퇴 기념 파티 준비가 다 됐나요?

남: 네, 식사 준비가 다 됐고 케이크는 여기 있어요. 그런데 청구서에 문제가 있네요. 보이세요?

여: 아, 네. 쿠폰을 사용해서 종이 접시를 구입했는데 할인이 되지 않았군요.

남: 나중에 상점으로 전화할게요. 지금은 이토 씨에게 작별을 고할 준비를 합시다!

invoice 청구서 **everything** 모든 것 **ready** 준비가 된 **retirement** 은퇴, 퇴직 **set** 준비가 된 **though** 그렇지만 **plate** 접시 **discount** 할인 **later** 나중에 **right now** 지금 당장 **get ready** 준비하다 **say good-bye to** ~에게 작별 인사를 하다

```
            Invoice
Balloons         $6.50
Table covers    $10.00
Plastic cups    $15.50
Paper plates    $30.00
```

```
            청구서
풍선            6달러 50센트
식탁보          10달러
플라스틱 컵      15달러 50센트
종이 접시        30달러
```

**어휘** **cover** 덮개

## 33. Why is there a party for Mr. Ito?

(A) He was promoted.

(B) It is his birthday.

(C) He won an award.

(D) He is retiring.

**번역** 이토 씨를 위한 파티가 왜 열리는가?

(A) 승진했다.

(B) 생일이다.

(C) 상을 받았다.

(D) 은퇴한다.

**해설** <Why 질문> 파티를 여는 이유를 묻는 질문이다. 여자가 첫 대사 Frank, is everything ready for Mr. Ito's retirement party?에서 이토 씨의 은퇴 기념 파티 준비가 되었는지 묻고 있다. 따라서 Mr. Ito's retirement를 He is retiring으로 바꿔 표현한 (D)가 정답이다.

**어휘** **promote** 승진시키다 **birthday** 생일 **award** 상 **retire** 은퇴하다, 퇴직하다

## 34. Look at the invoice. What amount is wrong?

(A) $6.50.　　　　(B) $10.00.

(C) $15.50.　　　(D) $30.00.

**번역** 청구서를 보시오. 어떤 금액이 잘못되었는가?

(A) 6달러 50센트　　(B) 10달러

(C) 15달러 50센트　(D) 30달러

**해설** **<시각 정보 연계 질문>** 시각 정보와 연계하여 잘못된 금액을 묻는 질문이다. 남자가 첫 대사에서 청구서에 문제가 있다고 하자, 여자가 We used a coupon for the paper plates, but they haven't given us the discount.라며 쿠폰을 사용해서 종이 접시를 구입했는데 할인이 적용되지 않았다고 대답한다. 종이 접시의 금액이 잘못되었다는 것을 알 수 있고, 시각 정보를 보면 종이 접시는 $30.00라고 되어 있다. 따라서 (D)가 정답이다.

**어휘** amount 액수   wrong 잘못된

## Questions 35−36 refer to the following conversation and movie list.

M-Cn  Look, Carolyn. The library is showing movies this week. Do you want to go to the mystery movie?

W-Br  I've heard it's good. But I'd rather see the comedy.

M-Cn  OK. A comedy is fine with me. Shall we ask Mary to go with us, too?

W-Br  That's a good idea. I'll give her a call.

남 : 저, 캐롤라인. 이번 주에 도서관에서 영화를 상영하네요. 추리 영화 보러 갈래요?

여 : 그 영화가 재미있다고 들었어요. 하지만 저는 코미디 영화를 보고 싶어요.

남 : 좋아요. 저도 코미디 영화 괜찮아요. 메리에게도 같이 갈 건지 물어볼까요?

여 : 좋은 생각이네요. 제가 전화해 볼게요.

library 도서관   show 보여 주다
mystery 수수께끼, 미스터리   would rather ~하겠다
Shall we ~? ~할까요?   give a call 전화하다

**Movie List**

| | |
|---|---|
| *Family Vacation* | Comedy |
| *1000 Years* | Drama |
| *Deep Seas* | Adventure |
| *A Stranger Calls* | Mystery |

**영화 목록**

| | |
|---|---|
| 〈가족 휴가〉 | 코미디 |
| 〈천 년〉 | 드라마 |
| 〈심해〉 | 모험 |
| 〈낯선 사람의 전화〉 | 추리 |

**어휘** vacation 휴가   adventure 모험   stranger 낯선 사람

**35.** Look at the movie list. Which movie will the speakers see?

(A) *Family Vacation.*
(B) *1000 Years.*
(C) *Deep Seas.*
(D) *A Stranger Calls.*

**번역** 영화 목록을 보시오. 화자들은 어떤 영화를 볼 것인가?

(A) 〈가족 휴가〉
(B) 〈천 년〉
(C) 〈심해〉
(D) 〈낯선 사람의 전화〉

**해설** **<시각 정보 연계 질문>** 시각 정보와 연계하여 화자들이 볼 영화를 묻고 있다. 남자가 첫 대사에서 추리 영화를 보고 싶은지 묻자, 여자가 But I'd rather see the comedy.에서 코미디 영화를 보고 싶다고 대답한다. 이어서 남자도 코미디 영화가 좋다고 하므로 화자들이 코미디 영화를 볼 것임을 알 수 있다. 시각 정보를 보면 〈가족 휴가〉의 장르가 코미디이므로 (A)가 정답이다.

**36.** What does the woman plan to do?

(A) Check some show times.
(B) Invite a friend to a movie.
(C) Drive to a theater.
(D) Buy some tickets.

**번역** 여자는 무엇을 하려고 계획하는가?

(A) 상영 시간 확인하기
(B) 친구를 영화 관람에 초대하기
(C) 운전해서 극장에 가기
(D) 입장권 구입하기

**해설** **<What 질문>** 여자가 계획한 것이 무엇(What)인지를 묻는 질문이다. 남자가 두 번째 대사에서 코미디 영화가 좋다며 메리에게도 갈 건지 물어보겠다고 하자, 여자가 좋은 생각이라며 I'll give her a call.에서 본인이 전화하겠다고 밝히고 있다. 따라서 여자가 친구를 영화 관람에 초대할 계획이라는 것을 알 수 있으므로

give her a call을 Invite a friend to a movie로 바꿔 표현한 (B)가 정답이다.

**어휘** check 확인하다　show time 상영 시간　invite 초대하다
drive 운전하다　theater 극장

## Listening Part 4

**Questions 37–38** refer to the following talk.

M-Au Welcome to your first day of work at the coffeehouse. I'm the manager. And this is Lewis. He's in charge of training our new employees. He'll show you both how to make all the different kinds of hot drinks.

남 : 커피숍 근무 첫 날을 환영합니다. 저는 관리자이고, 이 쪽은 루이스입니다. 신입 직원 교육을 담당하고 있습니다. 각종 뜨거운 음료를 모두 어떻게 만드는지 루이스가 두 분에게 알려 줄 것입니다.

---

manager 관리자　in charge of ~을 맡아, 담당하여
train 교육하다　employee 직원　both 둘 다
different 다른, 각양각색의

**37.** Who is the speaker?

(A) A store owner.
(B) A new employee.
(C) A manager.
(D) A customer.

**번역** 화자는 누구인가?

(A) 매장 주인
(B) 신입 직원
(C) 관리자
(D) 고객

**해설** <Who 질문> 화자의 신분(Who)을 묻는 질문이다. 화자는 서두에서 청자들에게 근무 첫 날을 환영한다고 말한 후, I'm the manager.라며 자신을 관리자라고 소개하고 있다. 따라서 (C)가 정답이다.

**38.** What will Lewis do?

(A) Order some coffee.
(B) Train some workers.
(C) Fix a machine.
(D) Sign a paper.

**번역** 루이스는 무엇을 할 것인가?

(A) 커피 주문하기
(B) 직원 교육하기
(C) 기계 수리하기
(D) 문서에 서명하기

**해설** <What 질문> 루이스가 무엇(What)을 할 것인지 묻는 질문이다. 네 번째 문장 He's in charge of training our new employees.에서 루이스가 신입 직원 교육을 담당하고 있다고 소개한 후, 이어 그가 음료 만드는 방법을 청자들에게 알려줄 것이라고 말하고 있다. 따라서 루이스가 직원을 교육할 것임을 알 수 있으므로 our new employees를 some workers로 바꿔 표현한 (B)가 정답이다

**어휘** order 주문하다　worker 근로자　fix 수리하다
machine 기계　sign 서명하다

**Questions 39–40** refer to the following announcement.

W-Am Attention, passengers. We'll be landing in ten minutes. We should arrive at our gate at about four p.m. Please fasten your seat belts and place your bags under the seat in front of you. We hope you enjoy your stay in Greenhaven.

여 : 승객 여러분께 알려 드립니다. 저희 비행기는 10분 후 착륙 예정입니다. 오후 4시경에 게이트에 도착할 것입니다. 안전벨트를 착용하시고 가방은 앞에 있는 좌석 아래에 놓아 주십시오. 그린헤이븐에서 즐겁게 지내시기 바랍니다.

---

attention (안내 방송에서) 알립니다　passenger 승객
land 착륙하다　arrive 도착하다　fasten 매다, 조이다
seat belt 안전벨트　place 놓다, 두다
in front of ~의 앞에　stay 머무름, 방문

**39.** Where are the people?

(A) On a tour bus.
(B) At an airport.
(C) At a travel agency.
(D) On an airplane.

번역 사람들은 어디에 있는가?

(A) 관광 버스
(B) 공항
(C) 여행사
(D) 비행기

해설 **<Where 질문>** 사람들이 있는 장소(Where)를 묻는 질문이다. 첫 번째 문장에서 passengers가 언급되었고, 두 번째 문장 We'll be landing in ten minutes.에서 10분 후에 착륙 예정이라고 밝히고 있으므로 화자가 비행기에서 승객들에게 안내 방송을 하고 있음을 알 수 있다. 따라서 (D)가 정답이다.

**40.** What will happen in 10 minutes?

(A) A plane will land.
(B) A program will end.
(C) Tickets will be ready.
(D) A bus will depart.

번역 10분 후에 어떤 일이 있을 것인가?

(A) 비행기가 착륙할 것이다.
(B) 프로그램이 끝날 것이다.
(C) 탑승권이 준비될 것이다.
(D) 버스가 출발할 것이다.

해설 **<What 질문>** 10분 후에 있을 일(What)을 묻는 질문이다. 화자가 두 번째 문장 We'll be landing in ten minutes.에서 10분 후 착륙 예정이라고 말하고 있으므로 (A)가 정답이다.

어휘 **plane** 비행기   **end** 끝나다   **depart** 출발하다

**Questions 41–42** refer to the following telephone message.

W-Br  Hi, my name's Mila Janssen. I'm calling because I saw your advertisement online. The advertisement said that you were selling a car. I'm interested in looking at it. Could you call me back at this number to talk about the price? Thanks.

여: 안녕하세요, 저는 밀라 얀센입니다. 온라인 광고를 보고 전화했습니다. 광고에서 차를 파실 계획이라고 하셨는데요. 차를 한 번 보고 싶습니다. 이 번호로 다시 전화 주셔서 가격에 대해 이야기 나눌 수 있을까요? 감사합니다.

**call** 전화하다   **advertisement** 광고   **sell** 팔다
**be interested in** ~에 흥미가 있는
**look at** ~을 보다   **price** 가격

**41.** What does the woman want to do?

(A) Post an advertisement.
(B) Sell a computer.
(C) Buy a car.
(D) Apply for a job.

번역 여자는 무엇을 하고 싶어 하는가?

(A) 광고 게재하기
(B) 컴퓨터 판매하기
(C) 차량 구매하기
(D) 일자리 지원하기

해설 **<What 질문>** 여자가 무엇(What)을 하고 싶어 하는지 묻고 있다. 세 번째 문장의 advertisement, selling a car 등이 단서가 될 수 있고, 이어지는 문장 I'm interested in looking at it.에서 차를 한 번 보고 싶다고 밝히며 가격에 대해 이야기를 나누자고 제안하고 있다. 따라서 여자가 차량을 구매하고 싶어 함을 알 수 있으므로 (C)가 정답이다.

어휘 **post** 게시하다   **sell** 판매하다   **apply for** ~에 지원하다

**42.** What does the woman ask the listener to do?

(A) Send some money.
(B) Return a phone call.
(C) E-mail a reply.
(D) Check a Web site.

번역 여자는 청자에게 무엇을 해 달라고 요청하는가?

(A) 돈 보내기
(B) 응답 전화하기
(C) 이메일로 답신 보내기
(D) 웹사이트 확인하기

**<What 질문>** 여자가 청자에게 요청하는 것이 무엇(What)인지를 묻고 있다. 여자는 차를 한 번 보고 싶다고 말한 후, Could you call me back at this number to talk about the price?라며 가격에 대해 이야기 나눌 수 있게 전화를 달라고 요청하고 있다. 따라서 call me back을 Return a phone call로 바꿔 표현한 (B)가 정답이다.

**return** 돌려주다   **reply** 답신, 답장   **check** 확인하다

## Questions 43-44 refer to the following telephone message.

M-Cn Hello, this is a message for Pierre at Dawson Hair Salon. This is Michel Dupont calling about my appointment tomorrow at 2 P.M. I'm afraid I'll have to cancel. I'll be traveling then. I'll call again to make a new appointment when I get back. Again, Michel Dupont, canceling my hair appointment for 2 P.M. on Wednesday. Thank you.

남: 안녕하세요. 도슨 헤어 살롱의 피에르에게 메시지 남깁니다. 저는 미셸 듀퐁이고 내일 오후 2시 예약 건으로 전화했습니다. 죄송한데, 취소해야 할 것 같습니다. 그 때 여행을 가야 해서요. 돌아오면 다시 전화해서 새로 예약을 잡을게요. 다시 한 번 말씀드리면, 저는 미셸 듀퐁이고 수요일 오후 2시 미용실 예약을 취소합니다. 감사합니다.

**appointment** 약속   **cancel** 취소하다   **travel** 여행하다
**make an appointment** 약속하다

**43.** Who is the speaker calling?

(A) A hairdresser.
(B) A travel agent.
(C) A bank employee.
(D) A doctor.

화자는 누구에게 전화하고 있는가?

(A) 미용사
(B) 여행사 직원
(C) 은행 직원
(D) 의사

**<Who 질문>** 화자가 누구(Who)에게 전화하는지 묻는 질문이다. 화자가 인사말 this is a message for Pierre at Dawson Hair Salon에서 도슨 헤어 살롱의 피에르에게 메시지를 남긴다고 밝히고 있다. 따라서 화자가 전화하는 사람이 미용사임을 알 수 있으므로 Pierre at Dawson Hair Salon을 A hairdresser로 바꿔 표현한 (A)가 정답이다.

**44.** Why is the speaker calling?

(A) To ask for directions.
(B) To arrange a meeting.
(C) To plan a trip.
(D) To cancel an appointment.

화자가 전화를 건 목적은?

(A) 길을 물어보기 위해
(B) 회의를 잡기 위해
(C) 여행을 계획하기 위해
(D) 예약을 취소하기 위해

**<Why 질문>** 화자가 전화를 건 이유(Why)를 묻는 질문이다. 화자는 내일 오후 2시 예약 건으로 전화했다고 말하고 있다. 이어 I'm afraid I'll have to cancel.이라며 취소해야 할 것 같다고 전화를 건 이유를 제시하고 있으므로 (D)가 정답이다.

**directions** 길 안내   **arrange** 마련하다, 주선하다
**plan** 계획하다

## Questions 45-46 refer to the following talk.

W-Am Thank you for offering to help in the gardens today. As you know, these ivy vines grow on the trunks of our native trees. This is not good for the trees. So, we're going to dig up as many of the ivy plants as we can. Each of you will receive gloves and a small shovel. We'll start working at the west side of the gardens and make our way to the east side by 4 o'clock.

여: 오늘 정원 작업을 돕기로 해 주셔서 감사합니다. 아시다시피 이 담쟁이 덩굴이 저희 자생 나무의 몸통 위로 자라나고 있어요. 이는 나무에 좋지 않습니다. 따라서 가능한 한 많은 담쟁이 식물을 파낼 예정입니다. 여러분은 각자 장갑과 작은 삽을 받으실 것입니다. 정원의 서쪽부터 시작해서 오후 4시까지 동쪽으로 진행하겠습니다.

offer 제의하다, 해 주겠다고 하다 　garden 정원
vine 덩굴 식물 　trunk 나무의 몸통
native 자생의, 토종의 　dig up 파내다
plant 식물 　receive 받다 　shovel 삽 　west 서쪽의
make one's way to ~로 나아가다 　east 동쪽의

**45.** What will the listeners do in the gardens?

(A) Pick up trash.
(B) Install signs.
(C) Plant native trees.
(D) Remove harmful plants.

번역 청자들은 정원에서 무엇을 할 것인가?

(A) 쓰레기 줍기
(B) 표지판 설치하기
(C) 자생 나무 심기
(D) 해로운 식물 제거하기

해설 <What 질문> 청자들이 정원에서 무엇(What)을 할 것인지 묻고 있다. 화자는 담쟁이 덩굴이 자생 나무의 몸통 위로 자라나고 있어서 나무에 좋지 않다고 설명한 후, we're going to dig up as many of the ivy plants as we can라며 가능한 한 많은 담쟁이 식물을 파낼 예정이라고 말하고 있다. 이어 청자들이 식물 제거에 필요한 작업 장비를 받게 될 것이라고 알려 주고 있으므로 청자들이 다른 나무에 해가 되는 담쟁이 식물을 제거할 것임을 알 수 있다. 따라서 dig up as many of the ivy plants as we can을 Remove harmful plants로 바꿔 표현한 (D)가 정답이다.

어휘 pick up 줍다 　trash 쓰레기 　install 설치하다
sign 표지판 　plant 심다 　remove 제거하다
harmful 해로운

**46.** On which side of the gardens will the work start?

(A) The north side.
(B) The west side.
(C) The south side.
(D) The east side.

번역 정원의 어느 쪽에서 작업이 시작될 것인가?

(A) 북쪽
(B) 서쪽
(C) 남쪽
(D) 동쪽

해설 <Which 질문> 정원의 어느 쪽(On which side)에서 작업이 시작될지 묻는 질문이다. 화자가 마지막 문장 We'll start working at the west side of the gardens and make our way to the east side by 4 o'clock.에서 정원의 서쪽부터 시작해서 오후 4시까지 동쪽으로 진행하겠다며 작업 구역과 시간에 대해 설명하고 있다. 따라서 작업은 서쪽에서 시작될 것임을 알 수 있으므로 (B)가 정답이다.

**Questions 47–48** refer to the following announcement and directory.

M-Au　Welcome to the Art Museum. My name is Charlie, and I'll lead your tour today. There are four floors in the building, with a different exhibit on each floor. We'll start on the top floor and visit each floor as we come down. After the tour, don't forget to stop in the gift shop. You'll find posters and postcards of the art in the exhibits there. Now please follow me.

남: 미술관에 오신 것을 환영합니다. 제 이름은 찰리이며, 오늘 여러분의 견학을 안내하겠습니다. 건물 내에는 4개 층이 있는데 층마다 각기 다른 전시회가 있습니다. 꼭대기 층부터 시작해 아래로 내려오면서 각 층에 들르겠습니다. 견학 이후에는, 선물 가게에 잊지 말고 들르세요. 전시된 미술품의 포스터와 엽서가 있습니다. 이제 절 따라오세요.

art museum 미술관 　lead 이끌다 　tour 견학
building 건물 　exhibit 전시회, 전시품 　floor 층
come down 내려오다 　forget 잊어버리다 　gift 선물
postcard 엽서 　follow 따라가다

## ART MUSEUM

| Floor | Exhibit |
|---|---|
| 4 | Paintings |
| 3 | Photographs |
| 2 | Drawings |
| 1 | Sculptures |

```
┌─────────────────────────┐
│        미술관            │
│                         │
│   층          전시품     │
│   4           그림       │
│   3           사진       │
│   2           소묘       │
│   1           조각       │
└─────────────────────────┘
```

**47.** Look at the directory. What will the visitors see first?

(A) Paintings.
(B) Photographs.
(C) Drawings.
(D) Sculptures.

번역 안내판을 보시오. 방문객은 무엇을 처음 볼 것인가?

(A) 그림
(B) 사진
(C) 소묘
(D) 조각

해설 **<시각 정보 연계 질문>** 시각 정보와 연계하여 방문객이 처음 보게 될 것이 무엇(What)인지를 묻는 질문이다. 화자는 세 번째 문장에서 건물에 4개 층이 있고 층마다 다른 전시회가 있다고 한 뒤, 이어 We'll start on the top floor and visit each floor as we come down.에서 꼭대기 층부터 시작해 아래로 내려오면서 각 층에 들르겠다고 안내하고 있다. 따라서 꼭대기 층에 있는 전시품을 처음으로 볼 것임을 알 수 있다. 안내판을 보면 꼭대기 층인 4층에는 그림이 전시되어 있으므로 (A)가 정답이다.

어휘 **directory** 안내판, 안내책자  **visitor** 방문객

**48.** What does the speaker remind the visitors to do?

(A) Pick up a map.
(B) Eat in the cafeteria.
(C) Stay with the group.
(D) Visit the gift shop.

번역 화자는 방문객들에게 무엇을 하라고 알려 주는가?

(A) 지도 가져가기
(B) 구내식당에서 먹기
(C) 단체로 함께 다니기
(D) 선물가게 들르기

해설 **<What 질문>** 화자가 청자들에게 무엇(What)을 하라고 알려주는지를 묻는 질문이다. 화자는 After the tour, don't forget to stop in the gift shop.라며 견학 이후 선물 가게에 잊지 말고 들르라고 말하고 있다. 따라서 stop in을 Visit으로 바꿔 표현한 (D)가 정답이다.

어휘 **remind** 다시 알려 주다, 상기시키다  **pick up** 얻다
**map** 지도  **cafeteria** 카페테리아, 구내식당

**Questions 49–50** refer to the following talk and sign.

W-Am Good morning! Thank you for coming to "Take a Hike" Day at Wilderness Park. In this park, there are four walking paths that you can explore. The paths are numbered on your maps. And they're listed on the sign here in order of their difficulty, starting with the easiest. Because it's a hot day, be sure to drink a lot of water while you are hiking. You can buy some at the park store if you need to.

여: 안녕하십니까! 윌더니스 공원에서 열리는 "하이킹의 날"에 와 주셔서 감사합니다. 이 공원에는 여러분이 답사할 수 있는 네 개의 산책로가 있습니다. 여러분의 지도에 산책로의 번호가 매겨져 있습니다. 또한 여기 표지판에 난이도 순으로 가장 쉬운 코스부터 나와 있습니다. 날씨가 더우니 하이킹 중에 물을 많이 마시도록 하십시오. 필요한 경우 공원 매점에서 물을 사실 수 있습니다.

**take a hike** 하이킹하다  **wilderness** 광야, 황무지
**park** 공원  **path** 길  **explore** 답사하다, 탐험하다
**be numbered** 번호가 매겨지다
**be listed** (명단에) 올라 있다  **sign** 표지판
**in order of** ~의 순으로  **difficulty** 어려움
**be sure to** 반드시 ~하다  **while** ~하는 동안

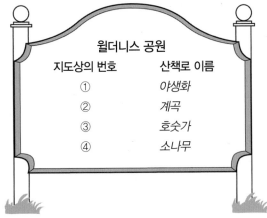

**49.** Look at the sign. Which path is the easiest?

    (A) Wildflower.
    (B) Valley.
    (C) Lakeside.
    (D) Pine Tree.

번역 표지판을 보시오. 어떤 산책로가 가장 쉬운 코스인가?

    (A) 야생화
    (B) 계곡
    (C) 호숫가
    (D) 소나무

해설 <시각 정보 연계 질문> 시각 정보와 연계하여 어떤(Which) 산책로가 가장 쉬운 코스인지를 묻는 질문이다. 화자는 네 번째 문장에서 청자들의 지도에 산책로의 번호가 매겨져 있다고 밝혔고, 뒤이어 And they're listed on the sign here in order of their difficulty, starting with the easiest.라며 표지판에 난이도 순으로 가장 쉬운 코스부터 나와 있다고 설명하고 있다. 표지판을 보면 1번 야생화가 제일 먼저 나와 있으므로 가장 쉬운 코스라는 것을 알 수 있다. 따라서 (A)가 정답이다.

**50.** What does the speaker tell the listeners to do?

    (A) Buy snacks.
    (B) Bring sunscreen.
    (C) Drink water.
    (D) Wear a hat.

번역 화자는 청자들에게 무엇을 하라고 말하는가?

    (A) 간식 사기
    (B) 자외선 차단제 가져오기
    (C) 물 마시기
    (D) 모자 쓰기

해설 <What 질문> 화자가 청자들에게 무엇(What)을 하라고 하는지를 묻는 질문이다. 화자가 담화 후반부 Because it's a hot day, be sure to drink a lot of water while you are hiking.에서 하이킹 중에 물을 많이 마시라고 말하고 있으므로 (C)가 정답이다.

어휘 snack 간식    bring 가져오다    sunscreen 자외선 차단제    wear 입다, 쓰다

### Reading Part 1

**51.** The bank is _____ the post office.

    (A) in front
    (B) next to
    (C) across
    (D) far

번역 은행은 우체국 옆에 있다.

해설 <전치사 문제> 빈칸 앞에는 be동사가 있고 뒤에는 명사구가 있으므로, 빈칸에는 be동사와 명사구 the post office를 자연스럽게 연결해 주는 전치사가 필요하다. 따라서 '은행은 우체국 옆에 있다'라는 의미를 완성하는 (B) next to가 알맞다. (A)는 빈칸 뒤에 of가, (C)와 (D)는 from이 있어야 정답이 될 수 있다.

어휘 bank 은행    post office 우체국    next to ~의 옆에

**52.** Please make _____ a cup of tea.

    (A) you
    (B) your
    (C) yours
    (D) yourself

번역 차 한 잔 타서 드세요.

**<인칭대명사 문제>** Please로 시작하는 명령문으로, 주어인 you가 생략되어 있다. 빈칸 앞에 동사 make, 뒤에 직접목적어인 a cup of tea가 있으므로, 빈칸은 간접목적어 자리임을 알 수 있다. 따라서 목적어 역할을 할 수 있는 대명사 (A) you, (C) yours, (D) yourself 중 하나를 선택해야 한다. 문맥을 살펴보면, 명령문의 생략된 주어인 you(동사 make의 주체)와 간접목적어(차를 마시는 사람)가 동일한 대상이므로, 재귀대명사인 (D) yourself가 정답이 된다. 주어와 목적어가 동일한 대상을 가리킬 때는 목적어 자리에 목적격이 아닌 재귀대명사를 사용한다.

**53.** There are _____ towels in each bedroom.

(A) clean
(B) cleans
(C) cleanest
(D) cleanly

번역 침실마다 깨끗한 수건들이 있다.

해설 **<형용사 자리>** 빈칸 앞에는 be동사 are, 뒤에는 명사 towels가 나와 있으므로 빈칸에는 형용사가 들어가야 한다. 따라서 동사인 (B)와 부사인 (D)는 정답에서 제외할 수 있다. (C) cleanest는 clean의 최상급으로 구조상 빈칸에 적합하지 않다. 보기 중 알맞은 형용사는 (A) clean이다.

어휘 **towel** 수건  **bedroom** 침실  **clean** 깨끗한

**54.** Naomi is _____ to exercise daily.

(A) being
(B) finishing
(C) planning
(D) speaking

번역 나오미는 매일 운동할 계획이다.

해설 **<어휘 문제>** 문맥에 알맞은 동사를 고르는 문제다. 빈칸에 넣어 문맥이 자연스러운 동사를 찾아야 하는데, 보기를 대입했을 때 '매일 운동할 계획이다'라는 의미가 되는 (C) planning이 가장 자연스럽다. 참고로, 보기 중 to부정사를 목적어로 취할 수 있는 것은 (C) planning뿐이므로, 동사의 특성을 살펴본 후 답을 찾을 수도 있다.

어휘 **exercise** 운동하다  **daily** 매일  **finish** 끝마치다
**plan** 계획하다  **speak** 말하다

**55.** Hikers should wear _____ clothes to walk along the river.

(A) to warm
(B) warms
(C) warmly
(D) warm

번역 도보 여행자들은 강을 따라 걸으려면 따뜻한 옷을 입어야 한다.

해설 **<형용사 자리>** 빈칸 앞에는 동사 wear, 뒤에는 명사 clothes가 나와 있으므로 빈칸에는 clothes를 수식하는 형용사가 들어가야 한다. 보기 중 형용사는 (D) warm뿐이다.

어휘 **hiker** 도보 여행자, 등산객  **clothes** 옷  **along** ~를 따라

**56.** _____ you send your payment, you can print your membership card.

(A) After
(B) Whether
(C) Later
(D) From

번역 납입금을 보낸 후 회원증을 출력할 수 있습니다.

해설 **<어휘 문제>** 빈칸 뒤에 절이 나오므로 문맥에 알맞은 접속사를 고르는 문제다. 부사 또는 형용사인 (C) Later와 전치사인 (D) From은 우선적으로 정답에서 제외할 수 있다. 콤마 뒷부분이 '회원증을 출력할 수 있다'는 의미이므로 콤마 앞부분은 '납입금을 보낸 후'라는 내용이 되어야 자연스럽다. 따라서 '~한 후에'라는 뜻의 접속사 (A) After가 정답이다.

어휘 **payment** 지불, 지불금  **print** 출력하다

**57.** Everyone enjoyed _____ the student talent show.

(A) watch
(B) to watch
(C) watching
(D) watched

번역 모두 학생 장기자랑을 즐겁게 관람했다.

해설 **<동명사 문제>** 빈칸 앞에는 동사 enjoyed, 뒤에는 명사구 the student talent show가 나와 있다. 따라서 빈칸에는 동사의 목적어 역할을 하는 동시에 the student talent show를 목적어로 취할 수 있는 to부정사나 동명사가 필요하다. 동사 enjoy는 동명사만을 목적어로 취할 수 있으므로 (C) watching이 정답이다.

어휘 **everyone** 모든 사람  **talent show** 장기자랑  **watch** 보다

**58.** Thank you for teaching our son Tomas _____ to swim.

(A) who
(B) how
(C) what
(D) which

**번역** 제 아들 토마스에게 수영하는 법을 가르쳐 주셔서 감사합니다.

**해설** <의문대명사 문제> 의문대명사와 to부정사가 결합해 「의문대명사＋to do」 형태가 되어 주어, 목적어, 보어 역할을 하며 주로 목적어로 많이 쓰인다. 문맥상 '아들 토마스에게 수영하는 법을 가르치다'라는 의미가 자연스러우므로 to부정사와 결합해 '~하는 방법'이라는 뜻을 이루는 (B) how가 적합하다.

**어휘** teach 가르치다  son 아들  swim 수영하다

**59.** Ms. Garcia _____ her daughter to France last year.

(A) took
(B) went
(C) made
(D) tried

**번역** 가르시아 씨는 작년에 자신의 딸을 프랑스로 데려갔다.

**해설** <어휘 문제> 문맥에 알맞은 동사 어휘를 고르는 문제다. 빈칸 뒤의 전치사구 to France가 단서가 될 수 있다. 문맥상 '딸을 프랑스로 데려갔다'라는 의미가 되어야 하므로 '데려갔다'라는 뜻의 (A) took이 정답이다.

**어휘** daughter 딸  last year 작년에  take 데려가다

**60.** In winter, it is already _____ at five o'clock.

(A) tired
(B) dark
(C) fast
(D) short

**번역** 겨울에는 5시에 이미 어둡다.

**해설** <어휘 문제> 주어가 it이고 뒤에 be동사 is와 부사 already가 나와 있으므로 빈칸에는 문맥에 알맞은 형용사 보어가 들어가야 한다. '5시에 이미 어둡다'라는 의미가 되어야 자연스러우므로 (B) dark가 정답이다. 나머지 보기는 모두 문맥상 어울리지 않는다.

**어휘** tired 피곤한  dark 어두운  fast 빠른  short 짧은

**61.** Alain _____ used the subway system to travel around the city.

(A) succeed
(B) success
(C) successful
(D) successfully

**번역** 알랭은 도시를 여행하는 데 지하철을 성공적으로 활용했다.

**해설** <부사 자리> 빈칸이 주어 Alain과 동사 used 사이에 위치해 있다. 빈칸이 없어도 문장이 성립되므로, 빈칸에는 문장 구성에 영향을 주지 않으면서 동사를 수식하는 부사가 들어가야 한다. 따라서 '성공적으로'라는 의미의 부사인 (D) successfully가 정답이다. (A) succeed는 동사이고 (B) success는 명사 (C) successful은 형용사이다.

**어휘** subway system 지하철
travel around ~를 여기저기 여행하다, 다니다
city 도시  succeed 성공하다  success 성공
successful 성공적인

**62.** _____ the flight, passengers will have wireless Internet access.

(A) As
(B) While
(C) During
(D) When

**번역** 승객들은 비행 중에 무선 인터넷에 접속할 수 있다.

**해설** <전치사 문제> 문맥에 알맞은 전치사를 고르는 문제다. 따라서 접속사인 (B) While과 (D) When은 우선적으로 정답에서 제외할 수 있다. 빈칸 뒤에 명사구 the flight가 나와 있고 콤마 뒷부분이 '승객들은 무선 인터넷에 접속할 수 있다'이므로, 이 두 부분을 자연스럽게 연결하는 전치사를 찾아야 한다. '비행 중에'라는 의미가 가장 적절하므로 '~ 동안'이라는 뜻의 (C) During이 정답이다.

**어휘** flight 비행  passenger 승객  wireless 무선의
have access 접근권을 가지다

**63.** Trains leaving New York City may be _____ delayed because of the weather.

(A) slight
(B) slighter
(C) slightest
(D) slightly

**번역** 뉴욕 시를 출발하는 열차는 날씨 때문에 약간 연착될 수도 있다.

**해설** <부사 자리> 빈칸은 be동사와 과거분사인 delayed 사이에 자리하고 있다. 따라서 빈칸에는 수동태 동사를 수식하는 부사가 들어가야 하므로 (D) slightly가 정답이다. (A) slight는 형용사이므로 뒤에 명사가 와야 하고, (B) slighter와 (C) slightest는 각각 slight의 비교급과 최상급으로 문장에서 비교의 대상이 없고 구조상으로도 빈칸에 적합하지 않다.

**어휘** leave 떠나다, 출발하다  delayed 지연된  weather 날씨  slight 약간의, 조금의

**64.** Yong Won Lim is the _____ of the athletics department.

(A) head
(B) heads
(C) headed
(D) heading

**번역** 임용원 씨는 육상부 주장이다.

**해설** <명사 자리> 빈칸 앞에 정관사(the)가 나와 있으므로 빈칸에는 명사가 필요하다. 따라서 동사인 (C)는 우선적으로 정답에서 제외할 수 있다. (A) head, (B) heads, (D) heading 모두 명사이지만, 문맥상 '육상부 주장이다'라는 내용이 되어야 자연스러우며 주장은 임용원 씨 한 명이므로 (A) head가 정답이다. (B) heads는 기본적으로 복수형이며, 불가산명사로 '동전의 앞면'이라는 뜻으로 사용되기도 하지만 문맥상 빈칸에는 적절하지 않다. '제목, 향하는 것'을 뜻하는 (D) heading 역시 의미상 빈칸에 들어갈 수 없다.

**어휘** athletics 육상 경기  department 부서

**65.** The waiting room will be _____ at the end of the month.

(A) worked
(B) continued
(C) painted
(D) included

**번역** 대기실은 월말에 페인트로 칠해질 것이다.

**해설** <어휘 문제> 문맥에 알맞은 동사를 고르는 문제다. 빈칸에 들어가서 문맥이 자연스러운 동사를 찾아야 하는데, 보기를 대입했을 때 '페인트로 칠해지다'라는 의미가 되는 (C) painted가 가장 자연스럽다.

**어휘** waiting room 대기실  continue 계속하다  include 포함하다

---

## Reading Part 2

**Questions 66–68** refer to the following text message.

**Phil [8:05 A.M.]**
Hello Pablo. There is snow on the **66**roads this morning. I will be a little **67**late to work. Can you **68**tell Ms. Swinton? Thanks.

**필 [오전 8시 5분]**
안녕하세요, 파블로. 오늘 아침 도로에 눈이 쌓였네요. 출근이 조금 늦어질 것 같습니다. 스윈튼 씨에게 말씀드려 줄 수 있을까요? 고마워요.

a little 약간  work 직장

**66.** (A) floors
(B) roads
(C) gates
(D) walls

**해설** <어휘 문제> 문맥에 적합한 명사를 고르는 문제다. 앞에 나온 snow가 정답의 단서가 될 수 있다. '도로에 눈이 쌓여 있다'라는 의미가 문맥상 자연스러우므로 빈칸에는 (B) roads가 알맞다.

**어휘** floor 바닥  road 길, 도로  gate 문  wall 벽

**67.** (A) ready
(B) clear
(C) late
(D) quiet

**해설** <어휘 문제> 빈칸 앞에 be동사와 부사 a little이 있으므로 빈칸에는 형용사 보어가 들어가야 한다. 앞서 오늘 아침 도로에 눈이 쌓였다고 했으므로 '출근이 조금 늦을 것이다'라는 내용이 이어져야 자연스럽다. 따라서 (C) late가 정답이다.

**어휘** ready 준비가 된  clear 명확한  quiet 조용한

**68.** (A) telling
(B) to tell
(C) tells
(D) tell

**해설** <동사 자리> 알맞은 동사 형태를 고르는 문제다. 빈칸 앞에는 조동사의 의문문 형태인 Can you, 뒤에는 목적어인 Ms. Swinton이 나와 있다. 조동사 뒤에는 동사원형이 와야 하므로 (D) tell이 정답임을 쉽게 알 수 있다. (A) telling과 (B) to tell은 동명사와 to부정사형이므로 문장의 본동사로 쓸 수 없고, (C) tells는 현재 시제의 3인칭 단수 주어에 쓰이는 동사 형태이므로 오답이다.

**Questions 69-71** refer to the following label.

---

### Bright Shine

Thank you for choosing Bright Shine furniture polish. We know you will be **69**very happy with this product. It smells fresh, **70**and it is easy to use. We think our polish is **71**the best furniture polish you can buy.

브라이트 샤인

브라이트 샤인 가구 광택제를 선택해 주셔서 감사합니다. 이 제품에 매우 만족하실 것입니다. 상큼한 향이 나며 사용하기에 쉽습니다. 저희 광택제는 구매 가능한 최고의 가구 광택제라고 확신합니다.

---

**choose** 선택하다　**furniture polish** 가구 광택제
**product** 제품　**smell** 냄새가 나다

---

**69.** (A) very
(B) much
(C) many
(D) just

**해설** <어휘 문제> happy를 적절히 수식해주는 부사를 선택하는 문제이다. 보기 모두 부사로 쓰일 수 있지만, 빈칸에 들어가서 바로 뒤에 오는 원급 형용사 happy를 수식할 수 있는 부사는 (A) very와 (D) just뿐이다. 문맥상 '이 제품에 매우 만족할 것이다'라는 내용이 되어야 자연스러우므로, (A) very가 정답이다.

**70.** (A) but
(B) for
(C) and
(D) or

**해설** <접속사 문제> 빈칸 앞뒤로 두 개의 절이 있으므로 빈칸에는 접속사가 필요하다. 보기가 모두 접속사로 쓰이므로 앞뒤 의미 관계를 파악해야 정답을 고를 수 있다. 빈칸 앞부분은 '상큼한 향이 난다'는 의미이고 빈칸 뒷부분은 '사용하기에 쉽다'는 의미이다. 따라서 빈칸에는 '그리고'라는 뜻의 등위접속사 (C) and가 알맞다.

**71.** (A) well
(B) good
(C) better
(D) the best

**해설** <어휘 문제> 문맥에 알맞은 형용사를 고르는 문제다. (A) well은 '건강한'이라는 뜻의 형용사로 쓰일 수 있으나 광택제를 수식하기에는 부적절하고, 비교급인 (C) better는 비교 대상이 없으므로 빈칸에 들어갈 수 없다. (B) good과 (D) the best 중 하나를 선택해야 하는데, 뒤에 'you can buy(여러분이 구매할 수 있는)'라는 절이 광택제의 범위를 한정해주며 수식하고 있으므로, 빈칸에는 최상급 표현이 들어가야 가장 자연스럽다. 따라서 '(그 중) 최고의'라는 의미의 (D) the best가 정답이다.

**어휘** **better** 더 좋은　**best** 최고의, 최상의

**Questions 72-74** refer to the following note.

---

Hi Emma,
I'm going to the cinema this afternoon. Do you want to go **72**with me? It's an action movie with Robert Bluestone. He's my **73**favorite actor. **74**Call me and let me know.
~ Haruko

안녕, 엠마.
오늘 오후에 영화보러 갈 건데 같이 갈래? 로버트 블루스톤이 나오는 액션 영화야. 내가 가장 좋아하는 배우지.
전화해서 알려 줘.
~ 하루코

---

**cinema** 영화관

---

**72.** (A) around
(B) with
(C) after
(D) for

**해설** <전치사 문제> 문맥에 알맞은 전치사를 고르는 문제다. 첫 문장에서 영화를 보러 갈 계획이라고 했으므로 이어지는 문장에서는 '나와 함께 갈래?'라는 내용이 나와야 자연스럽다. 따라서 '~와 함께'라는 뜻의 전치사 (B) with가 정답이다.

**어휘** **around** ~ 주위에

**73.** (A) favor
(B) favoring
(C) favorable
(D) favorite

해설 **<형용사 자리>** 빈칸 앞에는 소유격 my, 뒤에는 명사 actor가 나와 있으므로 빈칸에는 형용사가 들어가야 한다. 따라서 명사 혹은 동사인 (A)는 정답에서 제외할 수 있다. 나머지 보기 모두 형용사이지만 (B) favoring은 주로 '형편에 맞는'이라는 뜻으로 사용되고 (C) favorable은 '호의적인'의 뜻이므로 의미상 알맞지 않다. 문맥상 '나의 가장 좋아하는 배우'가 가장 자연스러우므로 '가장 좋아하는'의 뜻인 (D) favorite이 알맞다.

어휘 **favor** 호의; 호의를 보이다　**favorable** 호의적인
**favorite** 가장 좋아하는

## 74. (A) I don't have one.
(B) That's the last place.
(C) Call me and let me know.
(D) It was a great day.

번역 (A) 저는 없어요.
(B) 그곳은 마지막 장소입니다.
(C) 전화해서 알려 주세요.
(D) 멋진 하루였어요.

해설 **<문장 고르기 문제>** 문맥에 알맞은 문장을 고르는 문제이다. 지인에게 영화를 보러 가자고 제안하며 출연 배우에 대해 말하고 있으므로 이런 내용을 받을 수 있는 연관된 문장이 이어져야 한다. (A)와 (B)는 문맥에 전혀 호응하지 않으므로 정답이 될 수 없고, 본문에 미래의 계획이나 현재 시제가 나오기 때문에 과거 시제가 쓰인 (D)도 적절하지 않다. 제안에 대해 의견을 알려 달라는 내용의 (C)가 정답으로 가장 알맞다.

어휘 **last** 마지막의　**place** 장소

**Questions 75–77** refer to the following e-mail.

**To:** Anita Simmons <asimmons@imail.com>
**From:** Rider Dental <riderdental@imail.com>
**Subject:** Dental appointment
**Attachment:** 📎 Rider Dental

Dear Patient,
You have an appointment with Dr. Kohno on Thursday, November 6, at 1 P.M. Please arrive fifteen minutes before your appointment **75**to complete any new paperwork. Please note that our dental office has moved. We are **76**now located at 37 Lambert Street. **77**Directions are attached.

**Rider Dental Associates**

---

**수신:** 애니타 시몬스 <asimmons@imail.com>
**발신:** 라이더 치과 <riderdental@imail.com>
**제목:** 치과 예약
**첨부:** 📎 라이더 치과

고객님께,
11월 6일 목요일 오후 1시에 코노 선생님께 예약이 되어 있으십니다. 새로운 서류 작성을 위해 예약 15분 전에 도착해 주시기 바랍니다. 저희 치과가 이전했음을 유념해 주십시오. 현재 램버트 스트리트 37에 위치해 있습니다. 길 안내를 첨부합니다.

**라이더 치과**

---

**dental** 치과의　**appointment** 약속
**attachment** 첨부　**patient** 환자　**arrive** 도착하다
**paperwork** 서류　**note** 주목하다, 주의하다
**move** 이전하다, 옮기다　**be located** 위치해 있다

## 75. (A) to complete
(B) complete
(C) completed
(D) completing

해설 **<to부정사 문제>** Please로 시작하는 명령문으로 동사는 arrive이다. 따라서 본동사로 쓰이는 (B) complete와 (C) completed는 빈칸에 들어갈 수 없다. 서류를 작성하기 위해 예약 15분 전에 도착해달라는 내용이 되어야 하므로, '작성하기 위해'라는 목적을 나타내는 to부정사 (A) to complete가 정답이다. (D) completing의 경우, 현재분사로서 앞에 오는 명사 appointment를 수식한다고 가정하더라도 의미상 어색하므로 정답이 될 수 없다.

어휘 **complete** 기입하다, 작성하다

## 76. (A) shortly
(B) now
(C) ever
(D) always

해설 **<어휘 문제>** 문맥에 알맞은 부사를 고르는 문제다. 빈칸 앞 문장에서 치과가 이전했다고 알리고 있다. 빈칸에 보기의 부사를 하나씩 대입해 보면 '지금은 ~에 위치해 있다'라는 의미가 가장 적절하므로 '지금, 현재'라는 뜻의 (B) now가 정답이다.

어휘 **shortly** 곧　**always** 항상

**77.** (A) We hope you feel better.
　　(B) Directions are attached.
　　(C) Moving is expensive.
　　(D) It is in the waiting room.

[번역] (A) 회복하시길 바랍니다.
　　(B) 길 안내를 첨부합니다.
　　(C) 이사는 돈이 많이 듭니다.
　　(D) 대기실에 있습니다.

[해설] <문장 고르기 문제> 앞뒤 문맥에 맞는 문장을 고르는 문제다. 치과에서 고객에게 보내는 예약 관련 메일로 중반부에 치과 이전을 언급하며 새 주소를 알려 주고 있다. 보기를 대입했을 때 '길 안내를 첨부했다'라는 의미가 되는 (B)가 가장 자연스럽다.

[어휘] directions 길 안내　attach 첨부하다　expensive 비싼　waiting room 대기실

**Questions 78-80** refer to the following notice.

***Community Garden***
**136 Metro Street, Stoneberry**

The people of Stoneberry are creating a garden for the community to enjoy. This week, neighbors are invited to bring **78**their tools to help plant flowers and small trees. **79**We also need help building a fence. Please join us at 1:00 p.m. this Saturday to begin the **80**work!

〈커뮤니티 가든〉
**메트로 스트리트 136, 스톤베리**

스톤베리 주민들은 지역 사회 주민들이 즐길 수 있는 정원을 조성하고 있습니다. 이번 주에 자신의 연장을 가지고 와서 꽃과 작은 나무 심기를 돕도록 이웃 주민 여러분을 초대합니다. 울타리 세우기에도 도움이 필요합니다. 작업을 시작할 수 있도록 이번 주 토요일 오후 1시에 저희와 함께해 주십시오!

community 공동체, 지역 사회　create 만들다
garden 정원　neighbor 이웃　invite 초대하다
tool 연장, 도구　plant 심다

**78.** (A) my
　　(B) its
　　(C) her
　　(D) their

[해설] <인칭대명사 문제> 빈칸 앞에는 동사 bring, 뒤에는 목적어인 명사 tools가 나와 있으므로 빈칸에는 tools를 수식하는 소유격 인칭대명사가 필요하다. 보기가 모두 소유격 인칭대명사이므로 주어를 확인한다. 주어 neighbors를 소유격으로 받아야 하므로 (D) their가 정답이다.

**79.** (A) Some of you have other plans.
　　(B) Vegetables will be half price.
　　(C) They are living in the city.
　　(D) We also need help building a fence.

[번역] (A) 여러분 중 일부는 다른 계획이 있습니다.
　　(B) 채소는 반값일 것입니다.
　　(C) 그들은 그 도시에 삽니다.
　　(D) 울타리 세우기에도 도움이 필요합니다.

[해설] <문장 고르기 문제> 문맥에 알맞은 문장을 고르는 문제로 빈칸 앞뒤 내용을 파악해야 한다. 빈칸 앞 문장에서는 지역사회 주민들을 위한 정원 조성에 이웃 주민을 초대해서 꽃과 나무 심기를 독려하고 있다. 빈칸 뒤에는 작업 요일과 시간을 알리고 있다. 따라서 정원 조성에 필요한 울타리 세우기를 언급하는 내용인 (D)가 가장 자연스럽다.

[어휘] other 다른　vegetable 채소　half price 반값　build 건설하다, 짓다　fence 울타리

**80.** (A) work
　　(B) worked
　　(C) worker
　　(D) workers

[해설] <명사 자리> 빈칸 앞에 관사 the가 나와 있으므로 빈칸에는 명사가 들어가야 한다. 따라서 본동사로 사용되는 (B) worked는 우선적으로 정답에서 제외할 수 있다. 나머지 보기 모두 명사이지만 '작업을 시작하다'라는 의미가 자연스러우므로 '작업'이라는 뜻을 가진 (A) work이 정답이다.

## Reading Part 3

**Questions 81–82** refer to the following text message.

break down 고장 나다

**81. What does Peter ask Johan to do?**

(A) Give him a ride
(B) Sell him a scooter
(C) Bring him some keys
(D) Lend him some money

번역 피터는 조한에게 무엇을 해 달라고 요청하는가?

(A) 태워 주기
(B) 스쿠터 판매하기
(C) 열쇠 가져다 주기
(D) 돈 빌려주기

해설 <내용 확인> 피터가 조한에게 자신의 모터 스쿠터가 고장 났다고 말하고, 뒤이어 Could you come and get me?라며 와서 데려가 줄 수 있는지 물어보고 있다. 따라서 get me를 Give him a ride로 바꿔 표현한 (A)가 정답이다.

어휘 give ~ a ride ~를 태워 주다  sell 팔다  bring 가져오다
lend 빌려주다

**82. Select the best response to Peter's message.**

(A) "Some new tires."
(B) "Yes, where are you?"
(C) "Quite a lot."
(D) "They're OK, thanks."

번역 피터의 메시지에 대한 응답으로 가장 적절한 것을 고르시오.

(A) 새 타이어요.
(B) 응, 어디 있어?
(C) 꽤 많아요.
(D) 괜찮아요, 감사합니다.

해설 <문장 고르기 문제> 피터의 메시지에 대한 조한의 응답으로 가장 적절한 문장을 고르는 문제다. 피터는 조한에게 자신의 모터 스쿠터가 고장 났다고 말하며, 와서 데려가 줄 수 있는지 물었다. 따라서 그 뒤에 이어질 조한의 응답은 그 내용을 곧바로 받을 수 있는 연관된 문장이어야 한다. (A)는 모터 스쿠터가 앞부분에 나오지만 tires라는 내용이 나올 만한 근거가 없다. (C)는 문맥에 전혀 호응하지 않는다. (D)는 주어 They가 가리킬 만한 대상이 앞에 나오지 않으며, 고마워할 사항도 없으므로 알맞지 않다. 요청에 Yes라고 긍정한 후, 어디인지 묻는 (B)가 정답으로 가장 적절하다.

어휘 response 응답, 반응  quite 꽤, 상당히

**Questions 83–84** refer to the following notice.

### REFRIGERATOR CLEANING

Please note that the refrigerator in the teachers' lounge is cleaned every second Friday. All food with old sell-by dates will be put in the trash. If you do not want an item to be removed, please put it in a bag with your name on it. Thank you.

**83.** Who is the notice for?

(A) University students
(B) Teaching staff
(C) Cafeteria workers
(D) Office cleaners

번역 공지는 누구를 위한 것인가?

(A) 대학생
(B) 교수진
(C) 구내식당 직원
(D) 사무실 청소원

해설 <내용 파악> 공지의 대상을 묻는 질문이다. 글의 도입부 Please note that the refrigerator in the teachers' lounge is cleaned every second Friday.에서 교사 라운지에 있는 냉장고 청소 실시를 알리며 치우는 것을 원하지 않는 물품에는 이름을 표기해 달라고 공지 대상자에게 협조를 구하고 있다. 공지 대상이 교사 라운지를 이용하는 교수진임을 알 수 있으므로 teachers를 Teaching staff로 바꿔 표현한 (B)가 정답이다.

어휘 university 대학교

**84.** What will be removed?

(A) Newspapers
(B) Used clothing
(C) Backpacks
(D) Old food

번역 무엇이 치워질 것인가?

(A) 신문
(B) 중고 의류
(C) 배낭
(D) 오래된 음식

해설 <내용 확인> 본문의 두 번째 문장 All food with old sell-by dates will be put in the trash.에서 유통 기한이 오래 지난 음식은 모두 쓰레기통에 버릴 예정이라고 했으므로 All food with old sell-by dates를 Old food로 바꿔 표현한 (D)가 정답임을 알 수 있다.

어휘 used 중고의  clothing 옷, 의류

## Questions 85-86 refer to the following text message.

**Koji**
Hi, Ken. We don't see each other at work so much anymore. But I'm having dinner with Shinya on Friday. Would you like to join us?

**Ken**

**코지**
안녕하세요, 켄. 더 이상 사무실에서 서로를 그리 자주 볼 수 없네요. 금요일에 시냐와 저녁을 먹을 건데요. 함께할래요?

**켄**

each other 서로  not ~ anymore 더 이상 ~ 않다
join 함께하다

**85.** Who most likely are the writers?

(A) Brothers
(B) School friends
(C) Coworkers
(D) Roommates

번역 작성자들은 누구이겠는가?

(A) 형제
(B) 학교 친구
(C) 동료
(D) 룸메이트

**<추론 및 암시>** 메시지 작성자들이 누구일지 묻는 질문이다. 코지가 켄에게 보내는 문자 메시지의 두 번째 문장 We don't see each other at work so much anymore.에서 사무실에서 켄을 자주 볼 수 없다고 밝히고 있다. 그러므로 메시지 작성자들이 같은 사무실에서 근무하는 동료임을 추론할 수 있으므로 (C)가 정답이다.

**86.** Select the best response to Koji's message.

(A) "It's an Italian restaurant."
(B) "Every Friday at 5:00."
(C) "They will all be there."
(D) "Sorry, I have other plans."

코지의 메시지에 대한 응답으로 가장 적절한 것을 고르시오.

(A) 이탈리아 음식점이에요.
(B) 매주 금요일 5시예요.
(C) 그들 모두 그곳에 갈 거예요.
(D) 미안해요, 저는 다른 계획이 있어요.

**<문장 고르기 문제>** 코지의 메시지에 대한 켄의 응답으로 가장 적절한 문장을 고르는 질문이다. 코지가 켄에게 금요일 저녁 약속에 올 수 있는지를 묻고 있으므로 이어질 켄의 응답은 그 내용을 곧바로 받을 수 있는 연관된 문장이어야 한다. 따라서 미안하다고 하며 선약을 언급하는 내용의 (D)가 정답으로 가장 적절하다.

other 다른    plan 계획

**Questions 87–88** refer to the following information.

### The Carnation Hotel
3 Hobson Road, Toronto, ON

| Guest Name: | Marisa Walters | |
| --- | --- | --- |
| Reservation Received: | 20 March | |
| Check in: | 14 April | |
| Check out: | 16 April | |

| Description | Charges | Totals |
| --- | --- | --- |
| Room charge | $130 per night | $260.00 |
| Breakfast | No extra charge | |
| Telephone calls | $0.10 per minute | $ 2.00 |
| Room tax | 5% | $ 13.00 |
| | Subtotal | $275.00 |
| | Deposit | $ 50.00 |
| | **Balance due at checkout** | **$225.00** |

---

카네이션 호텔
홉슨 로드 3, 토론토, 온타리오

| 투숙객명: | 마리사 월터스 | |
| --- | --- | --- |
| 예약일자: | 3월 20일 | |
| 입실: | 4월 14일 | |
| 퇴실: | 4월 16일 | |

| 내역 | 요금 | 총계 |
| --- | --- | --- |
| 숙박료 | 1박 130달러 | 260달러 |
| 아침식사 | 추가 요금 없음 | |
| 전화 | 분당 10센트 | 2달러 |
| 객실 세금 | 5퍼센트 | 13달러 |
| | 소계 | 275달러 |
| | 예치금 | 50달러 |
| | **퇴실 시 미불 잔액** | **225달러** |

guest 손님   reservation 예약   receive 받다
description 설명   charge 요금   total 총액
breakfast 아침식사   extra 추가의   per ~당
tax 세금   subtotal 소계   deposit 예치금
balance due 미불액, 잔액

**87.** What did Ms. Walters do on April 14?

(A) She made a reservation.
(B) She paid a hotel bill.
(C) She arrived at a hotel.
(D) She left Toronto.

월터스 씨는 4월 14일에 무엇을 했는가?

(A) 예약을 했다.
(B) 호텔 이용료를 지불했다.
(C) 호텔에 도착했다.
(D) 토론토를 떠났다.

**<내용 확인>** 월터스 씨가 4월 14일에 한 일을 묻고 있으므로 April 14을 키워드로 잡고 내용을 확인해야 한다. 호텔 투숙 내역서에서 날짜가 언급된 부분에 주목하여 April 14을 찾아 보면 Check in: 14 April에서 4월 14일에 입실했다는 것을 알 수 있다. 따라서 Check in을 arrived at a hotel로 바꿔 표현한 (C)가 정답이다.

make a reservation 예약하다    pay 지불하다
bill 청구서, 계산서   arrive 도착하다   leave 떠나다

**88.** What is included in the price of the room?

    (A) Breakfast
    (B) Laundry service
    (C) Local phone calls
    (D) Sales tax

**번역** 객실 가격에는 무엇이 포함되어 있는가?

    (A) 아침식사
    (B) 세탁 서비스
    (C) 시내 전화
    (D) 판매세

**해설** **＜사실 관계＞** 언급되거나 열거된 사항을 묻는 질문은 각 보기를 지문의 내용과 비교하여 오답을 제거해 가는 방식으로 정답을 골라야 한다. (B), (D)는 내역서에 언급되지 않았고, (C)는 분당 10센트가 부과된다. Breakfast가 No extra charge로 나와 있으므로 아침식사가 추가 요금 없이 객실 가격에 포함되어 있다는 것을 알 수 있다. 따라서 (A)가 정답이다.

**어휘** include 포함하다　laundry 세탁　local 지역의

**Questions 89-91** refer to the following Web page.

---

**Nature Hike**
**Saturday, May 5, 10 A.M. to noon**
**Meet at Visitors Center by 9:45 A.M.**
**Organizer: Rachel Peters**

Put on your walking shoes and join us for a guided hike at Osborne Park!
Enjoy the outdoors. Learn about area birds and wildflowers.
- The hike is free.
- Parking is $5.00/car.
- Wear comfortable shoes, and bring water and a snack.

- - - - - - - - - - - - - - - - - - - - - - - - - - - - - - - - - - - -

**Comments:**

**Brian: May 3**
Can I bring my 12-year-old son?

    **Rachel: May 3**
    Children are welcome.

**Nellie: May 4**
Will the hike be canceled if it rains?

    **Rachel: May 4**
    It's possible. If it's rainy, check the Web site for updates.

자연 탐사 도보 여행
5월 5일 토요일 오전 10시부터 정오까지
오전 9시 45분까지 방문객 센터에서 집합
주최자: 레이첼 피터스

운동화를 신고 오스본 공원에서 열리는 안내자 동행 도보 여행에 참여하세요!
야외 활동을 즐기세요. 이 지역의 새와 야생화에 대해 알아보세요.
- 도보 여행은 무료입니다.
- 주차료는 1대당 5달러입니다.
- 편안한 신발을 착용하시고, 물과 간식을 가져오세요.

- - - - - - - - - - - - - - - - - - - - - - - - - - - - - - - - - - - -

댓글:

브라이언: 5월 3일
12살 된 아들을 데려가도 될까요?

    레이첼: 5월 3일
    어린이도 환영합니다.

넬리: 5월 4일
비가 오면 도보 여행이 취소되나요?

    레이첼: 5월 4일
    그럴 수도 있습니다. 비가 내리면 웹사이트에서 변경 사항을 확인하세요.

**nature** 자연　**noon** 정오　**visitor** 방문객
**organizer** 주최자　**put on** 신다, 입다
**guided** 안내자가 동행하는　**outdoor** 야외 (활동)
**wildflower** 야생화　**free** 무료의　**parking** 주차
**comfortable** 편안한　**snack** 간식　**cancel** 취소하다
**possible** 가능한

**89.** What will happen at 9:45 A.M.?

    (A) A walk in the park will start.
    (B) Hikers will meet in the park.
    (C) The Visitors Center will open.
    (D) A Web site will be updated.

오전 9시 45분에 무슨 일이 있을 것인가?

(A) 공원 산책이 시작된다.

(B) 도보 여행객들이 공원에서 만난다.

(C) 방문객 센터가 문을 연다.

(D) 웹사이트가 업데이트될 것이다.

**해설** **<내용 확인>** 오전 9시 45분에 일어날 일을 묻고 있으므로 9:45 A.M.을 키워드로 잡고 내용을 확인해야 한다. 위에서 세 번째 줄의 Meet at Visitors Center by 9:45 A.M.에서 오전 9시 45분까지 방문객 센터에서 집합한다고 공지하고 있다. 이후 내용에서 탐사 도보 여행이 오스본 공원에서 열린다고 했으므로 오전 9시 45분에 여행객들이 공원에서 만난다는 것을 알 수 있다. 따라서 (B)가 정답이다.

**어휘** hiker 도보 여행객

## 90. What is stated about the nature hike?

(A) It costs $5 to join.

(B) There will be two leaders.

(C) Snacks will be provided.

(D) Children can take part.

**번역** 자연 탐사 도보 여행에 대해 명시된 것은?

(A) 참가비가 5달러이다.

(B) 두 명의 안내자가 있을 것이다.

(C) 간식이 제공된다.

(D) 어린이도 참여할 수 있다.

**해설** **<사실 관계>** 명시된 내용을 묻는 문제는 각 보기마다 글의 내용과 대조하여 오답을 지워 나가는 방식으로 정답을 찾아야 한다. 공지에서 비용 관련 언급은 주차료뿐이므로 (A)는 정답에서 제외된다. (B)는 공지에서 가이드가 언급되지만 인원수에 대해서는 제시되지 않았으므로 오답이다. (C)는 공지 마지막의 Wear comfortable shoes, and bring water and a snack.과 내용상 일치하지 않는다. 브라이언의 질문에 대한 레이첼의 답글 Children are welcome.에서 어린이도 환영이라고 했으므로 are welcome을 can take part로 바꿔 표현한 (D)가 정답이다.

**어휘** cost 비용이 들다   provide 제공하다   take part 참여하다

## 91. Why should people visit the Web site?

(A) To register for a hike

(B) To see a weather map

(C) To check for a cancellation

(D) To find a parking area

**번역** 사람들은 왜 웹사이트를 방문해야 하는가?

(A) 도보 여행 등록을 위해

(B) 일기도를 보기 위해

(C) 취소 여부를 확인하기 위해

(D) 주차 공간을 찾기 위해

**해설** **<내용 확인>** 사람들이 웹사이트를 방문해야 하는 이유를 묻고 있다. 넬리가 Will the hike be canceled if it rains?라며 우천시 도보 여행의 취소 여부를 물었고, 레이첼이 If it's rainy, check the Web site for updates.라며 웹사이트에서 변경 사항을 확인하라고 답하고 있다. 따라서 (C)가 정답이다.

**어휘** register 등록하다   weather map 일기도   cancellation 취소   find 찾다   parking area 주차 공간

## Questions 92-94 refer to the following advertisement.

### SALE

Are you new to this area? I am leaving my apartment building at the end of December, and I have several pieces of furniture and some useful kitchen items for sale. All my bedroom and dining-room furniture is for sale, along with dishes and small electrical appliances for the kitchen. Everything is lightly used and in good condition. I can provide photographs on request. Call Lydia at 555-0156 for more information and prices. Everything must go!

### 판매

이 지역이 처음이신가요? 저는 12월 말에 제가 살고 있는 아파트를 떠날 예정이라 여러 점의 가구와 유용한 주방용품들을 판매합니다. 접시, 주방용 소형 가전 제품과 함께 모든 침실 및 식당 가구도 판매합니다. 모든 물품은 별로 사용하지 않아 상태가 좋습니다. 요청하시면 사진을 보여 드릴 수 있습니다. 더 자세한 정보와 가격은 555-0156번으로 리디아에게 전화 주세요. 전부 팔아야 해요!

area 지역   leave 떠나다   several 여러 개의
furniture 가구   useful 유용한   kitchen 주방
item 제품   for sale 팔려고 내놓은   dining-room 식당
along with ~와 함께   dish 접시
electrical appliance 전자제품   condition 상태
provide 제공하다   on request 요청하면, 요청하는 대로
information 정보

## 92. What is Lydia going to do?

(A) Move out of a building
(B) Hire new staff
(C) Sell a business
(D) Buy some art

번역 리디아는 무엇을 할 것인가?

(A) 건물에서 이사 나가기
(B) 새 직원 채용하기
(C) 업체 매각하기
(D) 미술품 구매하기

해설 <내용 확인> 리디아가 할 일을 묻고 있다. 두 번째 문장 I am leaving my apartment building at the end of December, and I have several pieces of furniture and some useful kitchen items for sale.에서 아파트를 떠날 예정이라 가구와 주방용품을 판매한다고 했다. 후반부에 요청 시 사진도 제공할 수 있다며 자세한 정보와 가격은 리디아에게 전화하라고 했으므로 글쓴이인 이사 예정자가 리디아임을 알 수 있다. 따라서 leaving my apartment building을 Move out of a building으로 바꿔 표현한 (A)가 정답이다.

어휘 move out of ~에서 이사 나가다   hire 채용하다
staff 직원   business 사업체

## 93. Where is the sale?

(A) At a store
(B) At an office
(C) At an apartment
(D) At a hotel

번역 판매는 어디에서 이루어지는가?

(A) 상점
(B) 사무실
(C) 아파트
(D) 호텔

해설 <내용 확인> 판매가 이루어지는 장소를 묻는 질문이다. I am leaving my apartment building at the end of December, and I have several pieces of furniture and some useful kitchen items for sale.에서 12월 말에 아파트를 떠날 예정이라 여러 점의 가구와 주방용품을 판매한다고 했다. 글쓴이가 거주하고 있는 아파트에서 사용하고 있는 물건들을 판매하는 것이므로, (C)가 정답이다.

## 94. What is probably for sale?

(A) A copy machine
(B) A bedside table
(C) Curtains
(D) Towels

번역 무엇이 판매되겠는가?

(A) 복사기
(B) 침대 옆 탁자
(C) 커튼
(D) 수건

해설 <추론 및 암시> 세 번째 문장 All my bedroom and dining-room furniture is for sale, along with dishes and small electrical appliances for the kitchen.에서 접시, 소형 주방용 전자제품과 함께 모든 침실 및 식당 가구도 판매한다고 되어 있다. 따라서 침실 가구에 해당하는 (B)가 판매될 것임을 추론할 수 있다. (A), (C), (D)는 앞서 언급된 판매 제품군에 속하지 않으므로 정답이 될 수 없다.

어휘 probably 아마

## Questions 95-97 refer to the following article.

### Driverless Cars on City Streets

Lately, the city of Everton has seen driverless cars on its streets! What are these vehicles? A driverless car is a vehicle that does not need a driver; it is controlled by a computer. Passengers can request a car from their mobile phones—just like calling a taxi.

City officials say there are currently 15 driverless cars in Everton. These cars have already given rides to over 600 passengers. Many of those are older people living in Everton, who say they are glad to have an easy way to travel within the city.

**시 도로에 무인 자동차 등장해**

최근 에버튼 시 거리에 무인 자동차들이 등장했다. 이 차량들은 무엇일까? 무인 자동차는 운전자가 필요치 않은 차량이다. 컴퓨터로 제어하기 때문이다. 승객들은 택시를 부르듯이 휴대전화로 차량을 요청할 수 있다.

시 관계자들은 현재 에버튼에 15대의 무인 자동차가 있다고 말한다. 이 차량들은 그동안 이미 600명이 넘는 승객을 실어날랐다. 승객 중 다수는 에버튼에 거주하는 노년층으로 시내를 돌아다닐 수 있는 쉬운 방법이 생겨 기쁘다고 말한다.

**driverless** 운전자가 없는　**lately** 최근
**vehicle** 차량, 탈것　**control** 조종하다, 제어하다
**passenger** 승객　**request** 요청하다
**official** 공무원, 관계자　**currently** 현재　**already** 이미
**give a ride** 태워 주다　**within** ~ 내에

## 95. What is the article mainly about?

(A) A new form of transport
(B) A change in driving laws
(C) A change in bus lanes
(D) A new kind of car battery

[번역] 기사는 주로 무엇에 관한 것인가?
(A) 새로운 형태의 교통수단
(B) 운전 법규의 변경
(C) 버스 차로의 변경
(D) 새로운 종류의 차량 배터리

[해설] <주제> 글의 주제는 제목과 서두 부분에 제시되는 경우가 많다. 기사의 제목인 Driverless Cars on City Streets에서 무인 자동차가 언급되었고, 첫 문장 Lately, the city of Everton has seen driverless cars on its streets!에서 최근 에버튼 시 거리에 무인 자동차가 등장했다고 밝히고 있다. 따라서 기사의 주제는 새로운 형태의 교통수단이라는 것을 알 수 있으므로 driverless cars를 A new form of transport로 바꿔 표현한 (A)가 정답이다.

[어휘] **form** 형태　**transport** 교통수단, 차량　**lane** 길, 차선

## 96. What is stated about driverless cars?

(A) They can clean city streets.
(B) They are for sale only online.
(C) They are controlled by computers.
(D) They can carry up to 15 people.

[번역] 무인 자동차에 대해 명시된 것은?
(A) 시 도로를 청소할 수 있다.
(B) 온라인으로만 판매한다.
(C) 컴퓨터로 제어된다.
(D) 최대 15명까지 실어나를 수 있다.

[해설] <사실 관계> 명시된 내용을 묻는 질문은 각 보기와 지문의 내용을 비교하여 오답을 제거해 가는 방식으로 정답을 골라야 한다. (A)와 (B)는 글에서 언급되지 않은 사항이고, (D)는 15라는 숫자가 나오지만 차량 대수를 나타내는 수치이다. 세 번째 문장 A driverless car is a vehicle that does not need a driver; it is controlled by a computer.에서 컴퓨터로 제어된다고 명시되어 있으므로 (C)가 정답이다.

[어휘] **carry** 나르다, 수송하다　**up to** ~까지

## 97. According to the article, who is happy with the change?

(A) City officials
(B) Taxi drivers
(C) Older residents
(D) Auto mechanics

[번역] 기사에 따르면, 누가 변화에 만족하는가?
(A) 시 관계자
(B) 택시 운전사
(C) 노년층 주민
(D) 자동차 정비공

[해설] <내용 확인> 두 번째 단락 마지막 문장 Many of those are older people living in Everton, who say they are glad to have an easy way to travel within the city.에서 노년층이 쉽게 시내를 돌아다닐 수 있어 기쁘다고 하므로 (C)가 정답이다. 기사의 people living in Everton이 residents로 바뀌어 표현되었다.

[어휘] **resident** 주민　**auto** 자동차　**mechanic** 정비공

**Questions 98-100** refer to the following online chat conversation.

**Kim's Messages**

**Ana 7:23 P.M.** Hi, Kim! Sorry I couldn't come to the awards ceremony last night. I have a terrible cold. Did your family go?

**Kim 7:25 P.M.** Hi Ana. Hope you feel better soon! My mom and dad were there, and my sister. And my Uncle Leo.

**Ana 7:27 P.M.** I'm glad they were all there to see you get the Most Valuable Player award. You worked so hard this season!

**Kim 7:28 P.M.** Thanks, Ana. I couldn't have done it without the rest of my team.

킴의 메시지함

| 애너 오후 7시 23분 | 안녕, 킴! 어젯밤 시상식에 가지 못해 미안해. 심한 감기에 걸렸거든. 가족들이 가셨니? |
| --- | --- |
| 킴 오후 7시 25분 | 안녕, 애너. 빨리 회복되길 바라! 부모님께서 오셨고 여동생도 왔어. 레오 삼촌도. |
| 애너 오후 7시 27분 | 네가 최우수 선수상을 받는 모습을 보기 위해 모두 참석하셨다니 기뻐. 이번 시즌에 아주 열심히 활약했잖아! |
| 킴 오후 7시 28분 | 고마워, 애너. 다른 팀원들이 없었더라면 해낼 수 없었을 거야. |

**awards ceremony** 시상식　**last night** 어젯밤에
**terrible** 끔찍한, 지독한　**glad** 기쁜　**valuable** 귀중한
**player** 선수　**without** ~ 없이　**rest** 나머지

**98.** Why did Ana miss the ceremony?

(A) She got lost.
(B) She was not well.
(C) The weather was bad.
(D) There were no more tickets.

[번역] 애너가 시상식에 못 간 이유는?

(A) 길을 잃었다.
(B) 몸이 좋지 않았다.
(C) 날씨가 좋지 않았다.
(D) 입장권이 더 이상 없었다.

[해설] **<내용 확인>** 애너가 시상식에 못 간 이유를 묻고 있다. 애너의 첫 번째 메시지에서 시상식에 가지 못해 미안하다며, I have a terrible cold.라며 심한 감기에 걸렸다고 이유를 밝히고 있다. 따라서 애너가 시상식에 참석하지 못한 이유는 감기로 몸이 좋지 않았다는 것을 알 수 있으므로 I have a terrible cold.를 She was not well.로 바꿔 표현한 (B)가 정답이다.

[어휘] **get lost** 길을 잃다　**weather** 날씨

**99.** What is suggested about Kim?

(A) She works for her uncle.
(B) She is Ana's sister.
(C) She plays the violin.
(D) She is a good athlete.

[번역] 킴에 대해 암시된 것은?

(A) 자신의 삼촌 회사에서 일한다.
(B) 애너의 여동생이다.
(C) 바이올린을 연주한다.
(D) 훌륭한 운동 선수이다.

[해설] **<추론 및 암시>** 킴에 대해 암시된 내용을 묻고 있다. 애너의 두 번째 메시지 I'm glad they were all there to see you get the Most Valuable Player award.에서 킴이 최우수 선수상을 받는 모습을 보기 위해 모두 참석했다니 기쁘다고 했고, 이어서 You worked so hard this season!이라며 이번 시즌에 킴이 아주 열심히 활약했다고 말했다. 따라서 킴이 훌륭한 선수라는 것을 짐작할 수 있으므로 Most Valuable Player를 a good athlete으로 바꿔 표현한 (D)가 정답이다.

[어휘] **play** 연주하다　**athlete** 운동 선수

**100.** What does Kim say about her teammates?

(A) They gave her the award.
(B) They helped her to win the award.
(C) They attended the ceremony.
(D) They invited Kim's family to the ceremony.

[번역] 킴이 자신의 팀원들에 대해 말한 것은?

(A) 팀원들이 킴에게 상을 주었다.
(B) 킴이 상을 타도록 도왔다.
(C) 시상식에 참석했다.
(D) 킴의 가족들을 시상식에 초대했다.

**해설** **<내용 확인>** 애너의 마지막 메시지에서 킴이 상을 받았다고 언급하고 있고 이어 킴이 마지막 메시지 I couldn't have done it without the rest of my team.에서 팀원들이 없었더라면 해낼 수 없었을 거라고 말하고 있다. 따라서 팀원들이 킴이 수상하는 데 도움을 주었다는 것을 알 수 있으므로 (B)가 정답이다. I couldn't have done it without the rest of my team.이 They helped her to win the award.로 바뀌어 표현되었다.

**어휘** teammate 팀 동료   award 상   attend 참석하다
ceremony 식

# TOEIC Bridge®

# SPEAKING & WRITING TESTS

# TOEIC Bridge
## Speaking Test

### Questions 1-2  Read a Short Text Aloud
문장 읽기

**Q1.**    굵은 표시: 강하게 읽기    /: 올려 읽기    \: 내려 읽기    /, //: 끊어 읽기

**Attention, passengers** \. // Flight **42** to **Paris** is now **boarding** \. // Please make sure / you have your **ticket** /, **bags** /, and **passport** with you \. // If you have questions, / please **speak** to an **attendant** / at Gate **D** \. //

승객 여러분께 알려 드립니다. 파리행 42편 항공기가 지금 탑승을 실시하고 있습니다. 탑승권과 가방, 여권을 소지하셨는지 확인하십시오. 질문이 있으시면 D번 게이트의 안내 직원에게 말씀해 주십시오.

attention 알려 드립니다    passenger 승객    flight 비행
be boarding (비행기, 배가) 탑승에 들어가다
make sure 확실히 하다    passport 여권
attendant 안내원, 승무원

● 학생 답변 예시    🎧 Speaking Response_01

출제기관 ETS의 평가

• 성공적으로 수행한 답변입니다. 크게 잘 읽었습니다. 발음도 쉽게 이해할 수 있었습니다.
• 억양이나 강세도 적절했습니다.

**Q2.**    굵은 표시: 강하게 읽기    /: 올려 읽기    \: 내려 읽기    /, //: 끊어 읽기

Do you want to **improve** your **health**? // If you do, / then you should **join** **Peter's** Gym \. // Our **fitness** center has a **swimming** pool /, **exercise** equipment /, and a **running** track \. // **Stop** by today / for a **tour**! //

건강을 향상시키고 싶습니까? 그렇다면 피터스 짐과 함께하세요. 저희 피트니스 센터는 수영장, 운동 기구, 경주 트랙을 갖추고 있습니다. 오늘 들러서 둘러보세요!

improve 개선하다, 향상시키다    health 건강
join 가입하다, 합류하다    fitness 신체 단련, 건강
swimming pool 수영장    exercise 운동
equipment 장비    stop by 들르다

학생 답변 예시    🎧 Speaking Response_02

ETS의 평가

• 성공적으로 수행한 답변입니다. 크게 잘 읽었습니다. 발음도 쉽게 이해할 수 있었습니다.
• 억양이나 강세도 적절했습니다.

### Questions 3-4  Describe a Photograph
사진 묘사하기

**Q3.**

● 학생 답변 예시    🎧 Speaking Response_03

This is a park. Uhm… They have three people. And one woman, she pushes a baby cart, and two people are sitting at table. One person is man. He is writing something. Another person is woman. She is opening her bag.

여기는 공원입니다. 음… 세 사람이 있어요. 한 여자가 유모차를 밀고 있고 두 사람이 테이블에 앉아 있습니다. 한 명은 남자입니다. 그는 무언가를 쓰고 있어요. 다른 한 명은 여자입니다. 여자는 가방을 열고 있습니다.

출제기관 ETS의 평가

• 사람들이 누구인지(한 여자, 한 남자, 다른 여자), 사람들이 어디에 있는지(공원), 사람들이 무엇을 하고 있는지(유모차를 밀고 있다, 테이블에 앉아 있다, 쓰고 있다, 가방을 열고 있다) 등 사진의 중심 내용을 잘 설명했습니다.
• 쉽게 이해할 수 있었습니다.
• 적절한 어휘 및 문법 구조를 사용하고 있습니다.

## Q4.

● 학생 답변 예시       🎧 Speaking Response_04

> The people are on the street. One man is cleaning the window. He is wearing a blue shirt. A woman is walking. She has a brown bag. She is wearing a red shirt. There are many cars behind her.
>
> 사람들이 거리에 있습니다. 한 남자가 창문을 닦고 있습니다. 남자는 파란색 셔츠를 입었어요. 한 여자가 걷고 있습니다. 여자는 갈색 가방을 가지고 있으며 빨간색 셔츠를 입었습니다. 여자 뒤에 차들이 많습니다.

### 출제기관 ETS의 평가

- 사람들이 누구인지(파란색 셔츠를 입은 남자, 빨간색 셔츠를 입고 갈색 가방을 든 여자), 사람들이 어디에 있는지(차들이 많은 거리), 사람들이 무엇을 하고 있는지(창문을 닦고 있다, 걷고 있다) 등 사진의 중심 내용을 잘 설명했습니다.
- 쉽게 이해할 수 있었습니다.
- 적절한 어휘 및 문법 구조를 사용하고 있습니다.

### Question 5  Listen and Retell
들은 내용 말하기

## Q5.

> You and a friend have joined a bike tour. A tour guide is making an announcement.
>
> 당신과 친구는 자전거 여행에 참가했습니다. 안내원이 공지를 합니다.

**join** 합류하다, 함께하다   **bike** 자전거
**announcement** 발표, 공지

---

🔊 **Man:** Welcome to Oak Park! Today we'll ride our bikes around the park's many flower gardens. It's a beautiful and relaxing ride. On our way back, we'll stop at the gift shop, where you can purchase some souvenirs. So, again: We'll ride our bikes around several flower gardens. Then, if you want to buy souvenirs, you can do so at the gift shop on our way back.

오크 공원에 오신 것을 환영합니다! 오늘 저희는 공원의 많은 꽃 정원들을 자전거로 돌아볼 것입니다. 멋지고 편안한 자전거 여행이죠. 돌아오는 길에는 기념품 가게에 들를 텐데요, 그곳에서 기념품을 구입하실 수 있습니다. 자, 한 번 더 말씀드립니다. 꽃 정원 몇 군데를 자전거로 돌아볼 겁니다. 그러고 나서 기념품 구입을 원하시면 돌아오는 길에 기념품 가게에서 사실 수 있습니다.

---

**ride** 타다   **relaxing** 마음을 느긋하게 해주는, 편안한
**on one's way back** ~가 돌아오는 길에
**purchase** 구입하다   **souvenir** 기념품   **several** 몇몇의

> Your friend did not hear the announcement. Tell your friend what the tour guide said.
>
> 당신의 친구가 안내를 듣지 못했습니다. 친구에게 안내원이 이야기한 내용을 말해 주세요.

● 학생 답변 예시       🎧 Speaking Response_05

> The guide said that we can ride our bike to the flower gardens and we can enjoy… uhm, seeing—seeing flowers—many flowers. And next, uh… We can go to the… souvenir shop. We can buy some souvenirs. And we will see many beautiful things.
>
> 안내원은 우리가 꽃 정원으로 자전거를 타고 가서 음… 많은 꽃들을 볼 수 있다고 말했어. 그 다음으로… 어… 우리는 기념품 가게에 갈 수 있어. 기념품을 살 수 있어. 그리고 우리는 아름다운 것들을 많이 볼 거야.

Speaking Test

- 지문의 두 가지 주요 내용을 잘 설명했습니다. (자전거를 타고 꽃 정원을 둘러본다는 것, 기념품 가게에 가서 기념품을 구입한다는 것)
- 전반적으로 쉽게 이해할 수 있었습니다.
- 적절한 어휘 및 문법 구조를 사용하고 있습니다.

## Question 6  Short Interaction
### 제공된 정보 보고 메시지 남기기

**Q6.**

> Your coworker is preparing for a client's visit but needs help with two things.
>
> Leave a voice mail for your coworker. In your message, offer to help your coworker and use the notes below to identify the two tasks you will do.
>
> 당신의 동료는 고객 방문을 위한 준비를 하고 있지만 두 가지 사항에 도움을 필요로 합니다.
>
> 동료에게 음성 메시지를 남기세요. 메시지에서 동료에게 도움을 주겠다고 제안하고, 아래의 메모를 활용해 당신이 할 두 가지 일을 말하세요.
>
> ---
>
> coworker 동료   prepare for ~을 준비하다
> client 고객   visit 방문   leave 남기다
> voice mail 음성 메시지   offer 제안하다, 제공하다
> identify 확인하다, 밝히다   task 일, 과제

---

Preparations for Client Visit

- Pat's Restaurant: Confirm dinner reservation
- 1:30 P.M.: Pick up client from airport

고객 방문을 위한 준비 사항
- 팻츠 레스토랑: 저녁식사 예약 확정
- 오후 1시 30분: 공항에서 고객 픽업

---

preparation 준비   confirm 확정하다   reservation 예약
airport 공항

---

● 학생 답변 예시 　　　🎧 Speaking Response_06

> Hello. I saw your note and I will confirm the dinner reservation at the Pat's Restaurant right now. Then, at one-thirty P.M. I will pick up the client from the airport. Please don't worry about that. Thank you.
>
> 안녕하세요. 메모 보았고 지금 즉시 팻츠 레스토랑에 저녁식사 예약을 확정하겠습니다. 그런 다음, 오후 1시 30분에 공항에서 고객을 모셔올게요. 걱정 마세요. 감사합니다.

- 문제의 요구사항에 맞게, 메모에 제시된 두 가지 임무에 대해 동료에게 도움을 주겠다고 제안했습니다.
- 메모에서는 팻츠 레스토랑에 저녁식사 예약을 확정하고, 오후 1시 30분에 고객을 공항에서 데려오겠다고 제안해야 한다고 명시하고 있습니다.
- 적절한 어휘 및 문법 구조를 사용하고 있습니다.
- 전반적으로 쉽게 이해할 수 있었습니다.

## Question 7  Tell a Story 이야기 말하기

**Q7.**

● 학생 답변 예시 　　　🎧 Speaking Response_07

> They are planning to go camping with their family. So they—they are going to camping. But, suddenly, suddenly it's raining. Rained very…it's a heavy rain. So they—they're pick up their items and to go to the hotels. Then the family is reserved the hotel, and they—they're playing at the hotel happily.

사람들이 가족과 함께 캠핑 가는 계획을 세우고 있습니다. 그래서 그들은 캠핑을 하러 갑니다. 하지만 갑자기 비가 내립니다. 매우 세차게 비가 내립니다. 그래서 사람들은 자신들의 물건을 들고 호텔로 갑니다. 그런 다음 가족은 호텔을 예약해서 행복한 시간을 보내고 있습니다.

**출제기관 ETS의 평가**

- 사진 전체의 내용을 바탕으로 이야기를 잘 구성했습니다. (1. 한 가족이 캠핑을 하고 있다, 2. 갑자기 세찬 비로 캠핑이 중단됐다, 3. 가족은 차에 짐을 꾸린다, 4. 가족은 호텔에 투숙한다)
- 쉽게 알아들을 수 있었습니다.
- 적절한 어휘를 사용했습니다.
- 접속어 ("So," "But," "Then")를 적절히 활용했습니다.

## Question 8 Make and Support a Recommendation
### 추천하고 이유 말하기

**Q8.**

Your friend Susan is looking for a place to eat. She has asked for your advice. You found the two options below.

- Tell Susan about the options using ALL of the information provided
- Recommend one of the options, and
- Explain why the option you chose is better than the other

| *Juliet's Café* | 2 kilometers away | • Crowded<br>• Expensive |
| --- | --- | --- |
| **Armand's Diner** | 10 kilometers away | • Quiet<br>• Inexpensive |

당신의 친구 수잔은 식사할 장소를 찾고 있는데 당신의 조언을 구합니다. 당신은 아래의 두 가지 선택 사항을 찾아냅니다.

- 제공된 정보를 모두 활용하여 수잔에게 선택 사항에 대해 설명하세요.
- 선택 사항 중 한 가지를 추천해 보세요.
- 당신이 선택한 사항이 다른 선택 사항보다 더 나은 이유를 설명하세요.

| 줄리엣츠 카페 | 2킬로미터 떨어진 곳 | • 북적거림<br>• 비쌈 |
| --- | --- | --- |
| 아만즈 다이너 | 10킬로미터 떨어진 곳 | • 조용함<br>• 저렴함 |

look for ~를 찾다 place 장소 advice 조언 option 선택, 선택권 below 아래에 information 정보 provide 제공하다 recommend 추천하다 explain 설명하다 better 더 나은

● **학생 답변 예시** 🎧 Speaking Response_08

Hi Susan, this is Adam. There are two restaurants I want to tell you about. The first one is Juliet's Café. This restaurant is two kilometers away from here, umm… but it's always crowded, and… the price is expensive.

Um, the other restaurant's name is Armand's—Armand's Diner. Uh, it's ten kilometers away.

Uh, and it's always quiet and the price is inexpensive. Uh, I recommend the Juliet's Café because it's convenient to go there. It's close—it's very close to here. Also the food is very delicious. I think you will like.

안녕, 수잔. 애덤이야. 말해 주고 싶은 식당 두 곳이 있어. 첫 번째는 줄리엣츠 카페야. 이 식당은 여기서 2킬로미터 떨어진 곳인데. 음… 항상 사람이 많아. 그리고 가격이 비싸.

음, 다른 식당 이름은 아만즈 다이너야. 여기서 10킬로미터 거리야.

음, 그곳은 항상 조용하고 가격이 저렴해. 나는 줄리엣츠 카페를 추천하고 싶어. 가기에 편리해서야. 여기서 아주 가깝거든. 음식도 아주 맛있고. 네가 마음에 들어할 것 같아.

**출제기관 ETS의 평가**

- 주어진 정보를 모두 전달했고 추천을 하면서 이유까지 설명했습니다.
- 두 가지 선택 사항을 설명했습니다. (1. 줄리엣츠 카페는 2킬로미터 거리지만 항상 붐비고 가격이 비싸다는 것, 2. 아만즈 다이너는 10킬로미터 거리지만 조용하고 가격이 저렴하다는 것)
- 추천 사항을 이야기했으며("I recommend the Juliet's Cafe"), 추천하는 두 가지 이유까지 잘 설명했습니다. (1. 가까운 위치라 가기에 편리하다, 2. 음식이 매우 맛있다)
- 전반적으로 쉽게 이해할 수 있었습니다.
- 적절한 어휘 및 문법 구조를 사용했습니다.

# TOEIC Bridge
# Writing Test

## Q1.

**정답** Sandra did not buy notebooks.
산드라는 공책을 사지 않았습니다.

## Q2.

**정답** The movie we watched was two hours long.
우리가 본 영화는 2시간짜리였습니다.

## Q3.

**정답** Do you know whether there will be time to eat dinner?
저녁 먹을 시간이 있을까요?

**Questions 4-6  Write a Sentence**
사진에 근거한 문장 만들기

## Q4.

open / door

● 학생 답변 예시

> She is opening the door.
>
> 여자는 문을 열고 있습니다.

**출제기관 ETS의 평가**

• 성공적으로 수행한 답변입니다. 사진과 일치하는 내용입니다.
• 두 개의 키워드를 적절히 사용했고 문법적인 오류도 없습니다.

## Q5.

shop / and

● 학생 답변 예시

> There are two women in the shop and they are buying some food.
>
> 상점 안에 두 여자가 있고 그들은 약간의 음식을 사고 있습니다.

**출제기관 ETS의 평가**

• 성공적으로 수행한 답변입니다. 사진과 일치하는 내용입니다.
• 두 개의 키워드를 적절히 사용했고 문법적인 오류도 없습니다.

## Q6.

carry / heavy

● 학생 답변 예시

> Both men are carrying heavy boxes.
>
> 두 남자가 무거운 박스들을 나르고 있습니다.

**출제기관 ETS의 평가**

• 성공적으로 수행한 답변입니다. 사진과 일치하는 내용입니다.
• 두 개의 키워드를 적절히 사용했고 문법적인 오류도 없습니다.

## Question 7  Respond to a Brief Message
단문 메시지 답장하기

### Q7.

- Answer Peter's question about the weather, and
- Give him a suggestion about transportation

- 날씨에 관해 묻는 피터의 질문에 답하세요.
- 그에게 교통편에 대해 제안하세요.

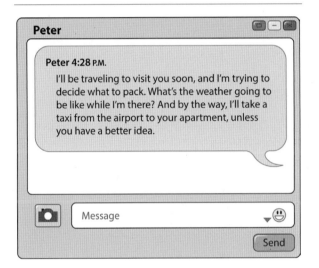

**Peter**

Peter 4:28 P.M.
I'll be traveling to visit you soon, and I'm trying to decide what to pack. What's the weather going to be like while I'm there? And by the way, I'll take a taxi from the airport to your apartment, unless you have a better idea.

Message | Send

**피터 오후 4시 28분**

제가 곧 찾아뵈려고 하는데요. 무엇을 챙겨야 할지 결정하려고 합니다. 제가 거기 있는 동안 날씨가 어떨까요? 아, 그리고 더 좋은 방안이 없으시다면 공항에서 살고 계신 아파트까지 택시를 탈 예정입니다.

travel 여행하다, 이동하다   visit 방문하다   soon 곧
decide 결정하다   pack 꾸리다, 챙기다   weather 날씨
by the way 그런데   airport 공항   unless ~하지 않으면

● 학생 답변 예시

I'm looking forward to see you. It's better if you will take a jacket. Since it's the rainy season, sometimes it's cold like winter.

About the transportation, it is better to take a train. It's much more cheaper than a taxi.

저는 당신을 뵙기를 고대하고 있습니다. 재킷을 가져오시면 더 좋습니다. 우기라서 가끔 겨울처럼 춥습니다.

교통편에 관해 말씀드리자면, 열차를 타는 편이 낫습니다. 택시보다 훨씬 저렴합니다.

**출제기관 ETS의 평가**

- 날씨 관련 정보("It's better if you will take a jacket. Since it's the rainy season, sometimes it's cold like winter")를 전달했습니다.
- 교통편에 대한 제안("...it is better to take a train. It's much more cheaper [sic] than a taxi")이 잘 이루어졌습니다.
- 문법 및 어휘 사용이 잘 이뤄졌습니다.
- 부정확한 부분이 있기는 했지만("I'm looking forward to seeing you"를 "I'm looking forward to see you"로 표기, "It's better if you bring a jacket"을 "It's better if you will take a jacket으로 표기, "much cheaper"를 "much more cheaper"로 표기), 의미 전달에는 문제가 없었습니다.

## Question 8  Write a Narrative
이야기 쓰기

### Q8.

Write a short blog post about a celebration you participated in. Tell a story about it, including what the celebration was for and what happened.

당신이 참석했던 축하행사에 대해 짧은 블로그 포스트를 쓰세요. 그 행사는 무엇을 위한 것이었으며 어떤 일이 있었는지를 포함하세요.

● 학생 답변 예시

**My Blog**

Hi I'm Jennifer and I'll tell you how my friend's party was! Last night I participated in wedding celebration party at Garden Hotel. She was a friend of my university days. She was so happy and beutiful. All her friends and family were there. We had a great time and we danced, sang, talked and had a lot of fun in that night.

It was very heart warming and happy time for all.

I really enjoyed this wonderful time with my old friends.

나의 블로그

안녕하세요. 저는 제니퍼입니다. 제 친구의 파티가 어땠는지 이야기해 드릴게요! 어젯밤 저는 가든 호텔에서 열린 결혼식 피로연에 참석했어요. 제 대학 시절 친구인데 매우 행복해했고 아름다웠어요. 그녀의 모든 친구와 가족들이 참석했습니다. 우리는 즐거운 시간을 보냈고 춤과 노래, 이야기를 즐겼고, 그날 밤 정말 재미있었습니다.

모두의 마음이 따뜻해졌고 행복한 시간이었어요. 저는 제 오래된 친구들과 멋진 시간을 매우 즐겁게 보냈습니다.

**출제기관 ETS의 평가**

- 어떤 일을 축하했는지(the wedding of a friend from university), 어떤 일이 있었는지(singing, dancing, and having fun) 잘 설명했습니다.
- 문법 및 어휘 선택이 전반적으로 잘 이루어졌습니다.
- 부정확한 부분이 있기는 했지만("in a wedding celebration party"를 "in wedding celebration party"로 표기, "friend from my university days"를 "friend of my university days"로 표기, "It was a very heart warming and happy time…"을 "It was very heart warming and happy time…"으로 표기), 의미 전달에는 문제가 없었습니다.
- 철자 오류가 한 군데 있었지만("beautiful"을 "beutiful"로 표기), 의미 전달에는 문제가 없었습니다.
- 전반적으로 명확하게 전달했으며 논리적 순서를 따랐습니다.

## Question 9  Respond to an Extended Message 장문 메시지 답장하기

**Q9.**

Respond to the e-mail below as if you are Maria's friend. In your response, be sure to answer all of Maria's questions.

당신이 마리아의 친구라고 생각하고 아래 이메일에 답장을 쓰세요. 마리아의 질문에 대해 모두 답을 해야 합니다.

To: You
From: mhooper@PAEmarketing.com
Subject: Survey about homes

Dear Friend,

I'm doing some research about homes for a new marketing campaign I'm working on, and I'd appreciate it if you could answer some questions for me.

First, how long have you lived in your current home, and how many people do you live with?

Also, would you prefer to live in a house or in an apartment, and why?

Thank you in advance for your response.
Maria Hooper

수신: 당신

발신: mhooper@PAEmarketing.com

제목: 집 관련 조사

친구에게,

제가 현재 맡고 있는 신규 마케팅 캠페인을 위해 집에 관한 조사를 실시하고 있는데요. 몇 가지 질문에 답해 주면 고맙겠어요.

우선, 현재 살고 있는 집에 얼마나 오래 살았으며, 몇 명과 함께 살고 있나요?

그리고 주택에 사는 게 좋아요, 아니면 아파트에 사는 게 좋아요? 그 이유는 무엇이에요?

설문에 응해 주어서 미리 고마워요.

마리아 후퍼

survey 조사   research 조사, 연구
work on ~에 노력을 들이다, 착수하다
appreciate 감사하다   how long 얼마나 오랫동안
current 현재의   prefer 선호하다   in advance 미리
response 응답

● **학생 답변 예시**

Hi Maria.

Thank you for your email about homes.

Frist I have lived in my home for 20 years and I live with 5 people. I live with my parents and my three sisters.

I prefer to live in a house, because it's more comfortably and you have your own space. You don't have any problems in a house, don't you think so?

I don't really like apartments because maybe the people seem like they're irritant or bad and I don't like to have problems with others.

Thank you for your consideration.

Ayana

안녕, 마리아.

집에 대한 이메일을 보내 주어 고마워요.

먼저 나는 지금 집에 20년간 살았고 5명과 함께 살아요. 부모님과 세 명의 자매가 있어요.

나는 주택에 사는 것을 선호해요. 더 안락하고 개인 공간이 있으니까요. 주택에 사는 데는 아무 문제가 없잖아요, 그렇게 생각하지 않아요?

나는 아파트를 별로 좋아하지 않는데, 그건 아마도 사람들이 짜증나게 하거나 무례해 보여서 그들과 부딪히고 싶지 않아서일 거예요.

나를 고려해 주셔서 고마워요.

아야나

**출제기관 ETS의 평가**

- 마리아의 질문 사항에 대해, 청자에게 맞는 어조 및 어휘로 잘 답변했습니다.
- 답변에는 글쓴이가 현재 집에서 얼마나 오래 거주했는지, 몇 명과 함께 거주하는지에 관한 정보가 모두 들어 있습니다.
- 의견과("I prefer to live in a house...") 그 의견을 뒷받침하는 이유까지 잘 설명했습니다.
- 문장 구조 및 어휘, 구문 다양성 등이 적절했습니다.
- 약간의 오류가 있긴 했지만("more comfortable"을 "more comfortably"로 표기, "irritating"을 "irritant"로 표기), 의미 전달에는 문제가 없었습니다.
- 전반적으로 구성이 좋았으며 논리정연하게 전달했습니다.
- 철자 오류가 한 군데 있긴 했지만("First"를 "Frist"로 표기), 의미 전달에는 문제가 없었습니다.